“十三五”国家重点图书出版规划项目

中国社会科学院创新工程学术出版资助项目

列国志

GUIDE TO THE WORLD NATIONS

新版

钟伟云 编著

ETHIOPIA

埃塞俄比亚

社会科学文献出版社
SOCIAL SCIENCES ACADEMIC PRESS (CHINA)

埃塞俄比亚国旗

埃塞俄比亚国徽

位于亚的斯亚贝巴的非盟会议中心（钟伟云　摄）

亚的斯亚贝巴大学（沈晓雷　摄）

阿克苏姆古城遗址

阿克苏姆方尖碑

圣三一大教堂

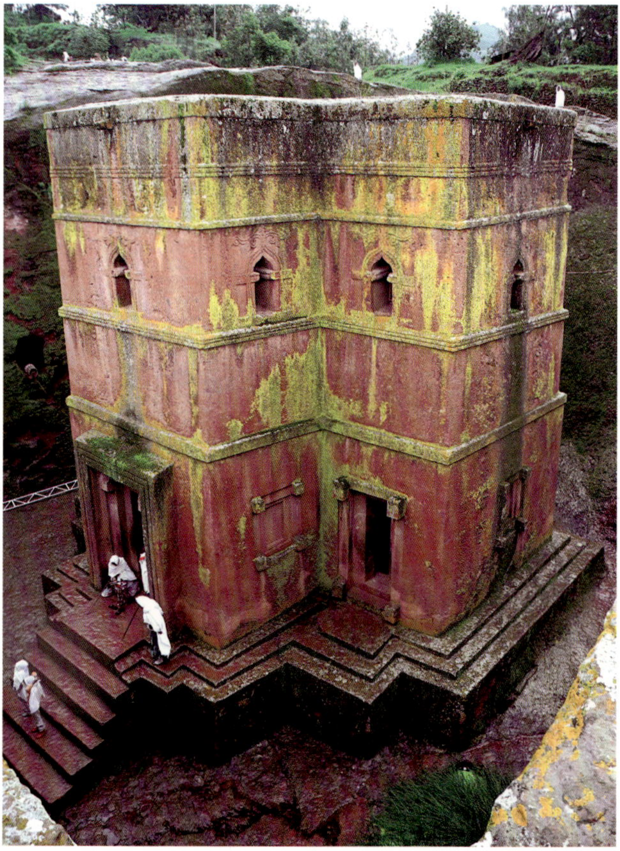

圣乔治大教堂（沈晓雷 摄）

青尼罗河瀑布

位于提亚遗址的石柱

传统村庄

传统居民

经济作物『恰特草』

传统食物『英吉拉』

咖啡壶

特色独木舟

亚的斯亚贝巴市街景（比尼亚姆　摄）

亚的斯亚贝巴市远景（钟伟云　摄）

哈拉尔城鸟瞰图

出版说明

《列国志》编撰出版工作自1999年正式启动，截至目前，已出版144卷，涵盖世界五大洲163个国家和国际组织，成为中国出版史上第一套百科全书式的大型国际知识参考书。该套丛书自出版以来，受到社会各界的广泛好评，被誉为“21世纪的《海国图志》”，中国人了解外部世界的全景式“窗口”。

这项凝聚着近千学人、出版人心血与期盼的工程，前后历时十多年，作为此项工作的组织实施者，我们为这皇皇144卷《列国志》的出版深感欣慰。与此同时，我们也深刻认识到当今国际形势风云变幻，国家发展日新月异，人们了解世界各国最新动态的需要也更为迫切。鉴于此，为使《列国志》丛书能够不断补充最新资料，更好地服务于社会各界，我们决定启动新版《列国志》编撰出版工作。

与已出版的144卷《列国志》相比，新版《列国志》无论是形式还是内容都有新的调整。国际组织卷次将单独作为一个系列编撰出版，原来合并出版的国家将独立成书，而之前尚未出版的国家都将增补齐全。新版《列国志》的封面设计、版面设计更加新颖，力求带给读者更好的阅读享受。内容上的调整主要体现在数据的更新、最新情况的增补以及章节设置的变化等方面，目的在于进一步加强该套丛书将基础研究和应用对策研究相结合，将基础研究成果应用于实践的特色。例如，增加了各国有关资源开发、环境治理的内容；特设“社会”一章，介绍各国的国民生活情况、社会管理经验以及存在的社会问题，等等；增设“大事纪年”，方便读者在短时间内熟悉各国的发展线索；增设“索引”，便于读者根据人名、地名、关键词查找所需相关信息。

顺应时代发展的要求，新版《列国志》将以纸质书为基础，全面整合国别国际问题研究资源，构建列国志数据库。这是《列国志》在新时期发展的一个重大突破，由此形成的国别国际问题研究资讯平台，必将更好地服务于中央和地方政府部门应对日益繁杂的国际事务的决策需要，促进国别国际问题研究领域的学术交流，拓宽中国民众的国际视野。

新版《列国志》的编撰出版工作得到了各方的支持：国家主管部门高度重视，将其列入“‘十二五’国家重点图书出版规划项目”；中国社会科学院将其列为创新工程学术出版资助项目，王伟光院长亲自担任编辑委员会主任，指导相关工作的开展；国内各高校和研究机构鼎力相助，国别国际问题研究领域的知名学者相继加入编辑委员会，提供优质的学术咨询与指导。相信在各方的通力合作之下，新版《列国志》必将更上一层楼，以崭新的面貌呈现给读者，在中国改革开放的新征程中更好地发挥其作为“知识向导”、“资政参考”和“文化桥梁”的作用！

新版《列国志》编辑委员会

2013年9月

前言

自1840年前后中国被迫开关、步入世界以来，对外国舆地政情的了解即应时而起。还在第一次鸦片战争期间，受林则徐之托，1842年魏源编辑刊刻了近代中国首部介绍当时世界主要国家舆地政情的大型志书《海国图志》。林、魏之目的是为长期生活在闭关锁国之中、对外部世界知之甚少的国人“睁眼看世界”，提供一部基本的参考资料，尤其是让当时中国的各级统治者知道“天朝上国”之外的天地，学习西方的科学技术，“师夷长技以制夷”。这部著作，在当时乃至其后相当长一段时间内，产生过巨大影响，对国人了解外部世界起到了积极的作用。

自那时起中国认识世界、融入世界的步伐就再也没有停止过。中华人民共和国成立以后，尤其是1978年改革开放以来，中国更以主动的自信自强的积极姿态，加速融入世界的步伐。与之相适应，不同时期先后出版过相当数量的不同层次的有关国际问题、列国政情、异域风俗等方面的著作，数量之多，可谓汗牛充栋。它们对时人了解外部世界起到了积极的作用。

当今世界，资本与现代科技正以前所未有的速度与广度在国际间流动和传播，“全球化”浪潮席卷世界各地，极大地影响着世界历史进程，对中国的发展也产生极其深刻的影响。面临不同以往的“大变局”，中国已经并将继续以更开放的姿态、更快的步伐全面步入世界，迎接时代的挑战。不同的是，我们所面临的已不是林则徐、魏源时代要不要“睁眼看世界”、要不要“开放”的问题，而是在新的历史条件下，在新的世界发展大势下，如何更好地步入世界，如何在融入世界的进程中更好地维护民族国家的主权与独立，积极参与国际事务，为维护世界和平、促进世界与人类共同发展做出贡献。这就要求我们对外部世界有比以往更深切、全面的了解，我们只有更全面、更深入地了解世界，才能在更高的层次上融入世界，也才能在融入世界的进程中不迷失方向，保持自我。

与此时代要求相比，已有的种种有关介绍、论述各国史地政情的著述，无论就规模还是内容来看，已远远不能适应我们了解外部世界的要求。人们期盼有更新、更系统、更权威的著作问世。

中国社会科学院作为国家哲学社会科学的最高研究机构和国际问题综合研究中心，有11个专门研究国际问题和外国问题的研究所，学科门类齐全，研究力量雄厚，有能力也有责任担当这一重任。早在20世纪90年代初，中国社会科学院的领导和中国社会科学出版社就提出编撰“简明国际百科全书”的设想。1993年3月11日，时任中国社会科学院院长胡绳先生在科研局的一份报告上批示：“我想，国际片各所可考虑出一套列国志，体例类似几年前出的《简明中国百科全书》，以一国（美、日、英、法等）或几个国家（北欧各国、印支各国）为一册，请考虑可行否。”

中国社会科学院科研局根据胡绳院长的批示，在调查研究的基础上，于1994年2月28日发出《关于编纂〈简明国际百科全书〉和〈列国志〉立项的通报》。《列国志》和《简明国际百科全书》一起被列为中国社会科学院重点项目。按照当时的计划，首先编写《简明国际百科全书》，待这一项目完成后，再着手编写《列国志》。

1998年，率先完成《简明国际百科全书》有关卷编写任务的研究所开始了《列国志》的编写工作。随后，其他研究所也陆续启动这一项目。为了保证《列国志》这套大型丛书的高质量，科研局和社会科学文献出版社于1999年1月27日召开国际学科片各研究所及世界历史研究所负责人会议，讨论了这套大型丛书的编写大纲及基本要求。根据会议精神，科研局随后印发了《关于〈列国志〉编写工作有关事项的通知》，陆续为启动项目拨付研究经费。

为了加强对《列国志》项目编撰出版工作的组织协调，根据时任中国社会科学院院长李铁映同志的提议，2002年8月，成立了由分管国际学科片的陈佳贵副院长为主任的《列国志》编辑委员会。编委会成员包括国际片各研究所、科研局、研究生院及社会科学文献出版社等部门的主要领导及有关同志。科研局和社会科学文献出版社组成《列国志》项目工作组，社会科学文献出版社成立了《列国志》工作室。同年，《列国志》项目被批准为中国社会科学院重大课题，新闻出版总署将《列国志》项目列入国家重点图书出版计划。

在《列国志》编辑委员会的领导下，《列国志》各承担单位尤其是各位学者加快了编撰进度。作为一项大型研究项目和大型丛书，编委会对《列国志》提出的基本要求是：资料翔实、准确、最新，文笔流畅，学术性和可读性兼备。《列国志》之所以强调学术性，是因为这套丛书不是一般的“手册”“概览”，而是在尽可能吸收前人成果的基础上，体现专家学者们的研究所得和个人见解。正因为如此，《列国志》在强调基本要求的同时，本着文责自负的原则，没有对各卷的具体内容及学术观点强行统一。应当指出，参加这一浩繁工程的，除了中国社会科学院的专业科研人员以外，还有院外的一些在该领域颇有研究的专家学者。

现在凝聚着数百位专家学者心血，共计141卷，涵盖了当今世界151个国家和地区以及数十个主要国际组织的《列国志》丛书，将陆续出版与广大读者见面。我们希望这样一套大型丛书，能为各级干部了解、认识当代世界各国及主要国际组织的情况，了解世界发展趋势，把握时代发展脉络，提供有益的帮助；希望它能成为我国外交外事工作者、国际经贸企业及日渐增多的广大出国公民和旅游者走向世界的忠实“向导”，引领其步入更广阔的世界；希望它在帮助中国人民认识世界的同时，也能够架起世界各国人民认识中国的一座“桥梁”，一座中国走向世界、世界走向中国的“桥梁”。

《列国志》编辑委员会

2003年6月

CONTENTS
目录

CONTENTS

目 录

CONTENTS

目录

CONTENTS

目 录

CONTENTS

目录

CONTENTS

目录

CONTENTS

目录

CONTENTS
目 录

第一章

概　览

第一节　国土与人口

一　地理位置

埃塞俄比亚联邦民主共和国（The Federal Democratic Republic of Ethiopia）位于非洲东北部，北邻厄立特里亚，东与吉布提和索马里接壤，西部和南部分别与苏丹、南苏丹和肯尼亚为邻。埃塞俄比亚原为沿海国家，1993年5月厄立特里亚脱离埃塞俄比亚而独立后其成为内陆国家，但仍使用厄立特里亚的阿萨布港作为进出口的主要通道。1998年年中埃塞俄比亚与厄立特里亚发生大规模边界战争，埃塞俄比亚被迫改以吉布提港为主要出海通道，部分进出口物资还通过索马里的柏培拉港、肯尼亚的蒙巴萨港和苏丹的苏丹港进行运输。

埃塞俄比亚国土面积110.43万平方千米（其中陆地面积100万平方千米，领水面积10.43万平方千米），居非洲第10位、世界第27位。陆地边界总长5311千米，其中与吉布提边界长337千米，与厄立特里亚边界长912千米，与肯尼亚边界长830千米，与索马里边界长1626千米，与苏丹和南苏丹边界长1606千米。

二　行政区划

埃塞俄比亚的行政区划历史上几经变化。海尔·塞拉西一世皇帝

(1930~1974年在位)统治后期，全国划分为14个省（Province），它们分别是阿尔西省（又称阿鲁西）、巴莱省、贝格姆迪尔省、厄立特里亚省、格莫-戈法省（又称格木-戈法省）、戈贾姆省、哈拉尔盖省、伊路巴博尔省、咖法省、绍阿省、锡达莫省、提格雷省、沃累加省和沃洛省。1974年埃塞俄比亚革命后，改省为区（Region），各区之间的边界与原来各省的边界大体相同。

1991年，埃塞俄比亚过渡政府根据各民族聚居的情况，对行政区划进行重新划分，将全国划分为14个区和两个直辖市（Chartered City）。1994年，埃塞俄比亚政府又将全国划分为9个州（State）和两个直辖市。9个州分别为：提格雷州，首府默克雷（Mekele）；阿法尔州，首府阿塞塔（Asaita）；阿姆哈拉州，首府巴赫达尔（Bahr-Dar）；奥罗莫州，首府原为亚的斯亚贝巴，2003年迁往纳兹雷特/阿达马（Adama）；贝尼山古尔/古木兹州，首府阿索萨（Assosa）；南方民族和人民州（简称南方州），首府阿瓦萨（Awasa）；甘贝拉州，首府甘贝拉（Gambela）；哈拉尔州，首府哈拉尔（Harrar）；索马里民族地区州，首府季季加（Jijiga）。两个直辖市分别为亚的斯亚贝巴市（Addis Ababa）和迪雷达瓦市（Dire Dawa）。

三　地形与气候

埃塞俄比亚属于内陆高原国家，素有“非洲屋脊”之称。国境地形复杂，大部分是由地壳抬升和熔岩堆积形成的高原，60%以上的国土高于海拔1000米，全国平均海拔2000~2500米，还分布着许多海拔3500米以上的死火山。最高点为锡缅山脉的拉斯-达森峰（Ras Dashen），海拔4550米；最低点为达纳基尔洼地（Danakil Depression），低于海平面125米。在东部与索马里接壤的欧加登地区（今索马里民族地区州）、高原西部和西南部分布着沙漠和半沙漠地带。东非大裂谷从东北到西南斜穿埃塞俄比亚，将国土分为西部高原和东部高原两部分。西部高原是埃塞俄比亚的主体，地势自东向西倾斜，其中又被众多的河流切割成一块块顶部平坦、边缘陡峭的高台地，台地多被开垦为耕地。西部高原的西部边缘大部分为海拔 1000 米以下的低山丘陵，间或分布着一些河谷平原。东南部高原的东面和南面，地势从西北向东南倾斜，是海拔 500~1500 米的低高原。

埃塞俄比亚位于北纬 3 度与 15 度之间，处于热带，但由于海拔高度不同，地形复杂，因而境内降雨量、气温差异很大。全境可大致分为 5 个气候带：（1）“贝雷哈带”（Bereha），意为“沙漠带”，指海拔 500 米以下的平原和低地，气候极其炎热，年平均气温在 30℃ 以上，绝对气温超过 46℃，是世界上最炎热的地区之一。（2）“科拉带”（Kolla），即低地热带，指海拔 500~1500 米的地带，终年气候炎热，年平均气温为 22~26℃。（3）“维纳－德加带”（Woyna Dega），即温带，指海拔 1500~2400 米的地带，终年温和如春，年平均气温为 18~24℃。（4）“德加带”（Dega），即凉带，指海拔 2400~3500 米的地带。主要分布在埃塞俄比亚高原的西部和东部，哈拉尔周围的狭小地带亦属此带。终年凉爽，年平均气温在 15℃ 左右，每年 3 月、4 月、5 月气温最高，昼夜温差大，晚间偶或出现霜冻。（5）“维契带”（Vichi），指海拔 3500 米以上的高寒地带，年平均气温在 10℃ 以下，经常出现冰雹和霜冻，高山地区还可见积雪。

由于地势的差异，埃塞俄比亚境内各地降雨量及降雨模式很不相同。一些地方一年四季均有降雨，一些地方则一年四季干旱无雨，而大部分地区的降雨则是季节性的。降雨主要来自西北印度洋季风和穿过中部非洲低地的大西洋暖湿季风，越过红海的风在冬季也能给北部地区带来少量降雨。大部分降雨均为热带山地型，雷暴雨经常可见，其中以首都亚的斯亚贝巴最为集中，每年可达 75~80 次。冰雹在中部高原地区也经常可见，尤其是在 9 月，会对农作物造成严重损害。全境年平均降雨量在 1000 毫米左右，但是各地区及季节分布极不均匀。中央高原的较高地区年均降雨量可达 2000 毫米，而东北部低地则不足 100 毫米。降雨量绝大部分集中于雨季，尤其是大雨季。一般而言，高原地区 3 月至 4 月为小雨季，6 月中旬至 9 月中旬为大雨季，大雨季的降雨量可占全年降雨量的 90%。其余时间为旱季，大部分时间干旱无雨。

首都亚的斯亚贝巴海拔 2400 米，介于维纳－德加带与德加带之间，四季气候宜人。亚的斯亚贝巴的气候按降雨量划分，一年可分为旱季（10月至次年2月）、小雨季（3月至5月）和大雨季（6月至9月），年降雨量约1200毫米，大部分集中在大雨季。年平均气温16℃，白天平均最高气温20~25℃，夜晚平均最低气温5~10℃。

四　国徽、国旗、国歌

埃塞俄比亚国徽由蓝色背景圆盘上的一颗五角星和向外辐射的五条等距离直线组成，象征埃塞俄比亚各种族、民族和宗教团体的平等以及他们团结统一的愿望。蓝色背景象征和平，五角星象征多样性与团结，向外辐射的直线象征繁荣。

埃塞俄比亚现行国旗系1996年10月31日根据1995年宪法确定的。国旗由三条长宽相等的水平带构成，自上而下分别为绿色、黄色、红色，中间为国徽。绿色象征土地，黄色象征和平与希望，红色象征力量。宪法规定，联邦的各个成员有权拥有自己的旗帜与徽记。具体细节应由其各自的立法机关决定。

埃塞俄比亚现行国歌于1992年确定，歌名为《前进，我的埃塞俄比亚母亲》，由德里杰·梅拉库·蒙盖沙（Dereje Melaku Mengesha）作词，所罗门·卢卢·米提库（Solomon Lulu Mitiku）作曲。歌词为阿姆哈拉语，大意是：在我们埃塞俄比亚，公民身份无比高尚，民族自豪显而易见，闪耀在每个角落里。为和平、为自由、为人民的正义，在平等友爱中，我们团结在一起。在牢固的基础上，我们人性不会失去，我们的人民大众，经过劳动生息。美妙的传统舞台，优秀遗产的侍女，天赋美德的母亲是你，勇猛人民的母亲是你，我们身负重任，我们必将保护你，我们的埃塞俄比亚万岁，你让我们骄傲！

五　人口

埃塞俄比亚是非洲仅次于尼日利亚的第二人口大国，据埃塞俄比亚中央统计局根据该国2007年人口与住房普查结果推算，2014年全国总人口为8795.2万人，其中男性4420.4万人，女性4374.8万人。资料显示，埃塞俄比亚是世界上人口增长速度最快的国家之一，人口年均增长率约为3.2%。该国于1984年进行了历史上的首次人口与住房普查，后又于1994年和2007年进行了第二次、第三次普查。根据1994年人口普查，埃塞俄比亚全国总人口为5347.73万；2007年人口普查结果显示，埃塞俄比亚全国总人口为7391.85万人。

埃塞俄比亚中央统计局所推算的数据显示，2012年埃塞俄比亚全国人口平均密度为每平方千米113人，其中全国973个城镇常住人口1450万人，其余人口居住在农村。数据还显示，全国人口分布极不平衡。奥罗莫州人口最多，为3129.5万，占全国人口的34.8%；阿姆哈拉州次之，人口1886.6万，占全国人口的25.3%；再次为南方州，人口1735.9万，占全国人口的19.5%；提格雷州人口为493万，占全国人口的5.7%。

表1-1 2012年7月埃塞俄比亚各州面积和人口一览

	面积（平方千米）	人口（万人）	占全国人口比例（%）	人口密度
提格雷州	40409.9	493.0	5.7	122.0
阿法尔州	72052.8	160.3	1.9	22.2
阿姆哈拉州	154708.9	1886.6	25.3	121.9
奥罗莫州	284537.8	3129.5	34.8	110.0
索马里民族地区州	不详	不详	不详	不详
贝尼山古尔/古木兹州	50698.7	98.2	0.8	19.4
南方州	105887.2	1735.9	19.5	163.9
甘贝拉州	29782.8	38.6	0.3	13.0
哈拉尔州	333.9	21.0	0.2	628.9
亚的斯亚贝巴市	527.0	304.1	5.2	5770.5
迪雷达瓦市	1558.6	38.7	0.5	248.3

资料来源：埃塞俄比亚中央统计局网站（www.csa.org.et）。

六 民族

埃塞俄比亚是一个多民族聚居的国家。埃塞俄比亚究竟有多少个民族，至今尚无完全一致的说法。1992 年，埃塞俄比亚过渡立法机构对国内民族进行重新甄别，正式确认国内存在64 个民族。但自那时以来，又有不少居民共同体经过政府的甄别取得民族的地位。目前还有一些居民共同体正在要求政府将其定为民族。因此，一般说来，埃塞俄比亚全国约有90 个民族。根据埃塞俄比亚政府2007 年人口普查结果，各民族中，奥罗莫族为第一大族，占全国人口的40%；阿姆哈拉族为第二大族，占全国人口的30%；提格雷族为第三大族，占全国人口的8%；索马里族为第四大族，占全国人口的6%。其他较大的民族有锡达马（或锡达莫）族（4%）、古拉格族（2.5%）、沃莱塔族（2.3%）、哈迪亚族（1.7%）、阿法尔族（1.7%）和加莫族（1.5%）。

总的来说，埃塞俄比亚各大民族都有各自相对集中的聚居地域。例如，提格雷族主要居住在北部的提格雷地区，阿姆哈拉族主要居住在中北部的沃洛、戈贾姆和贝格姆迪尔地区，奥罗莫族主要分布在中南部地区，阿法尔族主要集中在东北部与厄立特里亚和吉布提接壤的阿法尔地区，索马里族主要居住在地广人稀的欧加登地区，哈拉尔族主要居住在哈拉尔市及其周围地区。较大的民族中，只有古拉格族没有相对集中的居住地域，而是散居全国各地，特别是散居在奥罗莫族和阿姆哈拉族人中。主要民族的相关情况如下。

（一）奥罗莫族

过去被称为盖拉人（Galla），意为奴隶，系埃塞俄比亚封建统治者对该民族的蔑称。该族主要分布在埃塞俄比亚中南部地区，属埃塞俄比亚人种，系操库希特语居民中最大的民族。他们使用奥罗莫语（又称奥罗米亚语或奥罗米法语），属含闪语系库希特语种，无独创文字，现有文字系用拉丁字母拼写而成。其先民居住于埃塞俄比亚高原的东部地区，系今埃塞俄比亚境内最古老民族之一。该族在埃塞俄比亚历史上从未形成过统一的政治实体，曾长期受阿姆哈拉族压迫。14 世纪末，由于受到索马里人向西迁移的压力，奥罗莫人被迫向西、北迁移，历时200余年，其北支到达埃塞俄比亚高原中部地区，南支到达肯尼亚北部。后来由于阿姆哈拉人向南扩张，一部分人又被迫向南迁移，因此与阿姆哈拉人的居住地域呈交错状。奥罗莫族包含许多文化习俗与生活方式各不相同的分支，其中一些分支如阿鲁西人、波拉纳人、古吉人等，已经形成相对独立的民族特征。总的来说，奥罗莫人可大致分为5大分支：（1）西奥罗莫人。主要分布在沃累加地区，为定居农业民族，大部分人信仰基督教各教派。（2）北奥罗莫人。主要分布在绍阿和沃洛部分地区，提格雷部分地区也居住有北奥罗莫人。此分支为定居农业民族，较阿姆哈拉化，一般同时操阿姆哈拉语和奥罗莫语，大部分人信仰埃塞俄比亚正教。（3）南奥罗莫人。居住在埃塞俄比亚南方地区，由许多个次分支组成，过着游牧和半游牧生活。（4）东奥罗莫人。主要分布在今奥罗莫州的哈拉尔盖地区、哈拉尔州和迪雷达瓦市。此分支历史上与阿拉伯人联系密切，信仰伊斯兰教。（5）波拉纳人。此分支被认为是最“原始”的奥罗莫人，主要分布在埃塞俄比亚最南端与肯尼亚交界处。该分支仍然实行古老的“加达制”（Gada），男性年长者担任部族首领，每8年轮流一次。妇女则完全被排斥在政治与行政生活之外。

（二）阿姆哈拉族

主要分布在埃塞俄比亚高原中部和北部。属埃塞俄比亚人种，讲阿姆哈拉语，属闪米特语系，有自己独创的拼音文字，由28个字母拼写而成，是撒哈拉以南非洲唯一有自己独创文字的民族。

（三）提格雷族

主要分布在埃塞俄比亚西北部高原与厄立特里亚接壤的提格雷地区，属黑白混血的埃塞俄比亚人种，使用提格雷语，与阿姆哈拉语相近，其社会文化、风俗习惯等也与阿姆哈拉人接近，历史上与阿姆哈拉人共称为“阿比西尼亚人”。

（四）索马里族

与东部邻国索马里的主体民族属同一民族，在埃塞俄比亚境内主要居住在东部与索马里接壤的欧加登地区，亦属黑白混血的埃塞俄比亚人种。

操库希特语。索马里人由众多部族组成，部族意识强烈。

（五）阿法尔族

主要分布在埃塞俄比亚东北部的阿法尔地区。他们与索马里族同操东库希特语，大部分人过着游牧生活。今天厄立特里亚和吉布提也居住着一定数量的阿法尔人，但主体部分居住在埃塞俄比亚。阿法尔族又由许多部族组成。历史上，阿法尔人形成了许多苏丹国，今天，阿里·米拉苏丹仍是埃塞俄比亚、吉布提和厄立特里亚阿法尔人的传统领袖。

（六）哈拉尔族

主要分布在哈拉尔市，是一个以经商为主的民族，也有少数人从事农业耕作。是埃塞俄比亚唯一以城市居住为主要特征的民族。

（七）锡达马族

又译锡达莫族，是南方州最大民族。操东库希特语，主要分布在阿巴亚湖东部和东北部，阿瓦萨湖东部和东南部一带。奥罗莫人大迁移前，锡达马族是埃塞俄比亚南部的主体民族，今天锡达马人居住的地区是埃塞俄比亚人口密度最大的地区。

（八）古拉格族

是南方州第二大民族。古拉格人的最突出特征是其传统宗教，这种宗教渗透到古拉格人社会生活的各个方面。虽然许多古拉格人信仰基督教或伊斯兰教，但他们均同时信仰自己的传统宗教。

七 语言

据西方学者研究，埃塞俄比亚境内存在着250多种不同的语言或方言。这些语言或方言主要分属于库希特（Cushitic）、奥莫特（Omotic）、闪米特（Semitic）、科穆兹（Komuz）和尼洛特几大语系以及贝尔塔（Berta）、库纳马（Kunama）等几个单一语言的语系。其中库希特、闪米特和奥莫特语系最大，它们同属于非亚高级语系，三个语系的各种语言在语言结构上具有许多共同特征。人类学家发现，在非洲存在的所有奥莫特和库希特语言均可在埃塞俄比亚发现。另外，埃塞俄比亚人还讲20多种闪米特语言，包括阿姆哈拉语和提格雷语。埃塞俄比亚闪米特语言是在本地发展起来的，但其起源可追溯到公元前1000年从阿拉伯半岛跨过红海移居埃塞俄比亚的居民。尼洛特和科穆兹语系各种语言及贝尔塔语、库纳马语属于尼洛－撒哈拉语，操这些语言的居民主要分布在埃塞俄比亚西南部边境地区。埃塞俄比亚主要语言有奥罗莫语、阿姆哈拉语、提格雷语、古拉格语、索马里语、阿法尔语等。由于阿姆哈拉人在埃塞俄比亚历史上长期处于统治地位，阿姆哈拉语被作为国家官方语言而加以推广，其他民族语言则长期受到压制。1991年埃塞俄比亚政权发生更迭后，新政权实行民族和语言平等的政策。1995年颁布实施的《埃塞俄比亚联邦民主共和国宪法》第五条规定，埃塞俄比亚所有语言地位平等，联邦政府的工作语言为阿姆哈拉语，联邦的各个成员可根据法律决定各自地区的工作语言。如奥罗莫州的工作语言为奥罗莫语，提格雷州的工作语言为提格雷语，阿法尔州的工作语言为阿法尔语，索马里州的工作语言为索马里语，南方州和阿姆哈拉州的工作语言同为阿姆哈拉语。各州以下的民族区还有权根据本地的具体情况决定本区的工作语言。宪法未规定英语的地位，但英语为联邦事实上的通用语言，也是高等学校的教学语言。

阿姆哈拉语是埃塞俄比亚的主要语言之一。以阿姆哈拉语为母语的埃塞俄比亚人主要是阿姆哈拉人。阿姆哈拉语属于非亚语系的闪米特分支，有自己独创的文字和拼写系统。当前埃塞俄比亚政府事务、大众传媒、商业交易和学校教育（特别是7年级以前的学校教育）均主要以阿姆哈拉语为教学语言。

奥罗莫语是埃塞俄比亚使用人口最多的语言，属亚非语系的库希特分支，原无自己的文字，目前使用的文字系西方学者以拉丁字母根据奥罗莫语发音拼写而成。操该种语言的人以奥罗莫人为主。该种语言又分为三支，即波拉纳－阿鲁西－古吉分支、奥罗莫东支和奥罗莫中西支。不同分支又有不同方言。

提格雷语系埃塞俄比亚第三大语言，属于非亚语系的闪米特分支，以该种语言为母语的主要为提格雷族人。提格雷语也是厄立特里亚的主要语言之一。

第二节　民俗与宗教

一　民俗

（一）服装服饰

埃塞俄比亚的服装服饰多种多样，反映出埃塞俄比亚民族和文化的多样性。许多服饰既美观又实用，反映了埃塞俄比亚人民适应自然、追求与自然和谐的美的非凡能力。据记载，棉纺技术于公元1世纪从阿拉伯半岛传入埃塞俄比亚。从阿克苏姆王国时期起，棉布就成为埃塞俄比亚人民的主要服装服饰原料，棉布也是阿克苏姆王国与世界其他地方进行贸易的主要商品之一。

由于埃塞俄比亚幅员辽阔，民族众多，各民族聚居的地方在自然环境、气候气温等方面差别很大，因此各地居民的服装服饰也丰富多彩。今天，随着经济的发展和社会的进步以及与世界各国人民交流交往日益增多，埃塞俄比亚人的服装服饰更具多样性，除了传统服装外，也有越来越多的居民特别是城市居民、学生、专业人士喜欢穿着现代西式服装。

1. 高原地区的服装服饰

在埃塞俄比亚中部和北部高原地区，主要是阿姆哈拉和提格雷地区，妇女的主要服装是一种叫“凯米斯”（Kemis）的服饰。“凯米斯”用棉布制成，类似中国的长袖连衣裙，颈部、衣袖边缘和折边绣有花纹，花纹的图案通常为十字架。有的“凯米斯”式样相对简单，是一种直上直下的裙子，在腰部束以一根布带。有的则做工考究，做成许多褶子，并在腰部向里收缩，以利于妇女穿上后充分展示身材。高原地区女性居民常常在“凯米斯”外套上一件“沙马”（Shamma）。“沙马”为一块长方形的白色棉布，对折后裹在肩上和头上。现在，“沙马”也与其他现代西式服装如裙子、裤子等一起穿，套在这些现代服装的外面。除“凯米斯”和“沙马”外，高原地区的居民还常常穿凉鞋或无跟的拖鞋。高原地区妇女的另一种较为普遍的服饰是“内特拉”（Netela），它是一种长方形的白色薄棉布披巾。阿姆哈拉族和提格雷族妇女还喜欢戴银质和金质首饰。耳环、项链、戒指为高原地区较富有居民的主要饰品。

高原地区男子一般穿裤子，他们的裤子做工较为考究，在膝盖以上向外张开，膝盖以下则收口，有利于劳动和运动。上身一般穿棉布衬衫，其式样与西式衬衫大同小异。外面一般罩一件“沙马”，其式样与妇女穿的“沙马”差不多。在冬季，高原地区男子还经常穿一件斜纹图案的夹克，称为“加比”（Gabi）。这是一种类似毛毯的长披巾，布质较粗且厚，主要用于保暖。还有一种比“内特拉”稍厚的披巾，称为“库塔”（Kutta）。另外，高原地区男人还戴一种称为“巴诺斯”（Barnos）的帽子。高原地区男人，不论老少都有手持木棍和皮鞭的习惯，即使是在城市地区，也可见手持木棍或皮鞭的男子。据说这原是为了对付野兽，但现已成为一种习惯。

2. 低地居民的服装服饰

生活在高原地区的阿姆哈拉人和提格雷人的服装服饰对生活在低地的埃塞俄比亚人的服装服饰有着巨大影响。在埃塞俄比亚各民族交流和融合的过程中，低地各民族采用了高原地区民族的许多服装服饰，并加以改进，以适应当地自然环境。

奥罗莫族男子的主要服装为“瓦亚”（Waya）。这是一种与阿姆哈拉人和提格雷人的“沙马”相似的服装。所不同的是，奥罗莫人常常在“瓦亚”上涂以黄油，使棉布变得更厚、更密不透风，因此更能保暖。奥罗莫男人的裤子与阿姆哈拉人的裤子相似。奥罗莫妇女的服饰则多种多样，一些地方的妇女喜欢穿一种束腰长袖的外衣；有些地方的妇女则喜欢袒胸露乳，肩上披一块披巾，下身则穿皮裙子。奥罗莫妇女还普遍喜欢戴用金、银或贝壳制成的饰品。

埃塞俄比亚南方的因加萨纳族（Ingassana）则几乎没有穿衣服的习惯。该族的男子一般只系一根腰带，在腰带上挂几片铁皮作为遮羞。妇女则只穿一件用条状兽皮做的小围裙。

索马里族游牧民妇女一般只在下身裹一块棉布或兽皮，上身裸露，乳房用简单的金属装饰品覆盖。索马里族游牧民男子则一般穿一种与“沙马”相似的披毯，称为“马罗”（Maro）或“托布”（Tob）。

居住在埃塞俄比亚东部的哈拉尔人服装服饰的式样则比埃塞俄比亚其他少数民族丰富得多。他们的衣饰融会了埃塞俄比亚高原服饰与阿拉伯半岛穆斯林服饰的特点。妇女们一般戴面纱，穿丝绒、丝绸或棉布裤子，上身穿一件色彩鲜艳的外罩，衣服上饰以各种各样的图案。许多人在脸上、脖子上和手上纹以各种图案，佩戴各种精美的用金、银或贝壳制成的饰品。

3. 宗教服饰

埃塞俄比亚正教在人民生活中占有重要地位，全国各地随处可见正教教堂，教士、执事、修女随处可见。他们的服装服饰也是埃塞俄比亚民族服装服饰文化的重要组成部分。教士和执事的服装相对复杂，他们一般穿一种类似“凯米斯”的棉布长袍，身披用厚重的衣料制作的直领大斗篷，称为“喀巴”（Kaba），头戴一种被称为“科卜”（Kob）的用棉布制成的圆顶狭边钟形帽，手执拂尘、十字架或手杖。在重要场合，教士和执事的肩上还披一件色彩鲜艳的“内特拉”。级别较高的教士还佩上绣有精美图案的佩带。修女的衣饰较教士简单，她们一般穿用粗布制作的“凯米斯”，不加任何装饰，以棉布裹头，脖子上戴十字项链，老修女还会扶一根拐杖。

穆斯林占埃塞俄比亚人口近一半，伊斯兰宗教人士的服装服饰与普通穆斯林几乎没有区别。他们一般身着长裤，上身着“凯米斯”，戴头巾，一些人还披斗篷。

（二）饮食

由于自然条件差别很大，埃塞俄比亚各地居民饮食习惯亦有很大不同。埃塞俄比亚高原地区的主要粮食作物为苔芙（Teff），为埃塞俄比亚和厄立特里亚所独有，其果实似我国的小米，但米粒更小。苔芙制成的食品为埃塞俄比亚高原地区居民的主食。苔芙面经糅和发酵后在平底锅上烙成既松又软的煎饼似的大软饼，称为英吉拉（Injera），置于金属或竹编容器上，再将煨制的菜肴倒在英吉拉上，食客用手撕开英吉拉，沾着煨制的菜肴吃。煨制的菜肴统称为沃特（Wat 或 Wot），其原料多种多样，如肉、蛋、蔬菜、豆类、动物内脏等均可作为烹制沃特的原料。煨制出来的菜肴也有各种不同的名称，如席罗沃特（Shiro Wat）、米西尔沃特（Misir Wat）、多罗沃特（Doro Wat）等。席罗沃特用干豆加入多种香料煨制而成，是一种广受欢迎的菜肴；米西尔沃特则用小扁豆煨制而成。还有一种称为特里帕的菜肴，是用切成小块的牛肚加入各种调味料煨制而成，颇受在埃塞俄比亚生活的中国人的欢迎，为中国游客必尝之食品。埃塞俄比亚人正餐的最后一道食品往往为新鲜的生牛肉，称为基特伏（Kitfo），配以干辣椒粉，味道鲜美。埃塞俄比亚人喜爱吃的一种零食是达博科罗（Dabo Kolo），是一种油炸的食品。

埃塞俄比亚高原地区有两种主要的传统饮料，一种称为“特拉”（Tella），一种称为“特吉”（Tej）。“特拉”是一种土法酿制的啤酒，主要原料为玉米、大麦和小麦芽，辅料为几种埃塞俄比亚特有的干树叶。“特吉”是一种蜂蜜酒，主要原料为蜂蜜和水，加上各种香料发酵而成。“特吉”的含酒精度比“特拉”强。此外，埃塞俄比亚还有一种酒精饮料，称为“阿拉基”（Araki），类似中国的白酒，无色透明，浓度甚高，其酿制过程亦比上述两种饮料复杂得多。制作“阿拉基”的原料多种多样，较好的“阿拉基”用小米酿制而成，也有的用小麦、大麦或玉米酿制，有的还加入蜂蜜作为配料。

（三）居住

与埃塞俄比亚极富多样性的民族和文化一样，埃塞俄比亚各族人民的建筑风格也极具多样性。在这里，传统与现代、古朴与新潮、简陋与豪华并存。在亚的斯亚贝巴等大中城市，埃塞俄比亚传统与西方风格的建筑物比肩而立。一方面，高楼大厦鳞次栉比，另一方面也可看到低矮的铁皮房与简陋的茅草屋。但就传统民居而言，大多数民族都以茅草为屋顶材料。不过，不同民族的建筑风格、采取的建筑材料也很不相同。

阿姆哈拉人的民居相对简单。他们把树枝固定在地上，围成一个圆圈，以柳条进行横向的编织和固定，再将泥土、牛粪和苔芙草的混合物糊在树枝上，是为墙。屋顶亦以树枝搭成，为尖顶，中间以三四根较粗的树枝支撑，上面以茅草覆盖。这种房子没有窗户，只留一个门供人进出。屋内的主要空间为卧室，也留出一定空间用作厨房。由于没有烟囱，生火时烟从茅草屋顶散出。

提格雷人的住房与阿姆哈拉人不同，他们的住房大多为方形，也有少数为圆形，墙壁一般不用树枝和泥土，而用石头。屋顶为平顶，以树木为梁，再以草泥覆盖。屋外一般有石阶通往屋顶。提格雷人习惯于在晚上把家禽安置在屋顶，以防野兽侵害。

奥罗莫人的居住地域广阔，因而其建筑风格亦有较大差异。马尔察（Marcha）地区的奥罗莫人的房子与阿姆哈拉人的茅草屋相似，所不同的是，该地区奥罗莫人的茅草屋有向外伸出的屋檐，屋檐以数根树枝支撑，形成一个圆形的阳台，可以堆放柴火和其他杂物。屋内一般分成两个或两个以上的小房间，较大的房子里面还套着一个圆形的房间，用作主卧室，外面的圆形过道则分隔成数个小房间，分别为厨房和儿童卧室。季马（Jimma）地区的奥罗莫人的住房也为圆形的茅草屋。与马尔察人住房不同的是，季马地区居民习惯将一个圆形的瓦罐倒扣在房屋的尖顶上。

沃莱塔人的住房外形看上去有点像蜂窝。墙为圆形，用树枝糊上泥土而成，房顶用树枝和茅草作材料。有一点与众不同的是，沃莱塔人的屋顶上都要安上一枚鸵鸟蛋，以此来祈求丰收和平安。沃莱塔人房子里面的空间一般都比较大，以竹篱笆隔成几间，到了晚上，人与家禽同居于一室，既保护牲畜免于食肉动物的侵害，又可在寒冷的晚上保持室内的温度。

阿法尔人的住房在外形上看上去像一个盔甲。它是由大树枝加上棕榈纤维编织而成，屋顶上以编织的草席覆盖。阿法尔人一般几户至几十户人家的房子建在一起，形成一个村落，村落周围筑有篱笆墙或石头围墙，以防止野兽的侵袭。

哈拉尔人的住房主要有两种，一种称为“草房”，一种称为“木框房”。随着经济的发展和生活水平的提高，“木框房”已逐渐取代“草房”，成为哈拉尔人的主要住房。“草房”的墙为圆木，插在地上，以铁钉固定，墙的外表糊以泥土，屋顶则为树木覆以茅草，中间以一根圆木支撑，故名“草屋”。“木框房”实为石头房，墙用石头作材料，一般为两层，楼板和楼顶均为树木，故名。屋顶先铺以干草，再糊以哈拉尔地区所特有的一种黏土。房屋的外墙一般亦糊以黏土，内墙则涂以白石灰。房屋的上层一般为卧室，下层则为厨房和会客室。

古拉格人的建筑方式与选材颇具特色。每户古拉格人一般有三间茅草房，分别为大房子、客厅和储藏室。三座房子呈三角鼎立状，大房子建在庭院的中央，两座小房子分别坐落在大房子的两后侧，其中客厅建在大房子左后侧约 15 米处，储藏室则建在大房子右后侧约 10 米处。所有房屋均就地取材，不用一根钉子。"大房子"的占地面积依各家各户的经济状况不同而不同，一般最小为直径 4 米，最大不超过 7 米。墙的材料一般为松树，墙高一般为 3～3.5 米。房屋中间竖立一根粗树干，以支撑屋顶。屋顶则覆以树枝和茅草。

（四）礼仪和饮食文化

埃塞俄比亚在悠久的历史长河中形成了许多传统的礼仪，可以说是个礼仪之邦。

尊老是埃塞俄比亚传统的礼仪之一。不论在什么场合，长者都会受到特别的尊重。在埃塞俄比亚语言中，"你"、"我"、"他（她）"等都有尊称，专门用来称呼年长者。

埃塞俄比亚人待人接物有一套讲究的礼节。陌生人初次见面时，通常握手；如果遇到长者，还握住其双手；如果是熟人见面，则行贴脸礼，贴三次。

当有客人或者长者进屋时，房屋的主人要站起来迎接。如果不站起来，会被认为是对客人不敬。客人进屋后，主人要请客人先坐下，然后自己才能坐下。同样，主人也要尽快坐下来，以免客人久站。

埃塞俄比亚人的主食为英吉拉。埃塞俄比亚人的家庭一般不使用西式餐桌，而用草绳编织的圆形箩筐作台子，称为梅索卜（Mesob）；不用刀叉而用手抓。进餐时，主人和客人围着梅索卜而坐。进餐前要洗手，通常主人会端来一个瓦盆，手提水壶，让客人轮流洗手。客人要等主人先动手撕开一块英吉拉后才可开始动手吃东西。吃东西时，客人只可以吃他面前的那部分，切不可随意挑拣。客人在吃完面前的英吉拉后，主人会及时添加。如果是招待尊贵的客人，主人还会用手抓一把食品送到客人的口中。

埃塞俄比亚人说话谦恭，他们很少大声喧哗。任何高傲或自大的言语都会受到人们的轻蔑。熟人在见面时，往往要嘘寒问暖，说许多问候的话语，光说“你好”、“早上好”或“晚上好”是不够的，通常还要询问其本人及家庭成员的健康及其他情况。

与其他许多民族一样，埃塞俄比亚人在碰到天灾人祸时，特别是当亲戚朋友遇到天灾人祸时，一般都不直接表达出来，而是使用委婉语言。例如，当同事去世时，一般不直接说“他死了”之类的语言，而是说“他病得不行了”之类的婉转语。同样，如征询对一个同事的看法，而该同事确实有缺点，被征询的人不会直接说这个人哪里不好，而会说：“我不了解，你去问别人吧。”

咖啡是埃塞俄比亚最常见的饮料。埃塞俄比亚人喝咖啡有一套独特的礼仪。他们认为咖啡源于埃塞俄比亚，是在公元14世纪从埃塞俄比亚传至也门并从那里传入西方的。该国南方有一个称为“咖法”的地方，据称就是咖啡的发源地。饭后喝咖啡是埃塞俄比亚人民生活中不可或缺的一部分，品尝咖啡已成为该国的一种文化，即使再贫穷的家庭，也会有煮咖啡的器具。一般家庭喝咖啡都有固定时间、固定地点和固定仪式，就像吃正餐或做宗教礼拜一样郑重其事。当客人用餐完毕后，通常女主人会悄悄地开始制作咖啡。她会将一把新鲜的草均匀地铺在客厅的一角，室内顿时洋溢起原野的芳香。之后女主人坐在小矮凳上，将炭火炉引燃，同时将一小勺香料撒在炭火上，以增加室内的芬芳气味。通常，在正式炒咖啡豆之前，女主人会用炭火做一些爆米花或炒小麦之类的小吃，端给客人和家人食用。之后，女主人便开始炒制咖啡豆，将洗净的咖啡豆放入平底锅中反复翻炒。等到咖啡豆开始变成深黑色，并散发出诱人的香味时，女主人会端着冒着轻烟的咖啡豆，送到每一个人面前让大家闻一闻，就像正规饭店里服务员让主宾先尝一尝葡萄酒的味道一样。她还会给客人品尝几粒炒好的咖啡豆。接着，她将咖啡豆倒进铁制或石制的臼里，用杵捣碎，直至成为粉状。女主人再用小木勺把咖啡粉一点点地刮出来倒进一个细颈、鼓肚子、大耳朵的陶壶里，加上净水，放在小炉子上煮。水很快就开了，再煮片刻，早已香气四溢。女主人在一个小木盘上摆上几个酒盅大小的陶杯，然后提起咖啡壶的大耳朵逐一斟满每个杯子，加入适量的糖和一小片芸香叶，一杯一杯地双手敬给围坐的人。客人喝完一杯后，女主人会为客人煮第二道、第三道咖啡。第一道咖啡最浓，一般是给男性年长者喝的；第二道较淡，是给女性年长者喝的；第三道最淡，是给孩子们喝的。整个煮咖啡和饮咖啡的过程一般要持续半个小时左右。

（五）婚俗

与任何一个发展中国家一样，埃塞俄比亚各民族的婚俗不尽相同，既有传统的结婚方式，也有现代的结婚方式。

阿姆哈拉人的婚礼一般都在星期天举行。阿姆哈拉人认为处女的初夜不能在主日（即星期天）进行。而阿姆哈拉人计算时间的方式与众不同，他们的一天是从早晨6点即太阳升起时开始的。在星期天结婚，初夜就可以在夜幕降临以后（下午6点以后，即埃塞俄比亚计时方法的12点以后）进行。星期六结婚会遭人取笑。婚礼也不能在一年一度的复活节前40天的大斋期或每周三和周五的小斋期举行。婚礼的前一天晚上，新郎要在他最好的男友们陪同下前往女方家，住在女方家的一间偏僻的房子里。第二天清晨，新郎的男友们会要求见新娘并把她接走。新娘的父亲会把新郎的男友们赶走，并反复数次。与此同时，新娘则在房间里梳妆打扮，三四位伴娘也打扮得与新娘一模一样。这时，新郎的一位男友进入新娘的房间，认出新娘并把她背出来，交给新郎。新娘在一位伴娘的陪同下并在亲朋好友的护送下骑驴子到新郎家。到了新郎家，新郎的男友再把新娘从驴背上背下来，交给新郎的母亲。在新娘的双脚踏上新郎家的土地前，新郎的母亲要给儿媳妇取一个新的名字。新婚之夜，新郎和新娘进入洞房后，要将一块染血的白布展示给新郎的家人和来宾，以表示新娘是处女。第二天早晨，新郎的男友们会又唱又跳地穿过村庄，为新婚夫妇乞讨金钱、衣物和牲畜。一个月后，新郎陪新娘回娘家，并送给娘家一头羊、一罐蜂蜜酒和一篮面包。

提格雷人的婚礼与阿姆哈拉人大体相同，所不同的是，结婚那天，新郎的亲朋好友来到新娘家，又唱又跳，并将一头宰杀好的羊献到新娘家的门前，然后将新娘及其嫁妆接走。到了新郎家后，新郎家再宰杀一头羊，供亲朋好友食用。

奥罗莫人有三种不同的结婚形式：一种是抢婚。若一位小伙子因为贫穷或其他原因无法明媒正娶他所心仪的女人，他可以请他的朋友帮助将她抢过来。把新娘抢到男方家后，男方家宰一头牛，将几滴牛血滴到新娘的脖子上，新郎再用双手捧一把热腾腾的生牛血给新娘喝。牛肉分给家人和来宾食用，而新郎新娘则不能吃。当新娘的家人得知新娘被抢后，会召集一帮人马手持长矛和盾牌，前来男方家救驾。如果他们来晚了，就会默认婚姻的事实，但会在男方家大骂，并邀请抢新娘的人出来决斗。这时，部落长老会出来调解，要求双方和解，最后会以新郎付给新娘家一定数量的牛羊而结束。

奥罗莫人的第二种结婚方式也是抢婚，与前者不同的是，这种方式是明抢，即是在女方家人的同意下进行的。新娘在经过一番假装的挣扎之后，被带回父母家，男方在那里宰杀一头羊并献给新娘的父母。同时，男方还会付给女方家一定数量的牛羊作为聘礼。

奥罗莫人的第三种结婚方式称为“逼婚”。其又可分为两种方式。一种是新娘在没有取得父母同意的情况下离家出走，手持一种甜味草来到她所钟爱的男人家。接下来的仪式与第一种抢婚差不多。另一种形式是，如果一位女孩因各种原因嫁不出去，她可以在夜深人静之时在其朋友的帮助下强行进入她所钟情的男人家，并在第二天待在那里不出来，任凭男方的家人羞辱她。如果男方不愿意娶她，部落的长老会出来调解，有时还可能导致流血冲突。

哈拉尔人的婚礼带有浓厚的伊斯兰特色。结婚仪式举行当天，男女双方家族的长老聚集在女方家里，诵读《古兰经》。男女双方的父母在长老的主持下签署结婚协议书。来自男方家的长老代表新郎接受女方家准备的嫁妆。嫁妆一般包括一张地席、一张凉席、一个枕头和一块羊毛地毯。新娘在男方最好的朋友的护送下，骑毛驴到男方家。新娘的朋友也跟随新娘到男方家。进入男方家后，新娘被安排到一间隔开的房间里，暂时由男方的好朋友看护起来。新郎在亲朋的注视下进入房间时，要象征性地“抽打”新娘。每抽打一下，参加婚礼的人都要唱歌表示祝福。

古拉格人的婚姻一般都由父母包办。婚姻一般通过“媒人”介绍。古拉格人的结婚年龄一般是男子 23 岁，妇女 17 岁。有的妇女甚至在 13 岁就出嫁。一旦婚事决定后，要举行订婚仪式，男女双方的亲朋好友聚集到一块，吃牛羊肉，喝“特拉”或“特吉”酒。订婚以后，男女双方在结婚仪式前不能再见面。结婚当天的仪式，各地的古拉格人的习惯略有不同。西部古拉格人的习惯是，在婚礼举行的当天，新郎与他的好友一道到新娘家接新娘，新娘的好友则通过对歌来加以阻止，直至女方的朋友们在对歌中输掉。对歌结束后，新娘在新郎的朋友们的护送下，骑新郎的驴子到新郎家。索多地区古拉格人的婚俗与西部地区古拉格人的婚俗略有不同。在婚礼举行前的几个星期，女方家族的妇女（或者本村的妇女）会把新娘藏起来，将她的手指甲、脚趾甲剪净。据说这是为了防止新娘在新婚之夜抓伤新郎。信奉基督教的古拉格人的婚礼一般选择在星期天举行。这天一早，新郎与他的朋友到新娘家去。新娘家的妇女会以对歌加以阻止。在新郎的朋友送上礼物后，才准许新郎用毛驴将新娘接走。新婚之夜，新郎要向众人展示新娘是处女。第二天晚上，新郎不能与新娘同寝，但到第三天后便恢复同寝。

与古拉格人的包办婚姻不同，康索人的婚事则完全由男女双方决定，女方的父亲可以为女儿选择对象，但要征求女儿的意见。婚礼在男方家举行。女方只带三四位女友同行。在婚后前三天，她的女朋友与她同寝。直至第四天晚上，她才能与丈夫度过新婚之夜。不过，另外一些地方的康索人结婚时新娘和新郎可以在第一天晚上同寝。康索人结婚不举行仪式，但要准备丰盛的食品待客。过去，康索人结婚不送聘礼，但近年来送聘礼的做法也开始流行起来，据说是受到阿姆哈拉人婚俗的影响。

沃莱塔人在结婚时，男方在亲朋好友的陪同下前往女方家，女方的父亲和亲友聚集在家门口迎接。男方的亲朋在女方家门口排队，由男方向女方父亲宣布聘礼的种类和数量，直至女方的父亲允许他进屋献上聘礼。与此同时，新娘则在母亲和女友的陪同下待在一间用布帘子隔开的黑房子里。新郎在人们唱歌跳舞之时，手持一瓶黄油悄悄爬进新娘的房间，坐在门口并伸出右腿，新娘的母亲也爬向他，将一杯热牛奶倒在他伸出来的腿上，一边倒一边为新郎新娘祝福。新郎站起来并在黑暗中寻找新娘，而新娘的女友则要把新娘藏起来，同时说粗话调笑新郎，直至新郎找到新娘。找到新娘后，新郎要在新娘的头上涂上黄油。这时，新郎才能将新娘领出来并带回家。

锡达马人结婚时非常注重聘礼。当男女双方决定以身相许时，男女双方的父亲要进行谈判。女方父亲一般要开出很高的价码，双方讨价还价。达成协议后，男方父亲便向女方父亲付聘礼。女方父亲接受聘礼后，男方才能在亲朋的陪同下前往女方家将新娘接走。新郎到达新娘家时，新娘的母亲要在新郎的头上涂上黄油。晚上，要在男方家中举行庆祝活动。锡达马人允许一夫多妻，但妻子们不住在一起，每个妻子有自己的房屋和农田。

阿法尔人结婚时，由双方的父亲签署协议。婚期一般定在月圆之日。婚礼上要请有学问的人来诵读《古兰经》。司仪将一块结婚纱巾系在新娘的右手上，并在新房的门槛宰杀一头羊。新郎用羊血洗自己的脚，有时还要杀一只公鸡。

埃塞俄比亚也存在着许多不良的传统习俗。据不完全统计，被认为是有害的传统习俗多达 100 种之多。如妇女的割礼、早婚、用黄油按摩孕妇肚子、拔去即将结婚的少女的指甲、切除小舌、拔除乳牙、拔除门牙、用火烙或用刀在脸上或臂上刻部族标记、重男轻女等。此外，有的民族还视分娩为不洁的事情，因而让妇女在分娩时离开家里，到野外丛林中进行。对于这些不良的传统习俗，埃塞俄比亚政府和人民正在采取措施，逐步予以废除。但是由于人民的传统观念根深蒂固，要消除上述陋习，还需假以时日。

二　节日

埃塞俄比亚有自己独特的纪元和历法，称为朱利安太阳历。朱利安太阳历与世界通用的格里高利历均以耶稣基督诞生为纪元开始，但由于对耶稣基督诞生的年代有着不同的认定，两种历法前后相差约 7 年，如朱利安太阳历（以下简称埃历）的 2000 年为格里高利历（公历）的 2007 年。埃历将一年分为 13 个月，其中前 12 个月为每月 30 天，第 13 个月为 5

天，如遇闰年，则为6天。埃历将每年公历9月11日定为元月1日。这13个月分别是：

（1）Meskerem，公历9月11日~10月10日；

（2）Tikimt，公历10月11日~11月9日；

（3）Hidar，公历11月10日~12月9日；

（4）Tahsas，公历12月10日~1月8日；

（5）Tir，公历1月9日~2月7日；

（6）Yakatit，公历2月8日~3月9日；

（7）Maggabit，公历3月10日~4月8日；

（8）Miyazya，公历4月9日~5月8日；

（9）Ginbot，公历5月9日~6月7日；

（10）Sene，公历6月8日~7月7日；

（11）Hamle，公历7月8日~8月6日；

（12）Nehasa，公历8月7日~9月6日；

（13）Pagume，公历9月7日~9月10日。

埃塞俄比亚有许多传统节日，既有宗教节日，也有世俗节日。主要节日如下。

（1）埃历新年。为每年的公历9月11日。阿姆哈拉语称其为Enkutatash，意即“珠宝礼物”。据说，当埃塞俄比亚古代著名的示巴女王访问以色列的所罗门王回到埃塞俄比亚时，她的酋长们送给她大量的珠宝以示欢迎。这一天同时也是东正教传统中的“受洗者圣约翰节”。新年是埃塞俄比亚全国最重要的节日。这一天，人们穿戴一新，家人团聚在一起，又吃又喝。城乡到处可见人们载歌载舞，人们还相互赠送礼物。

（2）发现真正十字架日。为每年公历的9月27日，据说是纪念艾伦尼女王（Empress Eleni）发现钉死耶稣的真正的十字架的日子，阿姆哈拉语称为马斯卡尔节（Meskel）。马斯卡尔节前一天，人们将一棵绿色的树移至城市中心的广场或村庄集市的中心，然后将干树枝捆成一个个小捆，在绿树的四周堆成金字塔形，上面放上一个十字架。到了晚上，人们聚集到木柴堆旁，在教士的主持下将柴堆点燃，围着篝火唱歌跳舞。家家户户都要准备“特拉”酒，任何陌生人都会受到欢迎。

（3）埃塞俄比亚圣诞节。为公历1月7日，是埃塞俄比亚最重要的节日之一。阿姆哈拉语称“吉那节”（Genna），“吉那”也是埃塞俄比亚的一种游戏的名称。据说，当牧羊人听到耶稣基督诞生的消息时，高兴地用他们手中的拐棍玩起游戏来。今天，埃塞俄比亚青少年还要在圣诞节这一天的下午玩这种游戏。为迎接圣诞节，东正教的教士们必须在节前的第43天开始进行斋戒，直至圣诞节这天。圣诞节这天早上6点，基督徒们开始聚集在教堂进行祈祷。祈祷仪式长达3小时。宗教仪式结束后，人们便可以回家欢度节日，教士们则可以准备特别的食品，结束斋戒。普通老百姓的节日食品一般为“英吉拉”和“多罗沃特”，饮“特拉”或“特吉”酒。

（4）主显节（Timkat）。是纪念耶稣基督受洗的日子，为每年公历1月19日。为庆祝这个节日，埃塞俄比亚百姓要杀鸡宰羊，准备丰盛的食品，大人们为孩子购买新衣服，或缝补旧衣服，将家里的衣物浆洗一新。主显节一般持续三天。在主显节的前一天下午，人们举行丰富多彩的游行，埃塞俄比亚正教的教士们要将象征“约柜”的“塔博特”（Tabots）从教堂迎出来，安放在附近的河流或池塘边搭起的帐篷里，并由教士或虔诚信徒守着。从午夜开始，人们要点起火把或燃起篝火，围着“塔博特”又唱又跳，又吃又喝。第二天清晨，主教把一支燃烧着的蜡烛投入水中使之熄灭，并向聚集的人群洒水以纪念基督受洗。虔诚的信徒还会穿着衣服走入水中，以洗刷自己的灵魂。仪式结束后，“塔博特”被迎回各自的教堂，人们则继续庆祝。第三天则是为了纪念埃塞俄比亚最有名的圣人——圣米海尔。

（5）伊斯兰开斋节。阿姆哈拉语称为Id Alfiter，日期每年不同，一般为每年的2月8日，是包括埃塞俄比亚的穆斯林在内的世界穆斯林的主要宗教节日之一。斋戒持续一个月。在斋月里，穆斯林从日出至日落实行禁食。斋月结束这一天，人们要举行盛大的庆祝活动，称为开斋节。

（6）阿杜瓦战役胜利纪念日。为每年公历3月2日，是为纪念1895年3月2日埃塞俄比亚军队在阿杜瓦打败意大利殖民侵略军而设立的节日。

（7）耶稣基督受难日，为复活节前的星期五，因埃历与公历差别，该节日的公历日期每年不同，在公历4月25日前后。

（8）埃塞俄比亚复活节。是埃塞俄比亚重要的节日之一，为每年公历4月27日前后。与埃塞俄比亚圣诞节一样，埃历中基督复活的日子也与公历不同。复活节前，人们一般要进行斋戒，时间可长可短，因人而异。复活节前一天晚上，人们聚集在教堂里，手持蜡烛进行祈祷活动。祈祷活动一般在凌晨2时结束。仪式结束后，人们便回家吃前一天下午6点后宰杀的鸡、羊、牛等动物的肉。与圣诞节一样，复活节也是家庭团聚的日子。

（9）国际劳动节。为每年公历的5月1日。

（10）爱国者胜利纪念日。为每年公历的5月5日。

（11）国庆节。为每年公历的5月28日。1991年5月28日，埃塞俄比亚人民革命民主阵线军队进入亚的斯亚贝巴，标志着门格斯图政权被推翻。后来，这一天被定为国庆日。

（12）阿拉法特节（Arafat）。为埃塞俄比亚穆斯林的节日，每年依月亮的变化而日期不同。按照伊斯兰教教规，每位穆斯林在一生中都要到圣地麦加或麦地那朝圣一次。朝圣后，人们聚集在阿拉法特山，宰杀牲畜以示庆祝。后来这一天被定为穆斯林的一个节日。这一天，埃塞俄比亚穆斯林聚集在清真寺进行祈祷，仪式结束后各自回家准备丰盛的食品以示庆祝。

（13）先知穆罕默德诞生日。为每年公历的7月17日。

三 宗教

宪法规定埃塞俄比亚为世俗国家，不设国教。国内有多个宗教共存，人们信仰的主要宗教有埃塞俄比亚正教、伊斯兰教、天主教、基督教新教、犹太教等，此外还有部分居民信仰各种各样的传统宗教。根据埃塞俄比亚2007年人口与住房普查结果，全国总人口中，信仰埃塞俄比亚正教的人口占全国总人口的43.5%，信仰伊斯兰教的人口占全国总人口的33.9%，信仰基督教新教的人口占全国总人口的18.6%。

（一）埃塞俄比亚正教（The Ethiopian Orthodox）

埃塞俄比亚正教是基督教的一个分支。基督教于公元4世纪传入埃塞俄比亚。传入埃塞俄比亚的教派属于科普特派，而科普特教派属于东方正教，因而埃塞俄比亚的基督教被称为埃塞俄比亚正教。历史上，埃塞俄比亚正教的主教由埃及亚历山大的大主教委派。这一传统一直延续下来，直至20世纪50年代中期，埃塞俄比亚皇帝才取得主教任命权，但埃塞俄比亚教会仍承认亚历山大教会至高无上的权力。由于这种关系，埃塞俄比亚基督教会遵从亚历山大教会的礼拜式和基本教义。1000多年来，亚历山大教会向埃塞俄比亚派来一批又一批的主教和教士，他们与埃塞俄比亚教职人员一道，将《圣经》和其他宗教文献译成几埃兹文（Geez），在埃塞俄比亚建立为数众多的教堂和修道院，不但促进了东正教在埃塞俄比亚的迅速传播，教堂和修道院也成为埃塞俄比亚传播文化和知识的中心。

（二）伊斯兰教

伊斯兰教在阿拉伯半岛诞生后不久，就开始传入埃塞俄比亚。根据传说，伊斯兰教传入埃塞俄比亚有一段传奇的历史。当年先知穆罕默德的弟子在麦加受到迫害时，先知对他的弟子们说："到阿比西尼亚去吧，那里有一位国王，你们不会受到迫害，那是一块正义的土地，在那里，安拉会解除你们遭受的苦难。"从公元615年起，先知的弟子们就分批越过红海来到埃塞俄比亚。先知这些最早的弟子中有些后来返回阿拉伯半岛，有些人则留了下来，在埃塞俄比亚传播伊斯兰教。据称先知出于对埃塞俄比亚保护穆斯林的感激，曾对他的弟子说："只要阿比西尼亚不采取攻势，就不要动它。"这也是埃塞俄比亚在1000多年中能够在穆斯林海洋的包围中一直保持其东正教本色的重要原因。穆斯林分布于埃塞俄比亚全国各地，但主要集中在东部、西部和南部低地，其中哈拉尔城是埃塞俄比亚伊斯兰教的宗教和文化中心，那里的居民绝大多数为穆斯林，城内有许多历史悠久的清真寺、穆斯林神龛和穆斯林领导人的坟墓，哈拉尔被誉为继麦加、麦地那和耶路撒冷之后的伊斯兰教第四大圣城。

（三）天主教

历史上，罗马天主教教会曾多次试图使埃塞俄比亚人改信天主教，但均以失败告终。16世纪，随着绕过好望角通往印度和中国的海上航线的开通，罗马天主教会把向埃塞俄比亚传播天主教的使命交给葡萄牙耶稣会教士。16～17世纪是天主教会在埃塞俄比亚传播的高潮，大批耶稣会教士来到埃塞俄比亚，埃塞俄比亚国王也一度改信天主教。但耶稣会教士的活动引起埃塞俄比亚的分裂，招致埃塞俄比亚人民的愤恨。1632年，法西拉达斯皇帝下令驱逐耶稣会教士，禁止天主教会在埃塞俄比亚的传播。但天主教作为一种宗教在埃塞俄比亚仍然保留了下来。19世纪后半期，约翰尼斯四世和孟尼利克二世皇帝出于对西方殖民者的敌视，再次下令驱逐天主教和清教传教士。今天，天主教是埃塞俄比亚仅次于正教和伊斯兰教的第三大宗教。埃塞俄比亚天主教会分为9个主教辖区，每个辖区设一名主教。在亚的斯亚贝巴有大主教，为埃塞俄比亚天主教会领袖，下设一个秘书处。罗马教皇在亚的斯亚贝巴派驻有代表。

（四）基督教新教

基督教新教在埃塞俄比亚的信徒主要分布在南方州、甘贝拉州和首都亚的斯亚贝巴等大城市。在阿姆哈拉语中，新教信徒被称为“蓬特”（Pentay或Pente）。该称呼起源于20世纪60年代后期，原用来称呼五旬节教派信徒，后来被用于统一称呼信仰基督教但不属于埃塞俄比亚正教、厄立特里亚正教、罗马天主教和埃塞俄比亚天主教的基督教信徒。埃塞俄比亚新教将自身发展演变追溯至公元960年以前埃塞俄比亚基督教的历史，认为公元960年后基督教在埃塞俄比亚的发展“异教化”，之前的基督教才是正宗基督教。该教派信仰圣父、圣子、圣灵三位一体说。据2005年“世界基督教数据库”资料，埃塞俄比亚全国基督教新教信徒约占全国人口的16%。另据埃塞俄比亚政府2007年人口与住房普查结果，信仰基督教新教的人口约占全国总人口的18.6%。埃塞俄比亚的基督教新教内部又可分为22个教派，主要教派有“生命教会”（Word of Life Church）、基督教协进会（Churches of Christ）、全福音信徒教会（Full Gospel Believers Church）、神召会（Assembly of God）等。“埃塞俄比亚福音派教会联合会”（Evangelical Church Fellowship of Ethiopia）是该教派的统一领导机构。

（五）犹太教

据埃塞俄比亚传说，早在基督教传入埃塞俄比亚之前，犹太教就是高原地区居民的信仰。即使后来高原地区居民改信基督教，埃塞俄比亚教会传统习俗中仍保留着许多犹太教习俗，其中最显著的是每座教堂都保存着一个盛装摩西十戒的“约柜”复制品。在现代，信仰犹太教的埃塞俄比亚人主要为居住在埃塞俄比亚北部贡德尔和提格雷西南部山区的法拉萨人（Falashas）。法拉萨人据说是犹太人，是所罗门王与示巴女王的后裔。但他们已不通希伯来语，而是讲阿高语。他们信奉的是旧约圣经。在20世纪80年代和90年代，随着埃塞俄比亚法拉萨人大量移居以色列，埃塞俄比亚信仰犹太教的人数急剧减少。

（六）传统宗教

埃塞俄比亚有170多万人信仰各种传统宗教。他们信仰的对象和崇拜的方式五花八门，但总体而言，以自然现象如太阳、月亮、天空、大山、河流、湖泊、树木乃至某种动物为崇拜对象的较为普遍。例如，戈贾姆地区的阿高人认为宇宙是由一个叫“多巴尔”（Dobar）的神创造的，因而他们把“多巴尔”当作主要崇拜对象。此外，他们还崇拜河流、泉水和某些种类的树木，为这些崇拜对象供奉牛、羊、奶、黄油等贡品。另一些民族则崇拜太阳、天空等超自然力量。如一部分奥罗莫人崇拜一个叫“瓦卡”（Waqa）的超自然神。他们认为“瓦卡”是世界万物的创造者，世界万物的最终力量都归于“瓦卡”，而“瓦卡”是通过各种各样的“阿亚那神”（Ayana）来显示其力量的，而“阿亚那”又通过受尊敬的男人——“夸鲁”和受尊敬的妇女——“夸丽提”来显示其力量。这些受尊敬的男人和妇女代表“阿亚那”解释宇宙的神秘，掌管人们的精神生活。由于传统社会中宗教与世俗生活很难区分开来，这些人不仅行使社会的宗教职能，而且对人们的政治、经济和社会生活具有巨大的影响。

第三节　特色资源

一　名胜古迹

作为一个有着3000多年文明史的古老国度，埃塞俄比亚拥有撒哈拉以南非洲国家中为数众多的历史和名胜古迹。

(一) 阿克苏姆方尖碑 (Obelisks of Axum)

阿克苏姆（Axum）是埃塞俄比亚历史古城和曾极度辉煌的阿克苏姆古国的都城。该城至今保存着众多的历史古迹，其中最为著名的当属阿克苏姆方尖碑。公元4世纪以前，阿克苏姆王国投入大量人力物力，为死去的王公贵族建造陵墓，陵墓上的标志物就是方尖碑。方尖碑用整块花岗岩石雕凿而成，一般高3~4米，最高的一座达33米。公元4世纪阿克苏姆王国皈依基督教后，废除了建造方尖碑的做法。阿克苏姆考古遗址原有一个由七座方尖碑组成的石碑群，其中五座已经倒塌，剩下两座中的一座高33米，是世界上人类竖立起的最高的单块石碑。这座石碑的正面雕刻出一个9层建筑，门、窗、梁等一应俱全。另一座高24米，在碑顶下雕刻着一面类似盾牌的图案。1937年，武力侵占埃塞俄比亚的意大利法西斯独裁者墨索里尼下令将这块方尖碑运到意大利，并把它竖立在罗马城内，作为意大利战胜埃塞俄比亚的象征。1947年，意大利政府向联合国承诺将归还所有劫掠的埃塞俄比亚文物。经过埃塞俄比亚政府和人民持之以恒的努力，意大利政府于2005年将该石碑运回阿克苏姆并在原址上重新竖立。方尖碑已成为阿克苏姆文明的象征。

(二) 拉利贝拉石凿教堂 (Rock - hewn Churches of Lalibela)

埃塞俄比亚正教素有在山岩上开凿教堂的传统，在历史长河中留下为数众多的石凿教堂，其中最为著名的莫过于拉利贝拉的石凿教堂群。拉利贝拉位于埃塞俄比亚中北部的阿姆哈拉州，距首都约350千米，原名阿德法（Adefa），又称罗哈（Roha）。12~13世纪，拉利贝拉是扎格威王朝（公元1137~1270年）的都城。扎格威王朝的历代国王笃信基督教，热衷于建造教堂和修道院。12世纪后期扎格威王朝国王拉利贝拉（公元1176~1207年在位）在其统治时期，决心在国土上建造一个新耶路撒冷。他征集大量技术人员和劳工，经过30余年艰苦工作，在其都城阿德法附近的岩石上开凿出十一座教堂。这些石凿教堂分成三群，彼此间由地道和回廊连为整体。它们中绝大多数开凿在整块的岩石里，周围挖了深沟，使之单独矗立，进入教堂要经过地道、桥梁或涵洞。据史料记载，由于教堂完全凿建在山体岩石内，工程异常艰难。首先要在山坡上寻找合适的完整的没有裂缝的巨型岩石，除去表层浮土和软岩，然后在四周凿出 12～15 米深的沟槽，使其与整个山体完全脱离。而后在岩石内预留墙体、屋顶、祭坛、廊柱、门和窗，再极其艰难而小心地在岩石内掏凿出教堂内的空间，接着在石壁上精雕细镂，最后成为一座具有特殊质感和观感的教堂。各个教堂的大小和岩石的颜色都不一样，其中最大的教堂为“梅德哈尼阿莱姆”，意为救世主教堂。该教堂长 33 米、宽 23.7 米、高 11.5 米，面积达 782 平方米。它拥有五个中殿和一个长方形的廊柱大厅，28 根石柱，每个石柱仔细琢磨后雕上了几何图案。整个建筑雕刻十分精细，颇为壮观。拉利贝拉另一处引人注目的教堂是耶稣基督教堂，它长 33 米，宽 23 米，高 11 米，精雕细刻的飞檐由 34 根方柱支撑。由于拉利贝拉国王在埃塞俄比亚历史上做出了巨大贡献，后来埃塞俄比亚将阿德法改称拉利贝拉，该地也由此成为埃塞俄比亚仅次于阿克苏姆的第二大圣城。1978 年，联合国教科文组织把拉利贝拉的石凿教堂群列入《世界文化遗产名录》，埃塞俄比亚人自豪地称之为世界第八大奇迹。今天，拉利贝拉已成为埃塞俄比亚的一个重要的旅游胜地。

（三）贡德尔的法西尔城堡（Fasil Ghebbi of Gondar）

又称法西尔盖比（“盖比”在阿姆哈拉语中意为“大院”）或法西尔皇家大院（Royal Enclosure of Fasil），系埃塞俄比亚所罗门王朝贡德尔时代著名的王宫遗址。17 世纪上半叶，埃塞俄比亚皇帝法西拉达斯将帝国的都城从阿克苏姆迁至贡德尔。贡德尔位于埃塞俄比亚西北部高原上，海拔为 2300 米。法西拉达斯皇帝迁都至此后，大兴土木，贡德尔逐渐发展成为城市。直到公元 1868 年帝国首都再度南迁前，贡德尔一直是埃塞俄比亚的首都，同时也是埃塞俄比亚宗教和艺术中心。城内有许多近代的宫殿建筑群，保存着多座近代拱桥以及雕刻精美、装饰丰富多姿的多层塔、城堡、皇宫、教堂等。建筑风格融合了阿克苏姆、印度、阿拉伯、巴洛克以及努比亚风格。

在贡德尔古建筑群中，位于城南的法西尔城堡堪称最大并且是最美的古堡。城堡有900米长的城墙环绕，占地约7万平方米，共设12个城门，每个门都有自己的名字。城堡由法西拉达斯皇帝下令建造，后来成为几代皇帝们的宅邸。古堡大院内的主要建筑有法西拉达斯城堡、伊雅苏宫殿、达威特三世大厅、宴会厅、孟特瓦布皇后城堡、大臣官邸、图书馆、养马场等，另外还有三座教堂。1979年联合国教科文组织将法西尔城堡列入《世界文化遗产名录》。

（四）塔纳湖（Lake Tana）

塔纳湖位于埃塞俄比亚西北部的锡缅山脉东南部，系尼罗河主要支流阿巴伊河（即青尼罗河）的源头。该湖是埃塞俄比亚最大的湖泊，湖面海拔1830米，最大水深15米，湖长90千米，宽约40千米，面积约3600平方千米。湖中分布着大大小小30多个岛屿，许多岛屿上建有年代久远的修道院和教堂，是埃塞俄比亚著名旅游胜地。塔纳湖渔业资源丰富，盛产罗非鱼、白鱼、鲇鱼以及尼罗河鲈鱼等。

（五）青尼罗河瀑布（Blue Nile Falls）

亦称蒂斯萨特瀑布（Tississat，阿姆哈拉语意为“冒烟的水”），是青尼罗河上一处主要瀑布。瀑布位于青尼罗河的源头塔纳湖东南30千米处，瀑布落差37~45米，由4组瀑布组成，其中主瀑布丰水期宽达400米，流水轰鸣声能传出数千米。瀑布每年的径流量达40亿立方米。该瀑布是埃塞俄比亚著名旅游胜地之一。近年来埃塞俄比亚政府在瀑布上游修建新的水电站，将部分河水分流。因此，除丰水季节外，瀑布水量并不大。

二 著名城市

（一）亚的斯亚贝巴

亚的斯亚贝巴（Addis Ababa，有时也拼写为Addis Abeba），系埃塞俄比亚首都，国家政治、经济、文化中心和交通枢纽，也是东非地区空中交通枢纽。因其系非洲联盟、联合国非洲经济委员会等国际组织总部所在地，各国派驻这里的外交机构数量众多，亚的斯亚贝巴也被誉为“非洲的政治首都”。

亚的斯亚贝巴在阿姆哈拉语中意为“新花”（“亚的斯”意为“新”，

“亚贝巴”意为“花”)。在奥罗莫语中，亚的斯亚贝巴的名字为“芬芬尼”(Finfinne，意为“天然之泉”)。城市位于东经38.44度，北纬9.148度，地理上居于国家的中心位置，平均海拔2350米，最低海拔2326米(博莱国际机场附近)，最高海拔超过3000米(恩托托山)，面积540平方千米，人口338.4万(2007年)。亚的斯亚贝巴地理纬度虽接近赤道，但因地势高而气候凉爽，四季如春。年平均气温16℃，最低9.7℃，最高25.5℃。位于东三区，与北京时差为5小时。

亚的斯亚贝巴迄今已有120多年的建城史。19世纪中后期，为适应国土不断扩大的需要，埃塞俄比亚帝国的政治中心从北方不断南迁。1886年，孟尼利克二世皇帝正式将帝国首都定在亚的斯亚贝巴。此前，孟尼利克二世在恩托托山上驻扎，其皇后泰图·贝图尔(Taitu Betul)则在今天老皇宫附近的温泉建立行宫。后来，为解决山上水源及木材供应不足问题，孟尼利克二世决定在皇后行宫的基础上扩建皇宫，将此地定为首都。泰图皇后将新首都命名为“新花”。建都后，随着人口的增多，城市及附近森林很快被砍伐殆尽，帝国政府从澳大利亚引进速生桉树，以解决木柴短缺问题。直至今天，首都及附近地区最常见的树种仍为桉树。

亚的斯亚贝巴市三面环山，峰峦起伏，市区建筑依山而建，高低错落。市中心是宽阔的革命广场(Meskel Square)，这里是各类大型庆祝活动和阅兵的场所，数条大道从广场向城市各个方向辐射。广场附近有许多高层办公楼和公寓。老皇宫离广场不远，在其附近分布着议会大厦、政府各部办公楼、博物馆、亚的斯亚贝巴大学等著名建筑。在孟尼利克二世大街的广场上，矗立着孟尼利克二世身跨战马的高大铜像。广场西南角有市政厅。连接市政厅和火车站的大街，从北向南依地势倾斜，两旁商店林立。位于城市西南部、由中国政府援建的非洲联盟总部大楼和会议中心是亚的斯亚贝巴最高建筑，楼高99米。该建设及其附属酒店现已成为亚的斯亚贝巴市新的城市地标。

亚的斯亚贝巴市著名的历史文化古迹和主要旅游景点有圣乔治大教堂(St George's Cathedral)、圣三一大教堂(Holy Trinity Cathedral)、救世主大教堂(Medhane Alem Orthodox Cathedral)、革命广场、国家博物馆、人类学博物馆、自然历史博物馆、国家图书馆、亚的斯亚贝巴博物馆、铁路博物馆、邮政博物馆、老皇宫、非洲大厦（Africa Hall）、恩托托山等。

亚的斯亚贝巴是埃塞俄比亚的经济中心。全国半数以上的企业集中于城市的西南部，南郊为工业区，城内有咖啡贸易中心。亚的斯亚贝巴是公路、铁路交通枢纽，有班机与国内城市及其他非洲国家以及欧洲、亚洲国家联系。城市西部的马尔卡托区有非洲规模最大的露天和室内市场。

（二）迪雷达瓦市

迪雷达瓦市（Dire Dawa）位于埃塞俄比亚东部，是隶属于埃塞俄比亚中央政府的直辖市，也是东部交通枢纽和商业中心。它位于东部艾哈迈尔山脉东北麓，海拔 1260 米，北为阿法尔低地平原。面积 1558 平方千米（含城区及郊区），人口 38 万。德恰塔河从东北向西南向穿城而过，将市区分割成两半。1902 年吉布提至亚的斯亚贝巴铁路修通至此时，开始建城；1917 年铁路建成通车后，迅速发展成为东部交通枢纽和工商业中心。河右岸老城区“凯菲拉”是农畜产品集散中心以及重要的咖啡和毛皮市场，市场周围为阿拉伯式建筑区，街道弯曲狭窄。河左岸新城有现代化街区和铁路站场。迪雷达瓦亦为埃塞俄比亚仅次于首都亚的斯亚贝巴的第二大工业城市，主要工业有纺织、水泥、金属加工、车辆修配等。该市国际机场有航班通往周边国家。

（三）哈拉尔古城

哈拉尔市（Harar）是哈拉尔州首府，位于埃塞俄比亚东部，距亚的斯亚贝巴 526 千米。哈拉尔古城是哈拉尔市的核心部分。据历史记载，哈拉尔城始建于公元 898 年，其创建者系由阿拉伯半岛迁居而来的穆斯林。因此，哈拉尔城自建城伊始就具有浓厚的伊斯兰色彩。1520 年，阿达尔国（Adal State）将都城从德克尔（Deker）迁往哈拉尔，哈拉尔迎来了其历史兴盛时期。修建于 16 世纪中期的城墙长 3348 米，有 5 个城门，至今保存完好。17 世纪阿达尔国衰落后，哈拉尔沦为一个小城邦国，1647 ~ 1875 年由达乌迪王朝（Dawoodi dynasty）统治。1875 年，埃及远征军占领哈拉尔，并在那里统治了 10 年。1887 年，孟尼利克二世皇帝的军队占领哈拉尔，哈拉尔从此并入埃塞俄比亚的政治版图。20 世纪 30 年代意大利占领埃塞俄比亚后，在哈拉尔古城外建起新的行政中心，哈拉尔古城得以完整保存下来。古城占地0.48平方千米，360多条狭窄的街道纵横交错，90多座清真寺点缀其间。由于其清真寺数量众多，哈拉尔被誉为排在麦加、麦地那和耶路撒冷之后的伊斯兰第四大圣城，亦有“东非通布图”之称。城内房屋错落有致，古色古香，狭窄的街道四通八达。在相当长的时间里，哈拉尔是红海和印度洋沿岸与埃塞俄比亚内陆地区的贸易中转站。20世纪初埃塞俄比亚至吉布提的铁路通车后，哈拉尔作为贸易中转站的地位逐渐丧失。当前哈拉尔的经济主要以商业和农业为主，是埃塞俄比亚咖啡和恰特的主产地之一。

哈拉尔市气候温和，鲜花四季盛开。19世纪后半叶，第一个前往哈拉尔旅行的欧洲人、英国探险家理查德·伯尔顿爵士（Sir Richard Burton）曾这样描写哈拉尔的气候：“这里既不炎热，也不寒冷，而是凉爽宜人。”

第二章

历　史

第一节　上古简史

埃塞俄比亚是非洲为数不多的文明古国之一，有数千年的文明史。关于当前居住于埃塞俄比亚境内各主要民族的起源的详细情况，至今人们知之甚少，学者们在许多重要问题上仍持不同看法。考古学家和人类学家经过研究普遍认为，东非大裂谷一带是人类的最早发源地。而东非大裂谷从东北至西南斜穿埃塞俄比亚国境，向南延伸至马拉维。1974 年 11 月，考古学家在埃塞俄比亚阿瓦什河谷的考古挖掘中发现一具距今 350 万年的不完整的女性类人猿骨骼化石。这一化石俗称“露西女士”①，现陈列于亚的斯亚贝巴的埃塞俄比亚国家博物馆。这是在当时所发现的最早的类人猿化石，被认为是现代人共同的祖先。考古学家称这一时期的类人猿为南猿（Australopithecus Afarensis）。但后来人类学家又在埃塞俄比亚和肯尼亚等地发现时代更早的类人猿化石。1994 年，考古学家在阿瓦什河谷又发现距今 440 万年的类人猿化石。2001 年，美国科学家宣布，他们在埃塞俄比亚阿瓦什河谷地区新发现了一种原始人类的化石。这种原始人类属于一种比较古老的地猿，生活在 580 万 ~520 万年前。据分析，这些牙齿、颚骨和肢骨化石可能属于此前发现的另一种原始人类——地猿始祖种的早期

① 发现该化石的考古学家是唐·约翰逊。为了庆祝这一发现，约翰逊和他的考古队员举行了晚会，晚会上播放了甲壳虫乐队演奏的曲子《宝石与露西在月光下》。有人建议将该化石命名为“露西”，约翰逊采纳了这个建议。这便是“露西女士”这一名称的由来。

形态。当地地质特征及伴随出土的一些古代动植物化石还表明，这些古老的地猿生活在气候湿润的森林里，后来才迁徙到广阔的草原上。2001 年，另一批科学家宣称他们在肯尼亚发现了一种 600 万年前的原始人类化石，并认为地猿始祖不属于人类家庭，其血缘关系离黑猩猩更近。2001 年，美国科学家研究发现，在埃塞俄比亚发掘的一批约 16 万年前的人类骨骼化石，是迄今发现的最古老的现代人类即“智人”的化石。这一发现填补了“智人”进化历程起点处的空白，并对现代人类起源于非洲的理论提供了证据。放射性同位素测定显示，上述智人生活在 16 万 ~15.4 万年前。科学家认为，他们有着相当多的现代人特征，例如成年人头骨有较大的球形颅骨，面部扁平。但他们也有一些较为原始的特征，例如两眼距离稍远，眉脊凸出等。此外，这些智人缺少尼安德特人的某些特征。这表明他们处在智人这个物种发展的起始阶段，介于更原始的人类与现代人之间。

当然，上述发现与现代埃塞俄比亚人之间有什么联系，科学家还无法勾勒出一幅清晰的图景。近年来，历史语言学和考古学家通过研究，大致勾勒出今日埃塞俄比亚史前居民的图景。这些居住在埃塞俄比亚境内的居民讲的语言属于亚非高级语系，其中包括奥莫特语、库希特语和闪米特语，所有这些语言今天都可以在埃塞俄比亚找到。语言学家认为，亚非语系的起源地位于东北非，大概在尼罗河与红海之间的某个地方，并从这个地方逐渐向其他地方传播，成为今天北非、东北非乃至西南亚诸语言的祖先。

从亚非语系中衍生出来的第一种语言很可能是奥莫特语。约在公元前 13000 年，讲奥莫特语的居民向南迁移，来到今天埃塞俄比亚高原中部和西南部地区。随后，讲库希特语的居民也向南迁移，并定居于非洲之角北部包括埃塞俄比亚高原北部的地区。

语言学研究表明，至少在公元前 7000 年前，讲奥莫特语和库希特语的居民就定居于今天的埃塞俄比亚。后来，随着这些居民居住地域的不断扩大，又从奥莫特语和库希特语中衍生出许多种新的语言。例如，从库希特语中衍生出阿高语、萨霍语、阿法尔语、索马里语、锡达莫语、奥罗莫语等；从奥莫特语中也衍生出许多语言，其中沃莱塔语（Wolaita）和格莫－戈法语（Gemu－Gofa）是两种最主要的语言。

在长达数千年的时间里，操库希特语和奥莫特语的居民主要以采集为生。在漫长的历史进程中，他们也逐渐培植和驯化了一些植物和动物。根据人类学家对有限的考古资料推算，早在公元前数千年前，埃塞俄比亚高原北部的居民就开始使用犁来进行耕作。苔芙就是这些居民最早培植的粮食作物之一。后来，他们又从阿拉伯半岛西南部引进大麦和小麦。在埃塞俄比亚高原南部较潮湿的地区，当地居民们也逐渐培植了一种叫恩塞特（Ensete）的粮食作物，当地人称其为假香蕉。埃塞俄比亚居民驯化的动物包括牛、绵羊、山羊、驴等。

在公元前1000年前后，居住在阿拉伯半岛西南部操闪米特语的居民开始渡过红海，定居于今天厄立特里亚沿海及内地高原边缘地区。这些移民带来了他们的语言、书写方法、农业技术以及主要以石头为材料的建筑艺术。他们与当地居民相互交往、融合，形成了一种新的文化，称为“前阿克苏姆文化”。当时红海两岸的贸易往来十分频繁，位于今天厄立特里亚的阿杜利斯港是红海的贸易中心，也是阿拉伯半岛居民进入埃塞俄比亚的门户。考古资料表明，在公元前后，前阿克苏姆文化已经向西传播至埃塞俄比亚高原北部的阿克苏姆地区，最终孕育出后来成为现代埃塞俄比亚起源的阿克苏姆文明。

第二节 中古简史

一 阿克苏姆王国

被视为现代埃塞俄比亚起源的阿克苏姆王国是非洲大陆最著名的文明古国之一，因其都城为阿克苏姆而得名。阿克苏姆王国兴起于基督纪元之初，其渊源有一段美丽的传说。据旧约圣经记载和埃塞俄比亚圣传，阿克苏姆国王系示巴女王与古代以色列所罗门王所生。示巴女王在前往以色列朝拜期间，与所罗门王发生性关系，回国途中在厄立特里亚产下一子，名叫埃布纳·哈基姆（意为“智者之子”）。后来，埃布纳·哈基姆按照埃塞俄比亚的习惯继承王位后，被称为孟尼利克一世。孟尼利克一世的继位标志着埃塞俄比亚所罗门世系统治的开始。孟尼利克一世继位后又到以色列朝拜，见到他的父亲所罗门。孟尼利克一世回国时，所罗门王还派以色列贵族家庭的20多名少年陪同，据说他们偷走了“约柜”（传说收藏着刻有摩西十诫的那块石碑的柜子），把它带到阿克苏姆，而且据说那个“约柜”现今仍保存在阿克苏姆的圣玛丽教堂里。

公元1~7世纪是阿克苏姆王国繁荣昌盛的时期。公元8世纪后，王国开始衰落，最后于公元12世纪灭亡。公元4~6世纪是阿克苏姆王国的鼎盛时期，其所辖领土包括今厄立特里亚、埃塞俄比亚北部、吉布提、索马里北部、苏丹东部以及阿拉伯半岛的红海沿岸地区，但其中心地区是厄立特里亚和今天埃塞俄比亚提格雷州及阿姆哈拉州的沃洛等地，主要城市有阿克苏姆、阿杜利斯和叶哈等。公元6~7世纪，阿克苏姆失去了对阿拉伯半岛的红海沿岸的控制，势力逐渐缩小至其中心地区，国家的政治中心也随之南移。

公元3世纪，阿克苏姆国王利用该国濒临红海、水陆交通方便的条件，指挥军队跨过红海，征服了阿拉伯半岛的也门地区，几乎把红海变成阿克苏姆王国的内湖。在公元4~6世纪阿克苏姆王国的鼎盛时期，王国出了一位著名的国王埃扎纳。埃扎纳于公元320年即位，不久后皈依基督教，并定基督教为国教，下令在全国各地修建教堂和修道院。他年轻时期的家庭教师、叙利亚人弗鲁门蒂斯被基督教科普特派亚历山大城总主教阿塔纳休斯任命为阿克苏姆第一任主教。此后，基督教在阿克苏姆迅速传播。阿克苏姆王国信奉的基督教派是基督教一性论派，即认为耶稣基督的人性完全融于其神性之中。这就是埃塞俄比亚正教的起源。

在埃扎纳统治的40多年间，阿克苏姆王国发动了多次战争，不断向外扩张领土。王国势力扩大到埃塞俄比亚高原后，埃扎纳又积极向白尼罗河和青尼罗河地区扩张。他利用库施国日趋衰落之机，出兵灭亡了这个具有悠久历史的古国。他还继续向阿拉伯半岛扩张，先后征服希米里亚特、莱丹尼特和萨巴等国。罗马帝国时代的作家曾把当时的阿克苏姆王国与同时代的中国、罗马和波斯并列称为世界四大强国。就连波斯帝国的国王、罗马帝国的皇帝以及后来的拜占庭帝国的皇帝在同阿克苏姆国王打交道时，都以完全平等的礼仪相待。

阿克苏姆王国创造了灿烂辉煌的文明。当时的人们创造了独特的建筑风格，建造了许多主要以石头为原料的宫殿和公共建筑，其规模非常可观，可惜没有完整保留下来。今天，人们从阿克苏姆城外的古王宫遗址仍可看出王国极盛时期的繁荣景象。为纪念死去的王公贵族，阿克苏姆王国还在他们的坟墓上竖立许多用巨石雕刻而成的方尖碑。这些方尖碑中，有的还完好无损地保留了下来。在今天阿克苏姆城中心，仍矗立着几尊高数十米的方尖碑，在其旁边还躺着已经倒下并裂为几段但规模更大的方尖碑。

阿克苏姆王国留下了大量的文字记载。这些记录是以两种文字书写的，即几埃兹语（Geez）和希腊语。几埃兹语是阿克苏姆王国独创的文字，是今天阿姆哈拉语和提格雷语的祖先。今天，埃塞俄比亚正教许多典籍仍然以几埃兹语这种古老的语言书写。希腊语也是阿克苏姆王国广泛使用的一种语言，特别是在与地中海东部地区的商业往来中。

阿克苏姆王国有着相对发达的经济。农业和畜牧业是王国的经济基础。在耕作方式方面，修建灌溉设施和役使耕牛已相当普遍。铁器工具的使用对提高农业生产率起了很大作用。考古学家从当时留下的石碑铭文中了解到，那时种植的作物有小麦和其他谷物，饲养的牲畜有牛、羊、驴和骡子等。阿克苏姆王国的手工业也相当发达。除拥有发达的制铁和制陶技术外，造船和建筑业的技术工艺也已达到相当高的水平。其极盛时期的国王布列加为了准备再次出征也门，曾命令在一个港口集中建造大小船只170艘，其造船能力由此可见一斑。

对外贸易在阿克苏姆王国经济生活中占有重要地位。阿克苏姆王国地处东西方之间途经红海的过境贸易的中间站。阿克苏姆的对外贸易十分活跃，与许多国家和地区都有着商业联系。那时，由红海商道北端经埃及著名的“法老运河”，顺尼罗河而下，可进入地中海通往欧洲；南下印度洋，可达南亚和太平洋沿岸。这是贯通东西方水路交通的唯一干线。早在公元3世纪，阿克苏姆王国就占领了红海对岸的也门沿海地区，从而控制了红海商道的南端出口。红海沿岸的阿杜利斯港成为著名的国际贸易中转站。黄金、宝石、牲畜和象牙是其主要出口物资，从边远地区掠夺而来的奴隶也大量出口到其他地区。进口物资有来自波斯的衣料和服装，意大利和叙利亚的葡萄酒，埃及的染料，阿拉伯半岛的白银和皮张，印度的棉布和铜铁器，等等。随着贸易的发展，作为交换媒介的货币铸造业也得到发展。阿克苏姆是撒哈拉以南非洲第一个使用金属货币的国家。它铸造的货币分为金币、银币和铜币三种，一些银币和铜币还镶有金线，铸币上一般都有当时的统治者的头像。考古学家在今天埃塞俄比亚北部、埃及、阿拉伯半岛的也门和汉志地区、苏丹共和国东南部等地，挖掘出大量阿克苏姆王国的铸币。

阿克苏姆王国的政治体制为高度中央集权制，王权意识浓厚，王权制度较为发达，贵族们都要向国王纳贡称臣。从公元3世纪起，国王就被称为“万王之王”。这种王权制度在埃塞俄比亚一直保留下来，直到20世纪中期。

5世纪时的阿克苏姆王国的情况，没有留下很多记载，因此人们知之不多。但到了6世纪，阿克苏姆统治者再度夺回对阿拉伯半岛南部沿海的控制权。到了6世纪末，萨珊波斯帝国控制了也门，结束了阿克苏姆王国对也门的统治。随后，萨珊波斯攻占埃及，进一步切断了阿克苏姆与红海沿岸地区的贸易联系。在接下来的一百多年时间里，阿克苏姆王国逐渐失去对其原有的海外贸易据点的控制，从而进入一个漫长的衰落阶段，最后终于放弃其海上贸易网，退入埃塞俄比亚北部内陆地区。

二　埃塞俄比亚与早期伊斯兰时期

伊斯兰教在阿拉伯半岛的兴起，对7世纪和8世纪的阿克苏姆王国产生了深刻的影响。到公元632年先知穆罕默德去世时，包括红海东岸的整个阿拉伯半岛都处在伊斯兰教的影响之下。在接下来的一个多世纪里，伊斯兰教发展迅速，征服了前萨珊波斯帝国的所辖领土以及拜占庭帝国的大部分地区。

在伊斯兰教兴起之初，阿拉伯世界与阿克苏姆王国还能和平相处。根据伊斯兰教的传说，在先知穆罕默德掌权之前的混乱年代里，先知的一些家族成员和弟子曾渡海到阿克苏姆王国避难。为表示对阿克苏姆王国的感谢，据称先知告诫他的弟子说，不要去碰阿比西尼亚，除非它主动发起进攻。因此，在一段时间内阿克苏姆没有受到伊斯兰势力对外扩张的影响。阿克苏姆与红海沿岸港口的贸易还在继续，只不过规模较从前小得多。

然而，阿克苏姆王国与新的阿拉伯帝国的矛盾很快就开始尖锐起来。伊斯兰教对埃及和利凡特的征服，大大削弱了阿克苏姆王国与信仰基督教的拜占庭帝国的联系，导致阿克苏姆基督教会与世界其他地区基督教会联系的中断。与阿克苏姆基督教保持联系的，只剩下埃及的科普特教会。后者虽继续为阿克苏姆基督教任命大主教，但它们之间的联系也越来越少。这种情况，加上阿拉伯人取得了对红海和印度洋贸易的控制权，进一步加剧了阿克苏姆王国在宗教上的孤立。而阿拉伯人通过贸易来传播伊斯兰教，这在7世纪中后期导致阿拉伯人与阿克苏姆王国的直接冲突。阿克苏姆王国的舰队与阿拉伯舰队时常在红海和印度洋发生冲突，最后阿拉伯人占领了红海的达赫拉克群岛，并进而进攻阿杜利斯港，摧毁了阿克苏姆王国的舰队。后来，穆斯林又占领位于苏丹东部的萨瓦金（Sawakin），使贝贾人改信伊斯兰教。到9世纪中期，伊斯兰教的影响已扩大到亚丁湾的南部沿海地区和东非沿海，为后来伊斯兰教在这些地区及其周边地区的传播打下了基础。12世纪初，埃塞俄比亚中央高原的东部地区兴起了一个穆斯林苏丹国——伊法特（Ifat），其周围的一些操库希特语的居民也相继改信伊斯兰教，从而形成基督教与伊斯兰教争夺影响的局面。

三 扎格威王朝

由于受伊斯兰势力扩张的影响，阿克苏姆王国的权力中心被迫南移。至7世纪中期，阿克苏姆城实际上已被放弃，阿克苏姆王国的文化、政治中心逐渐向南方的拉斯塔（Lasta）、瓦格（Wag）和安格特（Angot）等地转移。但阿克苏姆城仍然是王国的宗教中心，阿克苏姆王国的几代国王也到阿克苏姆城举行加冕典礼。这一南迁过程持续了好几个世纪。随着阿克苏姆统治中心的南迁，阿克苏姆文化和基督教的影响也扩及南方。当地的原有居民阿高人、阿姆哈拉人纷纷改信基督教，接受基督教文化。约在公元1137年，一个新的王朝——扎格威王朝在埃塞俄比亚北部高原诞生。

扎格威王朝的统治持续了130多年。这个王朝的统治者是阿高人，他们不同于自称是所罗门后裔的阿克苏姆王国的统治者，自称其祖先是摩西。因此在埃塞俄比亚历史上，它被认为是一个僭位王朝。扎格威王朝先后有十一位国王，其首都设在拉斯塔群山之中的阿德法（Adefa，即今天的拉利贝拉）。

扎格威王朝的历代国王笃信基督教，热衷于建造教堂和修道院。这个王朝对埃塞俄比亚历史的最大贡献之一，是它在其都城阿德法（又称"罗哈"）打造了许多规模巨大的石凿教堂。今天，拉利贝拉保存下来的石凿教堂共有十一座，分成三群，它们中绝大多数开凿在整块岩石里，周围挖了深沟，使之单独矗立，进入教堂要经过地道、桥梁和涵洞。各个教堂的大小和岩石的颜色都不一样。其中最大的教堂是梅德哈尼阿莱姆教堂，意为救世主教堂。该教堂长33米、宽23.7米、高11.5米，面积达782平方米，整个建筑雕刻十分精细，颇为壮观。联合国教科文组织已把拉利贝拉的石凿教堂群列入《世界文化遗产名录》，这些石凿教堂也被称为世界第八大奇迹。

四　所罗门王朝的建立

扎格威王朝统治后期，其权威不断受到来自居住在厄立特里亚、提格雷和阿姆哈拉地区居民的挑战。约在1270年，一位名叫叶库诺·阿姆拉克（Yekuno Amlak）的阿姆哈拉贵族率兵赶走扎格威王朝的最后一位统治者，并自立为国王，建立自己的王朝。这个王朝的统治者由于自称为阿克苏姆和古代以色列所罗门王的后代，所以后来被称为所罗门王朝，叶库诺·阿姆拉克的即位也被称为所罗门血统的"复位"。后来埃塞俄比亚历代君主均把他们的血统归于所罗门家族，以此证明其统治的合法性。

在叶库诺·阿姆拉克统治时期，阿姆哈拉成为埃塞俄比亚这个基督教王国的地理和政治中心。他不仅巩固了对埃塞俄比亚北部高原的控制，而且削弱并打败了周围的一些异教徒和穆斯林势力，特别是位于阿姆哈拉东南部的穆斯林苏丹国伊法特。1285 年，叶库诺·阿姆拉克去世，他的儿子亚格巴·西昂（Yagba Siyon）继位（1285～1294 年在位）。亚格巴·西昂死后，叶库诺·阿姆拉克的其他儿子和孙子们为争夺王位而展开了激烈斗争。1313 年，叶库诺·阿姆拉克的孙子阿姆达·西昂（Amda Siyon）登上王位，结束王位之争，并立下一条规定：为避免争夺王位，叶库诺·阿姆拉克的所有男性子嗣，除在位的皇帝及其儿子外，都要被终身监禁在一个平顶山监狱里。皇帝死后，除了其继承人外，其他儿子也都要被终身监禁起来。这种做法一直维持到 16 世纪初。

阿姆达·西昂在位期间（1313～1344 年），所罗门王朝的政治版图大为扩张。阿姆达·西昂率领军队四处征战，不仅巩固了对原有的基督教区域的控制，而且将周边的绍阿、戈贾姆、达莫特以及塔纳湖周围的阿高人居住区纳入国家的版图。他还发动对伊法特苏丹国的战争，并取得胜利，从而加强了对埃塞俄比亚中央高原与红海之间的贸易商路的控制。

1434～1468 年在位的扎拉·雅各布（Zara Yakob）皇帝也是所罗门王朝的一位杰出君主。他在位期间，对王国周边地区发动进一步的征战，并取得辉煌的胜利。其中最为重要的一次胜利是击败阿达尔（Adal）苏丹国。他还大规模地改革王国的行政制度，加强王室和中央的权力；他改组埃塞俄比亚正教会，统一教规；鼓励通过写书、修建教堂和布道来教育公众。在他统治时期，王国的几埃兹文学空前繁荣，皇帝本人还亲自撰写了许多宗教性的小册子。

所罗门王朝时期，埃塞俄比亚形成了比较完善的封建制度。到 14 世纪，作为万王之王的皇帝在理论上已经拥有至高无上的权力。王国由众多的小王国组成，小王国的国王们臣服于万王之王，并定期向万王之王进贡实物，在皇帝需要作战时向皇帝提供士兵和给养。所罗门王朝还制定了一套严格的爵位和称号系统，如最重要的爵位有国王、亲王和公主、掌玺官、大法官等。军事爵位则包括公、侯、伯、子、男等五级爵位。皇帝不断地在王国各地巡视，以保证各地统治者效忠自己。如果皇帝发现有哪个地方统治者不效忠自己，便发兵进行讨伐。宫廷有着非常复杂的礼仪，皇帝受到严格的保护，除了身边的仆人和宫廷高级官员外，其他人很难见到皇帝。

15世纪中期至17世纪中期，所罗门王朝受到一系列外部因素的困扰。先是周围的穆斯林势力不断向王国发起挑战，并一度占领王国的大部分地区；后来王国又受到奥罗莫人移民的威胁；从16世纪起，葡萄牙耶稣会教士对所罗门王朝内政的干涉又引起王国的内战，使王国的元气大伤。

穆斯林对所罗门王朝的包围始于13世纪。那时，王国周围的居民大部分都已改信伊斯兰教，并建立起数个力量强大的苏丹国，其中最为强大的有位于绍阿山区东北部的伊法特苏丹国和位于今天哈拉尔市的阿达尔苏丹国。红海沿岸的阿法尔人和索马里人也都皈依伊斯兰教。如前如述，阿姆达·西昂和扎拉·雅各布虽然打败了伊法特和阿达尔苏丹国，但伊法特苏丹国的残余势力向东撤至哈拉尔附近，重建阿达尔苏丹国，并成为非洲之角地区影响最大的伊斯兰苏丹国之一。阿达尔苏丹国控制了从埃塞俄比亚高原至索马里的泽拉港的重要商路。在14世纪至15世纪这200年的时间里，所罗门王朝与穆斯林势力之间的冲突不断，双方互相进行袭扰，但谁也吃不掉谁。然而到了16世纪20年代，所罗门王朝与穆斯林势力的关系发生转变。阿达尔苏丹国在伊曼·艾赫迈德·伊本·伊布拉欣·加齐（又称“格兰”）的领导下，力量迅速壮大。格兰具有出色的军事指挥才能，他团结信仰伊斯兰教的各部族，高举圣战大旗，在1525~1543年率领阿达尔苏丹国军队数次远征所罗门王朝。格兰的军队一度深入杜阿拉、绍阿、阿姆哈拉、拉斯塔等所罗门王朝的腹地，一路烧毁教堂，抢劫财物。所罗门王朝的国王勒布纳·丹吉尔（Lebna Dengel，1508~1540年在位）战死在德布腊利巴诺斯。1543年，所罗门王朝加拉德沃斯（Galawdewos）皇帝在葡萄牙火枪手的帮助下，终于击败格兰的军队，格兰战死。格兰死后，阿达尔苏丹国的军队迅速瓦解，所罗门王朝重新恢复对埃塞俄比亚高原的控制。

几乎在与格兰领导的穆斯林军队作战的同时，所罗门王朝也受到来自奥罗莫族移民的压力。奥罗莫族是今天埃塞俄比亚最大的民族，居住在埃塞俄比亚中、南、东部等广阔的地区。在历史上，阿姆哈拉人称他们为“盖拉”人（含贬义，意为奴隶）。关于奥罗莫人的起源，历史学家仍有不同的看法。其中较为普遍的一种看法认为，他们最早居住在今天索马里境内的某个地方。这种看法也从奥罗莫族的传说中得到印证。奥罗莫传说认为，他们的家乡是“巴里加马”，意即“大海彼岸”或“黎明”。奥罗莫人过着游牧生活，他们逐水草而居，虽未形成统一的国家，但有着较严密的社会组织方式。他们分成各个部族，每个部族都有一个长老会，部族领袖由全体人民选举产生，任期 8 年。这种制度被称为“盖达制”（Gada）。15 世纪以前，他们居住在埃塞俄比亚南部和东部的广大地区。15 世纪以后，随着人口和牲畜数量的增加，奥罗莫人开始向北方迁移，进入阿姆哈拉人、锡达莫人，甚至提格雷人居住的地方。奥罗莫军队组织严密，骁勇善战，且由于所罗门王朝在与阿达尔苏丹国进行多年战争后元气大伤，奥罗莫人扩张的速度很快。到 16 世纪末，他们已经深入埃塞俄比亚高原南部和北部的大部分地区，并向埃塞俄比亚东部低地发展。

奥罗莫人的扩张前后持续了两个多世纪，对埃塞俄比亚历史产生了深远影响。扩张虽加剧了埃塞俄比亚境内各民族之间的矛盾，但从历史的长周期来看，促进了埃塞俄比亚各民族的融合。许多奥罗莫人来到新的环境后，适应了原来定居于该地区的人民的生活方式。他们的政治和社会组织方式、宗教信仰随之发生了变化。许多人（特别是在绍阿地区）与阿姆哈拉人混居在一起，成为基督教徒。一些奥罗莫显贵还通过与所罗门王朝的皇族联姻而成为皇室成员和贵族。但总的来说，奥罗莫人保留了他们的语言与民族特性。

五 与欧洲接触的开始

在 14 世纪和 15 世纪，埃及的伊斯兰势力最终征服了尼罗河沿岸的基督教国家，所罗门王朝与西欧基督教和拜占庭帝国的联系基本中断，埃塞俄比亚成为穆斯林势力包围之中的一个孤岛。埃塞俄比亚与基督教世界的联系只剩下两条途径：一是与埃及的科普特教会的联系，亚历山大科普特教会的教长仍负责向埃塞俄比亚派遣主教，埃及的伊斯兰政权出于权宜之计，也容忍这种做法；二是埃塞俄比亚教会派驻圣城耶路撒冷的神职人员。耶路撒冷建有埃塞俄比亚正教教堂，那里有埃塞俄比亚的僧侣。耶路撒冷的埃塞俄比亚僧侣应罗马教皇的邀请，参加了1441年举行的“佛罗伦萨圣公会”。在欧洲漫长的中世纪，欧洲人对埃塞俄比亚这个基督教国家了解不多。在欧洲人的心目中，埃塞俄比亚是一个被穆斯林势力包围的神秘的国度，是传说中的“约翰教长”① 的国土。当时，欧洲宫廷流传着许多关于“约翰教长”的传说，描绘埃塞俄比亚是如何富有，国王的宫廷是如何华美。还有传说称，埃塞俄比亚有一口魔幻般的“生命之泉”，只要到泉水中沐浴一次，便可返老还童。据说“约翰教长”在该泉沐浴过八次，因而活了562岁。

15世纪末，葡萄牙航海家率领船队绕过好望角进入印度洋。随着这一航道的开通，葡萄牙的殖民势力迅速向东方扩张。1493年，葡萄牙向埃塞俄比亚派出第一位代表。1509年，埃塞俄比亚皇帝也派代表出使葡萄牙，请求葡萄牙派军队帮助其与穆斯林作战。为巩固其在印度洋地区的霸权，葡萄牙于1541年向埃塞俄比亚派遣了一支火枪队，帮助埃塞俄比亚皇帝打败了格兰领导的穆斯林军队。然而此后的事实证明这是引狼入室之举，紧跟着葡萄牙军队进入埃塞俄比亚的，是属于罗马天主教会的葡萄牙耶稣会教士。他们于1554年开始进入埃塞俄比亚，目的是传播罗马天主教，要埃塞俄比亚基督教徒放弃其“唯一真神派”教义，改信天主教，接受罗马教皇的至高无上的地位。耶稣会教士骗取了埃塞俄比亚皇帝的信任，在唆使埃塞俄比亚人改信天主教的同时，干涉埃塞俄比亚内政，挑起大规模的流血斗争，因而受到埃塞俄比亚人民的憎恨。1632年，法西拉达斯（Fasiladas，1632~1667年在位）继任皇帝后，下令驱逐全部耶稣会教士，禁止天主教在埃塞俄比亚传播。此后，埃塞俄比亚与欧洲的联系再次中断。

① 据传说，一位署名“约翰教长”的埃塞俄比亚统治者于公元1165年给教皇亚历山大三世写了一封信。“约翰教长”的名称由此得来。

六 政治中心的南移和“王子纷争时代”

法西拉达斯皇帝赶走葡萄牙耶稣会教士后，试图恢复朝廷的权威，复兴所罗门王朝和东正教，他下令重建被格兰的军队毁掉的阿克苏姆大教堂，同时开始在阿克苏姆以南的贡德尔建立新的王宫，并迁都贡德尔，从而开始了所罗门王朝的“贡德尔时代”。

贡德尔时代的初期，埃塞俄比亚出现了短暂的文化艺术的繁荣时期。在17世纪中期至18世纪中期一个多世纪的时间里，贡德尔建造了许多仿欧式的宫殿、城堡和教堂。这些建筑具有很高的艺术成就，其中以法西拉达斯城堡的规模最为宏大和辉煌。后来由于地震和战火，这些建筑先后遭到毁坏。今天，人们还可以从贡德尔市内的法西拉达斯城堡的残垣断壁中窥见昔日贡德尔的辉煌。

但在政治上，法西拉达斯及其后的几位皇帝恢复中央权威的努力并未取得多大效果。皇权继续相对地下降，各省的公爵们和奥罗莫首领的权力相对地上升，他们拥有自己的军队，不受皇帝的约束，控制着自己的领地，成为事实上独立的统治者。伊雅苏一世皇帝（Iyasu Ⅰ，1682～1706年在位）统治期间，中央权威一度得到加强。伊雅苏一世具有卓越的军事指挥才能，他率领军队四处征战，降服那些具有离心倾向的地方统治者。他特别注意利用奥罗莫人的力量来巩固自己的权力。他笼络一批奥罗莫王公贵族，使其改信基督教，同时大量招募奥罗莫士兵。奥罗莫士兵成为伊雅苏一世以及后来的伊雅苏二世皇帝（1730～1755年在位）军队的主力。到18世纪后半期，奥罗莫人已在埃塞俄比亚政治中发挥着举足轻重的作用，许多奥罗莫王公贵族进入朝廷，奥罗莫语成为宫廷的主要语言之一。

1769～1855年是埃塞俄比亚历史上的“王子纷争时代”。1769年，拥有强大军队和先进火器的提格雷省公爵米海尔·索赫尔（Mikael Sehul）接连废黜并处死了两位皇帝，被立为王的约翰尼斯二世成了米海尔的傀儡。此后，贡德尔皇帝的权力被架空，权力分散到贵族手中，其中最主要的是贝格姆迪尔、戈贾姆和锡缅的几位统治者。埃塞俄比亚帝国实际上瓦解为一系列封建土邦。各土邦之间为争夺领土和权力，战争不断。1800年前后，埃塞俄比亚甚至一度出现六位皇帝并存的局面。这种混乱的局面直至19世纪中期提沃德罗斯二世（Tewodros）登上皇位才告结束。

第三节　近代简史

一　提沃德罗斯二世的改革

“王子纷争时代”结束之前，埃塞俄比亚从严格意义上说已不再是一个统一的国家。皇帝徒有虚名，既没有自己的军队，也几乎没有自己的财政收入来源。封建诸侯们拥兵自重，割据一方，且相互攻战，争夺地盘和对中央政权的控制，弄得民不聊生，怨声载道。这时，一位名叫卡萨·海卢（Kasa Haylu）的青年男子出现于埃塞俄比亚历史舞台，进行统一国家、革新政治的尝试。而此时埃塞俄比亚面临的外部环境空前恶化。1869年，连接红海与地中海的苏伊士运河开通，英国、法国、德国、意大利、葡萄牙、比利时等老牌殖民主义国家开始酝酿瓜分非洲。埃塞俄比亚自然也成为殖民者觊觎的目标。从19世纪中期起，意大利、英国以及英国控制下的埃及等国先后入侵埃塞俄比亚，提沃德罗斯二世之后的几位统治者与外国殖民者进行了艰难的周旋。正是在与殖民主义国家的周旋过程中，现代埃塞俄比亚版图最终形成。

卡萨·海卢于1818年生于埃塞俄比亚西北部与苏丹接壤的夸拉（Qwara）地区一个没落贵族家庭，早年丧父，母亲一度以卖草药为生。卡萨少年时，曾到塔纳湖附近的一所修道院学习。离开修道院后，卡萨当过土匪，后来又先后投奔到不同贵族的麾下，成为一名士兵。在军队里，卡萨英勇善战，显示出卓越的指挥才能，因而颇受器重，很快就被朝廷任命为登比亚省总督。但卡萨不满足于当一个小总督，他看到埃塞俄比亚积贫积弱的根源在于封建诸侯的割据，同时也通过他的英国顾问了解到有着一个远比埃塞俄比亚发达的外部世界，因而决心统一国家，恢复埃塞俄比亚国家的凝聚力。不久后，卡萨率兵起义，矛头直指无能的贡德尔朝廷和拥兵自重的封建诸侯。1847～1855 年，卡萨指挥军队先后打败贡德尔朝廷的孟伦皇太后和提格雷、戈贾姆等地诸侯的军队，并于 1854 年最后打败实力最强大的阿里公爵，统一了埃塞俄比亚北部和中部高原地区。其间，卡萨还一度挥师西进，与占领苏丹的埃及军队作战，企图迫使埃及退出苏丹，但被拥有更先进武器的埃及军队打败，卡萨率部队撤回埃塞俄比亚。1854 年，卡萨自立为“万王之王”，并于次年由教会加冕为皇帝，帝号为提沃德罗斯二世。

称帝后，提沃德罗斯二世继续进行统一国家的战争。他先是率大军征服了奥罗莫人，杀死其首领阿尔达·比尔，并下令在奥罗莫人聚居的马格达拉平顶山修建城堡和要塞。接着，他又率军队亲征绍阿，打败绍阿的萨尔·塞拉西国王，俘虏萨尔·塞拉西之子萨尔·马利安（即后来的孟尼利克皇帝），把他囚禁于马格达拉平顶山上。绍阿的平定，标志着长达百年的“王子纷争时代”的结束，埃塞俄比亚重新恢复了统一。

在统一埃塞俄比亚后，提沃德罗斯二世进行了雄心勃勃的改革，力图学习西方的先进技术，把埃塞俄比亚改造成为一个“现代国家”。因此他被埃塞俄比亚学者称为埃塞俄比亚历史上“第一位现代君主”，他的改革也成为埃塞俄比亚历史的重要分水岭。

提沃德罗斯二世改革的第一项措施是改革埃塞俄比亚的官僚制度。过去，埃塞俄比亚实行分封制，地方高级官员都有自己的封地（采邑），靠盘剥封地上的百姓过日子。提沃德罗斯二世试图改变这种制度，让各省总督、法院法官等成为领取国家薪俸的公职人员，从而达到削弱他们经济自立能力、加强中央权力的目的。第二项改革措施是建立一支国家常备军，改变皇帝依靠诸侯私人军队的状况。提沃德罗斯二世还试图改革埃塞俄比亚正教会，将教会拥有的大量土地收归国有，减少教会神职人员的数量，教会的开支由国家供给。他还大力提倡修筑道路，学习西方先进技术，聘请欧洲国家的工匠来埃塞俄比亚传授技术。他在位期间，埃塞俄比亚制造出第一门火炮。

然而，提沃德罗斯二世的改革未取得成功。他的改革触动了埃塞俄比亚封建贵族和教会的既得利益，他们纷纷抵制和拖延改革措施，甚至发动叛乱。最后，英国的入侵彻底葬送了提沃德罗斯二世的改革。

二 抗英战争

提沃德罗斯二世皇帝曾对欧洲列强特别是英国抱有不切实际的幻想和期望。在他统一埃塞俄比亚的进程中，也确实得到过两位英国顾问的帮助。他天真地认为，英国和埃塞俄比亚均为基督教国家，应该帮助埃塞俄比亚强大起来。他曾给英国女王写信，请求英国向埃塞俄比亚提供武器。他甚至提议与英国一道远征耶路撒冷。但英国不但没有答应提供武器，还派其驻埃塞俄比亚领事访问与埃塞俄比亚为敌的苏丹。出于对英国人行为的不满，提沃德罗斯二世皇帝将英国领事及其他一些欧洲人扣为人质。英国政府在与提沃德罗斯二世交涉未果后，决定派远征军对埃塞俄比亚进行武装干预，解救人质。

英国远征军由3.5万人组成，由内皮尔将军指挥。英军于1867年10月底在泽拉港登陆后，缓慢地向埃塞俄比亚内地挺进。对提沃德罗斯二世改革不满的埃塞俄比亚王公贵族及教会纷纷倒戈，要么趁机宣布独立，要么向英军提供帮助。提沃德罗斯二世在大军压境的情况下，放弃并焚毁首都贡德尔，将军队撤至马格达拉平顶山。1868年4月，英军逼近马格达拉平顶山，动用大炮等重武器轰击山上的城堡。提沃德罗斯二世寡不敌众，又不甘当俘虏，在释放外国人质并遣散他的部队之后，饮弹自尽。英军攻占马格达拉平顶山，将山顶城堡里的金银财宝和历史文物抢掠一空后，撤出埃塞俄比亚。

三 孟尼利克二世的兴起

提沃德罗斯二世皇帝战死后，埃塞俄比亚又回到诸侯割据的分裂状态。不过，这种割据状态没有持续多久。这时占据埃塞俄比亚政治舞台的主要有三股势力。一支是提格雷总督卡萨·默尔察（Kasa Mercha），他控制着埃塞俄比亚北部的提格雷地区，并于1872年在阿克苏姆古城加冕为“万王之王”，称号为约翰尼斯四世。一支是控制着埃塞俄比亚中部高原的特克拉·吉奥吉斯（Tekla Giorgis）。另一支是控制着南部绍阿的萨尔·马利安。萨尔·马利安曾被提沃德罗斯二世囚于马格达拉平顶山，后来在英国人进攻平顶山之前逃出，返回绍阿并称王，称为孟尼利克王。这三支力量互相攻伐，争夺地盘，互有胜负。1871 年，特克拉·吉奥吉斯的军队被约翰尼斯四世的军队打败，后者因而控制了整个北方地区。埃塞俄比亚出现约翰尼斯四世与孟尼利克北南对峙的局面。1878 年，孟尼利克的军队在一次与约翰尼斯四世军队的交战中受挫，孟尼利克被迫向约翰尼斯称臣，以换取后者承认他的绍阿国王地位和在南方的行动自由。

此时，埃塞俄比亚外患不断。先是埃及在英国的怂恿下向非洲之角地区扩张，对埃塞俄比亚形成包围之势；后是苏丹发生马赫迪起义，英国在埃塞俄比亚与马赫迪起义部队之间挑拨离间，导致埃塞俄比亚与苏丹的战争。约翰尼斯四世还未来得及巩固其统治，就被拖入一连串的战争之中。1875 年，由外国顾问指挥的埃及军队对埃塞俄比亚形成三面合围。一路从吉布提港登陆，但在向内地挺进的过程中被阿法尔人消灭；一路从索马里登陆，占领哈拉尔，并在那里统治了十年之久；另一路从马萨瓦登陆，占领厄立特里亚高原的克伦镇。约翰尼斯四世的军队经过几年的苦战，最终打退了埃及军队的进攻。

1887 年，苏丹的马赫迪起义军进入埃塞俄比亚西部边境的戈贾姆和贝格姆迪尔，并一度攻占贡德尔。约翰尼斯四世皇帝率兵迎敌。1889 年，双方在苏埃边境的梅特马（Metema）展开激战，埃塞俄比亚军队虽然击败了马赫迪部队，但约翰尼斯四世皇帝身负重伤，不久死去。他的部队迅速瓦解。

绍阿的孟尼利克利用约翰尼斯四世忙于与埃及人和苏丹人作战之机，大大加强了自己的实力，扩张地盘。经过几年的努力，他的统治已扩大到埃塞俄比亚南部和西南部奥罗莫人及其他少数民族居住的地区。他先是与绍阿及其周围的奥罗莫人结成联盟，利用奥罗莫人的力量扩大其统治疆土。对那些不愿臣服于他的小王国，则通过武力加以兼并。1889 年约翰尼斯四世皇帝战死后，孟尼利克不顾约翰尼斯把皇位传给其儿子的遗嘱，宣布自己为“万王之王”，称为孟尼利克二世。

孟尼利克二世是现代埃塞俄比亚的缔造者。一位西方学者写道：“当代埃塞俄比亚的版图、政府和存在的问题，在很大程度上是孟尼利克二世创造的。"[①] 还有学者认为，他一面抵制西方列强的侵略，一面却参与"殖民主义国家对非洲的瓜分"。他称帝后，继续进行扩展埃塞俄比亚疆土的运动，先后征服沃累加、季马、哈拉尔、咖法等地。到1900年前后，孟尼利克二世的统治范围已扩及今天埃塞俄比亚的大部分地区。他在位期间，埃塞俄比亚的领土版图扩大了一倍多，其边界的合法性也由于战胜意大利侵略军而得到承认。因此，亦有学者认为，现代埃塞俄比亚是"瓜分非洲时代的产物"。1889年，他还将行宫迁至亚的斯亚贝巴，奠定了亚的斯亚贝巴作为帝国首都的基础，帝国的政治中心也随之南移。

在孟尼利克二世扩张埃塞俄比亚疆域的过程中，埃塞俄比亚的封建土地制度最终形成。这种土地制度对埃塞俄比亚后来的历史发展有着深远的影响。1974年埃塞俄比亚发生的革命，其重要原因之一就是这个时候开始形成的封建土地所有制。埃塞俄比亚的封建土地制度相当复杂，简单地讲，北部和中央高原地区（主要是提格雷和阿姆哈拉地区）实行的是里斯特（Rist）与古尔特（Gult）相结合的制度。里斯特制相当于自耕农制，但这类自耕农拥有土地的不完全所有权，他们可以继承和转让土地，但需向贵族交纳一定比例的收成，并为贵族提供一定的服务。贵族对里斯特制土地所享有的权利，称为古尔特。教会除拥有自己的土地外，还对部分里斯特制土地所有者享有古尔特权利。在南方，从理论上讲所有土地归皇帝所有，皇帝将这里的土地分封给皇室成员、朝廷官员、军官和有功的士兵。这些受封者在其封地上所享受的权利，远比北方的古尔特权利广泛得多，封地上的农民实际上成为受封者的佃农。这种剥夺南方被征服人民土地的做法，也为后来埃塞俄比亚尖锐的民族矛盾埋下了伏笔。

四　抗意卫国战争

1885年柏林会议后，西方列强掀起瓜分非洲的狂潮。英国、法国、意大利乃至沙皇俄国都对非洲之角地区虎视眈眈，它们时而相互勾结，时

① 理查德·格林菲尔德：《埃塞俄比亚新政治史》上册，商务印书馆，1974，第190页。

而相互拆台，埃塞俄比亚面临十分险恶的国际环境。孟尼利克二世皇帝运用其高超的外交艺术，周旋于列强之间，维护了埃塞俄比亚的领土完整，使埃塞俄比亚成为在这次瓜分非洲的狂潮中唯一未沦为殖民地的非洲国家。

欧洲列强中，对埃塞俄比亚野心最大的是意大利。1882 年，意大利政府从鲁巴蒂诺航运公司接管了对阿萨布港的控制权。而鲁巴蒂诺公司对阿萨布港的控制权则是几年前通过欺骗的途径从当地统治者那里购得的。1885 年，意大利殖民军队占领马萨瓦港，并开始向埃塞俄比亚内地渗透。英国为钳制法国在非洲的殖民活动，也暗中鼓励意大利在埃塞俄比亚殖民扩张，承认埃塞俄比亚是意大利的势力范围。1887 年，一支意大利军队在多加利（Dogali）被埃塞俄比亚军队击败，意大利随即向埃塞俄比亚派出增援部队。为遏制意大利的侵略企图，孟尼利克二世皇帝一面与占据吉布提的法国发展关系，授权法国公司修建从吉布提至亚的斯亚贝巴的铁路，以换取法国承认埃塞俄比亚领土主权。同时，孟尼利克二世于 1889 年与意大利签订《永久和平友好条约》（即《乌查利条约》，又译《乌西阿里条约》）。该条约的第十七条规定，埃塞俄比亚皇帝在与其他欧洲列强交涉时，可以将意大利政府作为调解人。但意大利玩弄文字游戏，将阿姆哈拉文本上的“可以”这一措辞，在意大利文本上改为“同意”，并依据意大利文本，公开宣布埃塞俄比亚为其保护国。孟尼利克二世皇帝随即宣布废除该条约。埃塞俄比亚与意大利关系恶化。1894 年，意大利占领整个厄立特里亚，将厄立特里亚变为其殖民地。

1895 年底，意大利殖民军队进入提格雷地区，占领默克雷、阿克苏姆等城镇。孟尼利克二世积极备战，在短时间内集结起一支十万人的大军。1896 年 3 月，埃塞俄比亚军队与意大利军队在提格雷首府阿杜瓦展开决战，埃军大获全胜。17000 人的意大利殖民军伤亡 7560 余人，余部仓皇逃窜。

阿杜瓦战役是非洲历史上少有的一次以弱胜强的战役，也是埃塞俄比亚历史的分水岭。这次胜利不仅增强了埃塞俄比亚人民的自信心，而且迫使欧洲列强最终承认埃塞俄比亚的独立，从而基本解决了殖民化和国家独立的问题。军事失败的消息传到意大利后，意大利内阁倒台。1896 年 10 月，意大利被迫与埃塞俄比亚签订《亚的斯亚贝巴条约》，同意废除《乌查利条约》，承认埃塞俄比亚的独立。作为回报，埃塞俄比亚允许意大利保有厄立特里亚殖民地。1908 年，埃塞俄比亚与英国、法国等殖民国家通过协商划定了埃塞俄比亚与邻国的边界，只有与意属索马里的边界有待划定。

五　王位之争与海尔·塞拉西一世的崛起

1906 年 5 月，孟尼利克二世皇帝因中风而身体瘫痪。虽然他于 1907 年设立大臣会议来协助他处理政务，并指定他 13 岁的侄子伊雅苏（Lij Iyasu）为继承人，但还是未能阻止埃塞俄比亚王公贵族展开一场争夺王位的斗争。1913 年，孟尼利克二世去世，伊雅苏继承皇位，但未获加冕。由于伊雅苏改信伊斯兰教，并在第一次世界大战中采取亲德国和土耳其的政策，遭到信仰基督教的绍阿贵族的反对。1916 年，绍阿贵族联合埃塞俄比亚正教会，宣布废黜伊雅苏皇帝，立孟尼利克二世的私生女佐迪图为女皇；由于佐迪图尚年幼，立塔法里·马康南（Tafari Makonen）为摄政王和皇位继承人。这位塔法里·马康南就是后来闻名于世的海尔·塞拉西一世皇帝。1917 年 2 月，佐迪图在亚的斯亚贝巴加冕为女皇，塔法里也被授予公爵称号。伊雅苏不甘心被废黜，纠集了一支军队准备打回亚的斯亚贝巴，但战败被俘。

塔法里·马康南生于 1892 年 7 月，受洗时按习惯得到“海尔·塞拉西”这一教名。塔法里的父亲马康南公爵出身于绍阿贵族家庭，据说有着王族的血统，曾任哈拉尔盖省总督。母亲具有奥罗莫人血统。1903 年，塔法里的父亲去世，塔法里被孟尼利克二世皇帝封为侯爵，并被送往亚的斯亚贝巴的皇宫生活。1907 年，塔法里被任命为巴阿索地区的分督，并被送进刚开办的亚的斯亚贝巴孟尼利克二世学校念书。塔法里 17 岁时离开学校，成为锡达莫地区总督。1910 年，塔法里被任命为哈拉尔盖省总督。

塔法里被立为摄政王时，年仅 24 岁。他顶住保守派的压力，开始在埃塞俄比亚进行渐进式的改革，目的是把国家改造成现代化的君主立宪制国家。他依照欧洲国家的模式，改革埃塞俄比亚的行政和官僚机构，把省级政权的官员改为对中央政府负责的领取薪水的文官。他主持制定了一些法规，借以规范埃塞俄比亚的官僚机构和百姓的行为。为培养一支能够致力于国家的改革和建设的年轻人队伍，他主张引进西方式的现代教育制度，不仅扩充了孟尼利克二世学校，还于 1925 年创办了塔法里·马康南学校。他任命一系列大臣来辅佐摄政王，并在亚的斯亚贝巴为他们修建官邸。

塔法里积极开展外交活动，努力为埃塞俄比亚争取更为有利的外部环境。1919 年，埃塞俄比亚申请加入第一次世界大战结束后成立的国际联盟（国联），但西方列强以埃塞俄比亚国内存在着奴隶制为由加以拒绝。塔法里于 1923 年下令废除奴隶制。同年，埃塞俄比亚被国联接纳为正式成员。1928 年，埃塞俄比亚与意大利签订了一项为期 20 年的《友好条约》，规定在阿萨布港为埃塞俄比亚设立一个自由贸易区，建设从阿萨布到德赛的公路，并成立埃－意联合公司经营这条道路的运输。

但塔法里的改革措施也遭到一些保守的王公贵族的反对。他们联合佐迪图女皇，企图将塔法里赶下台。1928 年 9 月，塔法里发动一场不流血的宫廷政变，迫使佐迪图女皇授予他国王的称号，将管理国家的权力交给他。1930 年，佐迪图女皇去世。同年 11 月，塔法里·马康南正式加冕为皇帝，帝号为海尔·塞拉西一世。

第四节 现代简史

一 海尔·塞拉西一世皇帝的统治和改革

继承皇位后，海尔·塞拉西一世继续推进他的中央集权化和现代化改革。1931 年，他发布诏书，颁布以 1899 年日本帝国宪法为蓝本的宪法。

这是埃塞俄比亚历史上第一部宪法。宪法赋予皇帝至高无上的权力，它宣布皇帝是“神圣的，其尊严不可侵犯，其权力不容争议”。宪法第十一条写道：“皇帝规定一切行政部门的机构和条例，任免文武官员并决定他们各自的职能和薪金。”不过，宪法也规定设立参议院和众议院。参议院议员由皇帝“从长期作为亲王、大臣、法官或高级军官替帝国效劳过的贵族中任命”。众议院在“人民没有能力进行选举之前”，也由皇帝“从贵族和各地土司中提名”。参议院和众议院均无独立的立法权，只是皇帝的咨询机构，讨论皇帝交议的事项。宪法虽未触动埃塞俄比亚封建制度的根基，也未对皇帝的权力作任何限制，但较之过去无疑是一个进步。1930年，埃塞俄比亚颁布第一部刑法典。1931 年，在英国、法国、德国等国金融机构的帮助下，埃塞俄比亚第一家银行——埃塞俄比亚银行成立，并发行埃塞俄比亚货币。为了提高政府的办事效率，埃塞俄比亚聘请了许多外国顾问，分布在政府各部。

埃塞俄比亚税收制度也得到改革。逐步废除了以实物和劳役交税的旧制度，代以货币税收。税收除支付地方官员的薪金和其他开支外，上交中央财政，取代以前地方官员不定期向中央交纳的贡赋。同时，埃塞俄比亚还初步建立起征收关税的制度。

海尔·塞拉西一世还改革埃塞俄比亚的兵役制，朝建立一支现代化的国家军队的方向前进，以取代之前实行的中央和地方分别养兵的制度。一批青年军官被派到英国、法国的军校学习。他还聘请比利时军官来埃塞俄比亚训练皇家卫队。1934 年，在霍勒塔开办了埃塞俄比亚历史上第一所军事学校，越来越多的新兵得到正规的军事训练。

海尔·塞拉西一世重视教育。20 世纪 30 年代，埃塞俄比亚教育事业得到较大的发展。1932 年帝国政府成立了教育部。到 1936 年，各省已开办了十所新的国立学校。1931 年还开办了一所女子学校。派往欧美国家留学的埃塞俄比亚学生越来越多。到 1936 年，已有 200 多人赴欧美留学。

海尔·塞拉西一世还推行“模范省计划”，挑选几个省进行较全面的改革，供其他省份模仿学习。

总之，到20 世纪 30 年代中期，海尔·塞拉西一世的改革已开始收到成效。埃塞俄比亚在政治、经济、社会等各方面都出现了明显的进步。然而，1935 年意大利法西斯政权对埃塞俄比亚的侵略，打断了海尔·塞拉西一世的改革进程。

二 抗击意大利法西斯侵略的战争

意大利并不甘心 1896 年在阿杜瓦的失败，它始终觊觎埃塞俄比亚这个古老非洲最后一个未被征服的国家。这里凉爽宜人的气候和肥沃的土壤令意大利垂涎不已。1922 年，意大利成立以贝尼托·墨索里尼为首的法西斯政权，大张旗鼓地宣扬法西斯理论，进行帝国主义扩张，侵略埃塞俄比亚的企图日益昭显。1928 年，意大利虽然与埃塞俄比亚签订了《友好条约》，但意大利并不准备遵守它，而只把它作为迷惑埃塞俄比亚人的手段。它在寻找一切可能的时机入侵埃塞俄比亚，以“洗刷阿杜瓦的耻辱”。1934 年 12 月发生的瓦尔瓦尔事件为意大利提供了侵略埃塞俄比亚的借口。

瓦尔瓦尔是埃塞俄比亚东部欧加登与意属索马里交界地区的一小块绿洲，位于埃塞俄比亚境内。由于埃塞俄比亚没有足够的军事力量，该地一直没有埃军驻守。而意大利殖民军队却瞒着埃塞俄比亚，于 20 世纪 30 年代初在该地设立了军事据点。

1934 年 12 月底，英国－埃塞俄比亚联合勘界小组在埃塞俄比亚军队的护卫下来到瓦尔瓦尔。埃军与驻守在那里的意大利军队发生冲突，意大利动用了飞机和装甲车，双方互有伤亡。事件发生后，埃塞俄比亚政府要求把争端提交国际仲裁。而意大利断然拒绝，提出“哈拉尔总督亲自到瓦尔瓦尔赔礼道歉、惩处肇事者、赔偿 20 万埃元”的无理要求。埃塞俄比亚于 1935 年 1 月向国际联盟正式提出控诉。

海尔·塞拉西一世对国联抱有天真的幻想，指望国联能够主持公道。为避免同意大利军队发生进一步的冲突，他还命令埃军从所有边界地区后撤 30 千米。然而此时英、法已公开对意大利采取绥靖政策，它们都不愿意因为埃塞俄比亚问题而得罪意大利。因而国联对埃塞俄比亚的控诉采取了拖延的政策。直至 1935 年 9 月，国联才做出无关痛痒的裁决，认定埃、意双方在瓦尔瓦尔事件中均无过错，建议双方根据埃塞俄比亚－意大利友好条约精神解决争端。在这期间，意大利已向厄立特里亚和意属索马里增派了大量部队，运去包括飞机、机动车、大炮在内的大量军用物资，做好全面进攻埃塞俄比亚的准备。

1935 年 10 月 3 日，意大利不宣而战，从厄立特里亚和意属索马里两个方向同时向埃塞俄比亚发动进攻。10 月 7 日，国联通过决议，宣布意大利为侵略者。11 日，国联对意大利实行半心半意的制裁，但不把重要而意大利又紧缺的物资——石油列进禁运清单。美国政府也只是呼吁本国企业对意大利实行自愿的“道德禁运”。这些无关痛痒的措施不但未能阻止意大利的侵略，反而助长了意大利的气焰。

埃塞俄比亚大规模的抗意战争持续了 7 个月。埃、意双方军事力量对比悬殊。海尔·塞拉西一世的军事改革才刚刚开始，那时埃塞俄比亚武装部队由总督、分督和土司的封建民团、中央政府的军队和海尔·塞拉西一世本人的常备军组成。虽然在人数上多于意大利殖民军队，但在装备、训练等方面远不如意军。埃军中，只有海尔·塞拉西一世的常备军是用现代方法训练和用现代武器装备起来的，其他部队未接受过正规训练。因此，尽管埃军进行了顽强的抵抗，但难以抵挡意军的长驱直入。北路意军在几天之内就拿下阿迪格腊特、阿杜瓦等城镇。11 月 8 日，意军攻下提格雷省首府默克雷。在东南战线，意军很快就占领欧加登的大部分地区，并向锡达莫地区挺进。面对埃军的抵抗，意军使用化学武器，用飞机投掷毒气弹和喷洒芥子气，造成大量埃军和无辜平民伤亡。

1936 年初，埃塞俄比亚军队与意大利军队在坦皮恩地区展开激战。埃军在意军毒气和重磅炸弹的攻击下溃退。意军打通了通往戈贾姆和绍阿，进而通往亚的斯亚贝巴的通道。1936 年 3 月底至 4 月初，由海尔·塞拉西一世亲自率领的埃军在梅丘向意军发动大规模的反攻。虽然皇帝本人亲自操纵机关枪向敌人射击以鼓舞士气，但反攻遭到失败，埃军溃退。皇帝本人率领小队人马撤回亚的斯亚贝巴。4 月 15 日，意军攻占被认为是亚的斯亚贝巴北大门的德赛，接着又攻占德布腊伯罕，兵临亚的斯亚贝巴城下。5 月 2 日，海尔·塞拉西一世登上一列开往法属索马里（今吉布提）的火车，从那里乘英国军舰前往欧洲。5 日，意军占领亚的斯亚贝巴。4 天后，意大利正式宣布吞并埃塞俄比亚。

三　意大利的统治和埃塞俄比亚人民的反抗

1936 年 6 月初，意大利颁布一部宪法，将埃塞俄比亚、厄立特里亚和意属索马里合并为一个单一的殖民地，并采取分而治之的办法，将这一殖民地划分为六个省，即厄立特里亚省（包括提格雷的大部分地区）、阿姆哈拉省、绍阿省、盖拉－锡达莫省、哈拉尔省和索马里省，实行严酷的法西斯统治。意军占领亚的斯亚贝巴后，几天内便枪杀了至少 1500 名埃塞俄比亚人。1937 年 2 月 19 日，两名埃塞俄比亚青年向意大利总督格拉齐亚尼元帅投掷手榴弹，炸伤格拉齐亚尼。意大利军队和警察立即在亚的斯亚贝巴和埃塞俄比亚全境展开一场大搜捕和大屠杀。短短几天内，被屠杀的埃塞俄比亚人就达 3 万人，其中一半以上是青年人。埃塞俄比亚正教也成了意大利殖民统治的牺牲品，许多教士和修士因为支持或同情爱国将士而惨遭杀害。如意大利军队由于在德布腊利巴诺斯古老的绍瓦修道院发现武器，便将全部 350 名修士枪杀。

但意大利的野蛮镇压并未压服埃塞俄比亚人民，各省都有爱国将士在进行抵抗。一批爱国战士在霍勒塔军校毕业生的领导下，成立“黑狮会”；另一批爱国将士成立了“团结与合作委员会”。这些爱国武装采取游击战的方式，袭击意军哨所，切断意军交通线，给意大利的殖民统治以沉重打击。

海尔·塞拉西一世流亡国外后，也未停止为埃塞俄比亚的独立和尊严而斗争。他于 1936 年 6 月 30 日来到日内瓦的国联总部，发表震撼人心的演说。他抨击欧洲国家对意大利的绥靖政策，他说：“我是在捍卫所有正在受到侵略威胁的弱小民族的事业。曾经对我做出的诺言变成什么了？……上帝和历史将会记住你们的判断。”他的讲话被认为代表了“世界的良心”。但是英、法继续对意大利实行绥靖政策，不久后就承认意大利对埃塞俄比亚的占领。海尔·塞拉西一世回到英国，过着孤独、寂寞的流亡生活。

四 胜利和复国

1939年9月，第二次世界大战在欧洲爆发。1940年6月，意大利向英、法等国宣战。8月，意大利军队占领英属索马里。二战的爆发改变了英、法等国对埃塞俄比亚的态度。解放埃塞俄比亚、消灭意大利在东非的军队，成为盟国整个战争战略的一部分。正是在这一背景下，英国决定与海尔·塞拉西一世皇帝及埃塞俄比亚爱国武装合作，并调集军队从北、西、南三个方向对埃塞俄比亚形成合围之势。海尔·塞拉西一世于1940年初乘水上飞机取道马耳他和埃及，来到苏丹的喀土穆，领导光复埃塞俄比亚的战争。

解放埃塞俄比亚的战争由英国的奥德·温盖特上校指挥，包括英国、南非、苏丹及英国殖民地尼日利亚、肯尼亚等国军队参加了战争。英国制订的战略是从西、北、东、南四个方向合围意大利军队，将其孤立在埃塞俄比亚高原的中心地区，切断其与法属索马里、厄立特里亚的交通运输线，最后予以歼灭。1940年底，一支由英国将领桑德率领的英－埃联军从苏丹进入埃塞俄比亚的戈贾姆省，另一支由普拉特少将率领的军队从苏丹进入厄立特里亚，由肯宁汉将军率领的部队也从肯尼亚攻入意属索马里。1941年1月20日，海尔·塞拉西一世皇帝越过苏－埃边界进入埃塞俄比亚，这对埃塞俄比亚的爱国武装力量来说是巨大的鼓舞。盟军在埃塞俄比亚爱国部队的配合下，势如破竹，意军被迫向埃塞俄比亚北部高原地区撤退。在北线，普拉特少将率领的联军在围攻克伦53天后，终于迫使守城意军投降，从而打通了通向阿斯马拉和提格雷的道路。1941年，北部战事基本结束，厄立特里亚的意军被歼灭。在南线，盟军的进展也很迅速，很快就占领意属索马里，不久后又攻入埃塞俄比亚，解放季季加和哈拉尔等城市。4月6日，盟军进入亚的斯亚贝巴。5月5日，海尔·塞拉西一世皇帝回到亚的斯亚贝巴。又经过半年多的扫荡，最后一支意大利军队于1942年1月向盟军投降，埃塞俄比亚解放战争宣告结束。

解放战争期间和战后初期，埃塞俄比亚与英国围绕控制与反控制展开了一场激烈的斗争。英国从旧的殖民主义思维出发，认为它对解放埃塞俄比亚有功，理应有权决定埃塞俄比亚的命运，管理埃塞俄比亚的内外事务。英国在未征求海尔·塞拉西一世意见的情况下，就成立了埃塞俄比亚军政府，任命菲力普·米切尔爵士为首席政治官。此举引起埃塞俄比亚方面的不满。英军攻克亚的斯亚贝巴后，海尔·塞拉西一世发布诏书，任命一个由 7 人组成的内阁和亚的斯亚贝巴市长。后来在英国占领当局的压力下，海尔·塞拉西一世被迫将内阁成员改为英国军政府的顾问。不久后，双方达成一项临时协定，规定埃塞俄比亚所有与战争有关的行动，不论是国内的还是国际的，都要取得英国的同意。这就等于给了英国最高决策权。1942 年 1 月，英－埃双方签署一项新的协议。协议虽然承认埃塞俄比亚是个独立的主权国家，但又规定由英国来帮助埃塞俄比亚重建和训练军队；由英国训练埃塞俄比亚警察部队；英国向埃塞俄比亚政府各部和主要省份派遣顾问；英军可以免费使用埃塞俄比亚的设施。协议同时还规定，埃塞俄比亚一些具有战略重要性的地区，如欧加登地区、法属索马里与埃塞俄比亚的边界、亚的斯亚贝巴－吉布提铁路等，继续由英军直接控制。

五 二战后的改革与反抗

复国后，在把埃塞俄比亚建设成怎样一个国家的问题上，埃塞俄比亚国内各种势力有着很不相同的看法并进行了激烈的交锋。传统、封建的统治集团以及埃塞俄比亚正教会希望在战胜意大利法西斯后恢复他们的封建特权。而一批年轻的、经过战争洗礼特别是接受西方教育的人希望改革埃塞俄比亚的封建制度，将埃塞俄比亚建设成为一个现代国家。海尔·塞拉西一世皇帝本人随着年事渐高，不再像战前那样热衷于改革了。他虽然继续进行了一些改革，但同时受到旧的保守势力和具有现代意识的人的抵制。因此，二战结束后的埃塞俄比亚矛盾重重。

作为扩大中央政府权威计划的一部分，海尔·塞拉西一世皇帝试图改革埃塞俄比亚税收体制，扩大税收基础。1942 年 3 月，他发布改革税收的敕令。根据该敕令，埃塞俄比亚全国的土地划分为三类，即肥沃土地、半肥沃土地和贫瘠土地，并据此按三种固定的税率征收土地税。但改革措施触犯了旧的封建土地贵族的特权，结果，戈贾姆、提格雷和贝格姆迪尔等省的贵族们一致反对对他们的土地特权施加任何限制。海尔·塞拉西一世皇帝被迫做出让步，收回在这些省份进行土地税收改革的成命。其他一些省份的贵族也起来抵制税收改革，皇帝也被迫免除了他们的纳税义务。

海尔·塞拉西一世皇帝还试图对埃塞俄比亚正教会进行有限的改革，以加强对教会的控制。这一改革于1948年开始，1956年结束。改革后，埃塞俄比亚正教会的大主教不再由亚历山大的总主教任命，而是由皇帝本人直接任命。在埃塞俄比亚1000多年的基督教历史上，这是首次由埃塞俄比亚人而不是由埃及人出任大主教。但埃塞俄比亚正教会仍然承认亚历山大总主教的领导地位。与此同时，教会与国家的关系也发生了某种程度的变化，教会拥有的土地不再免税，而开始向国家交税。教士也失去了触犯法律时只在教会法庭内接受审判、不受世俗法庭审判的特权。

为加强中央集权，海尔·塞拉西一世皇帝还调整了全国的行政区划，建立了与之相适应的政治和行政机构。全国的行政区划分为省、县（Awrajas）、区（Weredas）、小区（Mikiti Weredas）四级。省设总督，直接由皇帝任命。县、区、小区均设立相应的行政机构。经过这些改革，埃塞俄比亚具备了一个现代国家的雏形。但各级政府的主要官员，尤其是省政府的高级官员仍由大大小小的贵族把持，年轻、受过较好教育的官员受到排挤。

1955年，海尔·塞拉西一世皇帝颁布新宪法。但新宪法不但没有限制皇帝的权力，还强调皇权的神圣性。宪法明文规定埃塞俄比亚皇权是上帝赋予的，不受任何挑战。按照新宪法，参议院仍旧由皇帝本人亲自任命，众议院虽由选举产生，但选举只是个形式，事实上大多数众议员仍然由皇帝指定。皇帝有召开、推迟、中止、延长和解散议会的权力。宪法使政府与东正教会的关系得到加强，规定皇帝必须是基督教徒，所有皇族成员必须信仰基督教。新宪法虽然也写进了言论、出版自由和普遍选举权等人权与政治权利的条文，但被认为只是一种点缀。

海尔·塞拉西一世的缓慢改革既招致保守势力的不满，也不能满足具有现代意识的埃塞俄比亚人的愿望。埃塞俄比亚皇家军队内一批青年军官要求改革的情绪日益高涨。1960 年 12 月 13 日，皇家警卫队司令门格斯图·纽威趁皇帝出国访问之机发动政变，拘押皇太子、20 多名内阁大臣和其他一些政府官员。政变领导人宣布，他们行动的目的是要建立一个能改善人民经济、社会和政治地位的政府，但未明确提出废除君主制。政变得到老百姓一定程度的支持。亚的斯亚贝巴大学生上街游行以示支持，但埃塞俄比亚陆军和空军仍然忠于皇帝。埃塞俄比亚正教大主教也发表声明，谴责政变分子是反宗教的卖国贼。12 月 17 日，海尔·塞拉西一世皇帝回到首都，政变失败。

六　与厄立特里亚的联邦

二战结束后，海尔·塞拉西一世皇帝对前意属殖民地厄立特里亚和索马里提出领土要求。当时厄立特里亚处于英国的占领之下，英国在那里设立了政府机构，厄立特里亚成为英国的托管地。在 20 世纪 50 年代以前，厄立特里亚人在厄立特里亚的政治前途方面也呈现出不同的倾向，一部分人主张独立，一部分人则主张与埃塞俄比亚合并，还有一部分人甚至主张回到意大利的怀抱中去。上述三种势力中，得到埃塞俄比亚支持的联合派渐渐占了上风，他们成立了统一党，进行与埃塞俄比亚结成联邦的宣传鼓动。同时，海尔·塞拉西一世皇帝也进行紧锣密鼓的外交游说，要求国际社会同意把厄立特里亚并入埃塞俄比亚。1950 年 12 月，联合国大会以 46 票赞成、10 票反对通过决议，规定厄立特里亚与埃塞俄比亚结成联邦。决议规定，厄立特里亚应当“在埃塞俄比亚皇帝的主持下，作为一个自治单位同埃塞俄比亚结成联邦”。联邦政府掌管国防、外交、货币和财政、对外贸易和各省间商业、国际和各省间交通，其中包括港口；厄立特里亚人和埃塞俄比亚人有共同国籍，并建立由厄立特里亚和埃塞俄比亚的代表参加的帝国联邦会议；厄立特里亚政府拥有关于内部事务的立法、行政和司法权。

1952 年，英国占领当局和联合国在厄立特里亚组织了选举，成立厄立特里亚议会，通过厄立特里亚宪法。宪法和议会均得到海尔·塞拉西一世皇帝的批准。9月，英国最后一位行政长官离开厄立特里亚，厄立特里亚由此与埃塞俄比亚结成联邦。

但联邦的安排并非一帆风顺。海尔·塞拉西一世皇帝本来就对联邦的安排不满意，他所要求的是吞并厄立特里亚，使厄立特里亚成为埃塞俄比亚帝国的一个省，而不是与之结成联邦。而厄立特里亚的许多人虽然主张与埃塞俄比亚结成联邦，但希望维持相对独立的地位。海尔·塞拉西一世为达到合并厄立特里亚的目的，采取软硬兼施的策略，对持不同政见者实施威胁、逮捕、关押等措施，关闭具有独立倾向的报刊，取缔有独立倾向的政党。1958年12月，由拥护合并的议员控制的厄立特里亚议会通过决议，决定取消厄立特里亚的旗帜，只挂埃塞俄比亚旗帜。1960年5月，厄立特里亚议会再次通过决议，将厄立特里亚政府改为"厄立特里亚行政机构"。1962年11月14日，埃塞俄比亚与厄立特里亚的联邦关系正式结束，厄立特里亚成为埃塞俄比亚的一个省。然而，埃塞俄比亚宣布合并厄立特里亚之时，就是厄立特里亚开始争取独立的武装斗争之日。这场斗争持续了30多年，最终拖垮了埃塞俄比亚。

七　1974年革命前的形势

1960年12月未遂政变后，海尔·塞拉西一世皇帝的封建政权又持续了14年，直至1974年被人民起义所推翻。这14年间，埃塞俄比亚危机四伏，矛盾丛生，其中最为突出的两个问题是土地问题和税收问题。企图维护封建特权的旧势力与寻求变革的力量之间进行了尖锐的较量，海尔·塞拉西一世政权处于风雨飘摇之中。

镇压了1960年政变后，海尔·塞拉西一世为了安抚那些同情或支持政变、要求变革的社会力量，进行了一些改革，特别是将更多的土地赐予军队和警察部队中的高级官员，但这种传统的做法未能解决埃塞俄比亚面临的错综复杂的经济和社会问题，特别是最为突出的土地问题。作为一个农业国，土地是埃塞俄比亚所有问题的焦点。如前文所述，此时埃塞俄比亚继续实行封建土地所有制，土地占有的两极分化继续发展，皇帝继续把分封土地作为维系各级官员对封建帝制忠诚的主要手段之一。为数不多的土地贵族和教会拥有全国大部分土地，广大农民处于无地或少地状态，长期充作土地贵族的佃农，受到重重盘剥。佃农常常要将收成的50%～70%交给地主，还要承担各种徭役。改革土地制度的任何努力，都遭到由封建贵族控制的议会的反对。这种封建土地所有制限制了埃塞俄比亚经济的发展。广大农民缺乏生产积极性，全国农业生产长期徘徊在很低的水平上，一遇上自然灾害，就可能发生大范围的饥荒。

1966年，海尔·塞拉西一世皇帝提出一项税收改革计划，要求对全国的土地进行登记，对土地的收入征收累进所得税，目的是削弱土地贵族的势力，增加中央政府的财政收入。但计划遭到由旧贵族控制的议会的强烈反对。结果，1967年议会通过的法案与海尔·塞拉西一世皇帝提出的计划有很大的不同。但即使如此，该法案还是遭到土地贵族的抵制，戈贾姆等省土地贵族起兵反抗中央政府。海尔·塞拉西一世被迫对该省进行了两年的军事清剿，但未能压服反抗的土地贵族。1969年，中央政府被迫撤军，中止税收法案的实施，还取消该省自1940年以来所有拖欠中央政府的税收。

二战结束后至1974年间，埃塞俄比亚经济虽然得到一定的发展，但基本结构没有改变，而且存在许多问题。从1957年起至封建帝制垮台前，埃塞俄比亚先后制订并执行了三个五年发展计划，为经济发展规定了宏伟的目标，但三个计划的主要目标均未实现。三个计划对经济的基本结构和社会发展没有产生显著的积极影响。1960～1974年，国内生产总值年均增长3.69%，而同期人口增长率为2.3%，人均国内生产总值增长率仅为1.39%。在这十多年间，农业在国民经济中的比重从1960/1961年度的65%降至1974年的50%。政府对农业没有给予足够的重视，尤其是小规模农业。例如，1963～1974年，用于农业的资金仅占政府财政支出的4.2%。结果，粮食生产的增长速度不及人口增长的速度。在工业方面，由于政府推行进口替代战略，建立起以食品加工、纺织、饮料、卷烟、水泥、金属生产、火柴等为主的工业企业，工业在国民经济中的比重从1960年的12%提高到1974年的15%，但大部分工业均为资本密集型企业，创造的就业机会相当有限，而且这些企业的设备、原料均主要依靠进口，与国内其他经济部门没有太多联系。此外，大部分工业企业集中在亚的斯亚贝巴和迪雷达瓦两地，其他地方基本无工业发展可言。经济发展的不平衡，是引发革命的重要因素之一。

海尔·塞拉西一世皇帝的现代化努力虽然没有取得成功，但这个进程却造就出一批具有现代意识的城市新兴阶层，他们对封建帝制日益不满，最终导致革命的发生。从1965年起，亚的斯亚贝巴等地就不时发生学生上街游行示威的事件。示威者要求进行土地改革，取消封建特权，惩治腐败和抑制日益升高的通货膨胀。南方各省的农民暴动亦此起彼伏。1972～1974年，埃塞俄比亚持续发生严重旱灾，沃洛、提格雷等省的灾情尤为严重，而政府既不积极采取救灾措施，又对外隐瞒灾情，造成国际救助无法及时到位，导致20多万人饿死。埃塞俄比亚城市居民、学生、知识分子以及军队中的年轻军官和士兵对封建政权的不满情绪与日俱增。

与此同时，厄立特里亚的独立战争日益激烈，消耗了埃塞俄比亚大量人力、财力、物力。早在1958年，一批流亡国外的厄立特里亚人就在埃及的开罗成立了厄立特里亚解放运动（Eritrean Liberation Movement），其领导人是哈米德·伊德里斯·阿瓦特（Hamid Idris Awate）。1960年，另一个组织厄立特里亚解放阵线（Eritrean Liberation Front）成立。该组织成立之初，其成员主要是穆斯林，得到伊拉克和叙利亚的支持。后来随着基督教徒的加入，该组织转变成一个激进的反资本主义的民族主义组织，并以马列主义为指导思想。从1961年起，该组织在厄立特里亚开展武装斗争。到1966年，该组织的力量已经遍布整个厄立特里亚，对埃塞俄比亚军队和政府的统治构成了重大挑战。但随着时间的推移，该组织内部发生分裂。1970年6月，奥斯曼·萨拉赫·萨贝（Osman Salah Sabbe）率领一批成员脱离厄立特里亚解放阵线，另组人民解放阵线，后又于1972年改名为厄立特里亚人民解放阵线。厄立特里亚解放阵线和厄立特里亚人民解放阵线得到许多城市居民、学生、知识分子和左翼人士的支持，力量不断发展壮大。到1975年，厄立特里亚人民解放阵线已经拥有一万名战斗人员。到1977年，上述两个组织的武装已经控制了厄立特里亚大部分地区，埃塞俄比亚军队只控制了大城市和主要交通线。

第五节　当代简史

一　1974 年革命

1974 年革命是由埃塞俄比亚军队中的一批中下级军官发动的。而革命的导火索则是军人对待遇的不满。1974 年 1 月 12 日，驻扎在锡达莫省内格勒的国土军第四旅的部分士兵因为长期得不到适当的食品和饮用水供应，举行哗变。哗变士兵在军士的带领下扣押了军队指挥官，要求皇帝、政府解决他们所关心的问题。哗变发生后，全国各地驻军对政府的不满情绪迅速蔓延开来。驻扎在厄立特里亚阿斯马拉的国土军第二师士兵接着哗变，扣押了军队指挥官。通信兵部队出于对哗变士兵的同情，利用掌握军队通信设施的便利条件，将哗变的消息传遍全国各地驻军。在军队纷纷哗变的过程中，埃塞俄比亚百姓对政权的不满也迅速爆发。他们纷纷走上街头，举行各种形式的抗议和示威活动，要求增加工资，改善工作条件，抵制通货膨胀，同时还提出了土地改革要求。首都亚的斯亚贝巴局势失控。在这种形势下，阿卡里卢首相被迫于 1974 年 2 月 28 日辞职，其职务由另一位绍阿族出身的贵族恩达尔卡丘·马康南（Endalkatchew Mekonnen）接替。恩达尔卡丘政府试图通过有限的改革来平息人们的不满。3 月 5 日，政府公布宪法修正案草案，规定首相对议会而不是对皇帝负责。但新成立的内阁仍由清一色的旧贵族组成，3 月 21 日成立的宪政委员会也不包括要求变革的人士。新政府虽然给军人提高工资，推迟不得人心的教育改革计划，采取一些措施控制通货膨胀，但未进行人民所关心的其他重大改革。军队和人民的不满情绪在继续增长。新政府无法有效控制全国的局势。这时，军队中出现了数个自称代表整个军队声音的非正式组织，其中之一是“武装部队协调委员会”，其领导人是驻扎在亚的斯亚贝巴的空降旅司令官阿莱姆·泽威德（Alem Zewd）上校。阿莱姆宣布拥护恩达尔卡丘首相，下令逮捕了空军中一些不听指挥的军官。但他的举动进一步激化了下级军官的情绪。6 月初，十多名军官宣布脱离武装部队协调委员会，他们发出呼吁，要求全国各地驻军和警察部队各派出3名代表到亚的斯亚贝巴，商讨下一步的行动。经过一段时间的筹备，120名军官于6月底在亚的斯亚贝巴成立“武装部队、警察和国土部队协调委员会”，阿姆哈拉语简称为“达尔格”（DERG，以下简称为军委会）。这些军官的军阶均不超过上校。门格斯图·海尔·马里亚姆（Mengistu Haile Mariam）少校被推举为军委会主席，阿特纳夫·阿贝特（Atnafu Abate）被推举为副主席。

军委会在军队中具有较广泛的代表性，因而实际上掌握了军队的指挥权，可以调动全国各地的军队。起初，军委会宣布效忠海尔·塞拉西一世皇帝，但不久后便开始逮捕与皇帝和旧制度关系密切的贵族、高级军官和政府高级官员。原武装部队协调委员会主席阿莱姆·泽威德被迫逃亡国外。7月，军委会迫使皇帝做出几项重大让步：释放所有政治犯；保证所有流亡国外的人士安全回国；立即修改并实施新宪法；保证让军委会充分参与各级政府的事务等。从此，军委会实际上开始行使政府的职能。军委会提出了具有社会主义倾向的“埃塞俄比亚优先”的口号，作为其施政纲领。7月，军委会免去了恩达尔卡丘的首相职务，任命自由派贵族米海尔·伊姆鲁（Mikeal Imru）为首相。8月初，军委会否决了由制宪委员会提出的保留君主制的新宪法草案。此后，军委会开始采取具体措施，废除埃塞俄比亚持续了数千年的封建君主制度，解散皇家警卫队，逮捕警卫队的高级指挥官，解散皇帝的各种议事会，关闭皇帝的私人财务处，将皇宫和皇帝的其他土地财产收归国有。这些行动受到老百姓的广泛欢迎和拥护。9月12日，军委会发布第一号令，正式宣布废黜海尔·塞拉西一世皇帝，扶植王储取而代之，但剥夺其所有行政和政治事务方面的权力。3天后，军委会改名为“临时军事行政委员会”（以下简称军政权），全面行使政府的职能。出生于厄立特里亚的安曼·米海尔·安东（Aman Mikeal Andom）少将出任委员会主席，成为事实上的国家元首。他同时还兼任部长会议主席和国防部长。1975年3月，君主制被废除。

1974~1977年这3年是埃塞俄比亚高层权力斗争十分激烈的时期。这段混乱时期最终以1977年门格斯图夺取政权而告结束。军政权主席安曼是1960年与索马里作战的英雄，在埃塞俄比亚有较高的威望，但他在出任军政权主席前还不是委员会的成员，在军政权中根基不深。他上任后很快就与军政权其他成员产生矛盾和冲突。矛盾主要集中在三个问题上，即军政权的规模、厄立特里亚问题的处理和政治犯的命运。安曼认为，由120人组成的军政权过于庞大，不可能有效运转，主张削减人数；他是厄立特里亚人，主张与厄立特里亚要求独立的武装组织进行和解；他还反对将被捕的前政府成员、旧贵族处以死刑。但他的观点遭到军政权绝大多数成员的反对。11月中旬，安曼企图通过发动军事政变来解决他与军政权其他成员间的争执，但未取得成功。11月23日，他在家中因拒捕而被打死。同一天晚上，59名政治犯被集体处决，其中包括前首相阿卡里卢、恩达尔卡丘以及支持安曼的两名军政权成员。这一事件被称为“血腥星期六”。28日，塔法里·班特（Tafari Banti）准将出任军政权主席和国家元首，但大权实际上掌握在第一副主席门格斯图手中。

1976年，军政权再次发生内讧。门格斯图、塔法里和阿特纳夫之间为争夺最高领导权而展开了激烈的相互倾轧。1977年2月，门格斯图的支持者与塔法里的支持者在亚的斯亚贝巴的孟尼利克宫发生枪战。门格斯图的支持者取得上风，塔法里及支持他的5名军政权成员被处决。门格斯图出任临时军事行政委员会主席和国家元首。1977年11月，阿特纳夫也被清洗，埃塞俄比亚高层权力斗争告一段落。

二　通往社会主义之路

1974年埃塞俄比亚革命是由青年军官发动的，推翻封建帝制后，新政权提出“埃塞俄比亚优先”的口号。不久，革命便带上了“社会主义”色彩。1974年12月，军政权颁布法令，宣布把“埃塞俄比亚社会主义”作为“革命的埃塞俄比亚”的意识形态。同时，政府发动了一场声势浩大的教育运动，派6万多名青年学生赴农村地区进行广泛的“埃塞俄比亚优先”和“埃塞俄比亚社会主义”的思想教育。当时埃塞俄比亚政治舞台上出现了许多自称信仰马列主义的政治组织。这些组织多为从国外归来的左翼人士创建，很快在埃塞俄比亚学生、工人、知识分子和下级军官中赢得较广泛的支持。它们在埃塞俄比亚宣传社会主义思想，主张废除封建帝制，进行社会主义革命。其中最主要的两个组织是“全埃塞俄比亚社会主义运动”和“埃塞俄比亚人民革命党”。这两个组织都主张在埃塞俄比亚建立由共产党领导的社会主义制度，但前者认为革命在过渡时期内应接受军队的领导，后者则主张立即在埃塞俄比亚建立人民政权，反对军事统治。全埃塞俄比亚社会主义运动因为支持军政权，因而在政府官员中有较多的支持者，埃塞俄比亚人民革命党则在学生、知识分子和城市居民中较有影响。两个组织因为政见不同，其支持者经常发生流血冲突。1977年初，埃塞俄比亚人民革命党为达到自己的目标，发动城市恐怖运动，暗杀8名军政权成员。门格斯图政权于1977年3~4月发动“红色恐怖”运动，大规模逮捕和处决埃塞俄比亚人民革命党成员及其同情者与支持者。1978年年中，全埃塞俄比亚社会主义运动也因独立倾向日益明显而遭到门格斯图政府的取缔，该组织不少领导成员被逮捕和处决。据西方学者估计，“红色恐怖”期间被处决者多达3.2万人。

从1975年起，军政权在全国范围内进行大规模的社会主义改造运动。首先，从政治上打碎旧的封建制度，取消不平等的社会关系，提出“自力更生”、“劳工尊严”和“人民至上”的口号。军政权于1975年3月宣布取消所有旧的皇家及贵族头衔。8月，海尔·塞拉西一世被秘密处决。1976年2月，由皇帝任命的阿布纳·提沃弗洛斯大主教被废黜。

其次，改革农村土地所有制。1975年3月颁布《土地法》，将所有农村土地收归集体所有，废除佃农制度，每个农户拥有的土地不得超过10公顷，不准雇工，农民在自愿的基础上组织农民协会。随后，大批干部和学生被派往全国各地，帮助农民实行土地改革。

在城市改革方面，军政权于1975年7月宣布把所有城市土地及出租房屋收归国有，在城市社区建立居民委员会（Kebele），作为城市居民的自治组织。

在工商业方面，军政权于1975年2月宣布将所有银行、保险公司和大中型企业收归国有，但仍允许私营业主经营批发、零售和进出口业务。

1979年12月，军政权成立以门格斯图本人为主席的“埃塞俄比亚工人党建党委员会”。据军政权1979年第174号令，该委员会的使命是传播马列主义思想，建立一个政党，引导埃塞俄比亚走向社会主义，建立埃塞俄比亚人民民主共和国。经过几年的工作，埃塞俄比亚工人党于1984年9月12日举行成立大会，选举产生由134人组成的中央委员会及由11人组成的政治局，门格斯图当选为中央委员会总书记。工人党自称以马列主义为指导思想，要在埃塞俄比亚实行科学社会主义。同时，新宪法的起草工作也着手进行。1986年6月，宪法起草委员会将宪法草案提交全民讨论。1987年2月，军政权就新宪法草案组织全民公决，81%的民众投票支持新宪法。根据新宪法，该年9月10日正式成立埃塞俄比亚人民民主共和国，门格斯图正式当选总统，临时军事行政委员会不复存在。此前的6月，埃塞俄比亚举行了国民议会的选举。

三 欧加登战争与外交政策转向

从20世纪50年代起，海尔·塞拉西一世皇帝执行日益亲美国和西方的政策，与美国发展密切的政治、经济和军事关系。埃塞俄比亚允许美国在厄立特里亚设立军事通信基地，而美国则成为埃塞俄比亚外部经济和军事援助的最主要来源。1974年革命后上台的军政权虽然具有社会主义倾向，但埃塞俄比亚与美国的关系并未立即恶化，美国继续向军政权提供军事和经济援助。截至1976年，美国向埃塞俄比亚提供的经济和军事援助分别达到3.5亿美元和2.75亿美元。但1977年爆发的欧加登战争导致埃塞俄比亚外交政策转向，埃塞俄比亚成为苏联和东欧社会主义阵营的亲密盟友。

索马里在1960年取得独立后，执行了一条领土扩张主义路线。它公开声称不承认殖民统治时期划定的边界，要将所有由索马里人居住的地区，包括埃塞俄比亚的欧加登地区、法属索马里（今吉布提）和肯尼亚东北部地区收回，统一成一个大索马里。为了达到吞并欧加登地区的目的，索马里的西亚德·巴雷政权向欧加登的索马里族武装组织西索马里解放阵线提供军事援助，鼓励其从事分裂活动。从1977年2月起，西索马里解放阵线利用埃塞俄比亚政局动荡的时机，在欧加登发动游击战争，袭击政府军哨所、军营和政府设施。不到半年时间，该武装就占领了从迪雷达瓦到肯尼亚边界的欧加登大部分地区。9月，欧加登重镇季季加陷落于西索马里解放阵线之手。埃塞俄比亚军政权指责索马里军队直接参与了西索马里解放阵线的军事行动，而索马里政府也不否认，称向西索马里解放阵线提供了“道义、物质和其他支持”。

而此时美国由于担心埃塞俄比亚的社会主义倾向而减少了对埃塞俄比亚的军事援助。为扭转在欧加登地区的被动局面，埃塞俄比亚军政权转而向苏联求援。索马里自独立后与苏联关系密切，两国签有《友好合作条约》，苏联向索马里提供了大量军事和经济援助。苏联起初对埃塞俄比亚和索马里的争端进行了调解，建议两国与红海对岸的也门合并，成立一个统一的社会主义国家。但这一计划遭到索马里的反对，调解失败。苏联遂决定放弃对索马里的支持，转而支持埃塞俄比亚。从1977年11月起，苏联向埃塞俄比亚运送了大量武器弹药，同时派遣大量军事顾问。古巴也向埃塞俄比亚派遣了一支由1.7万人组成的部队。苏联和古巴对埃塞俄比亚的支持激怒了索马里，索马里于是废除与苏联的《友好合作条约》，驱逐苏联专家，转而投靠美国。1978年2月，索马里派军队直接进入欧加登地区，以支持西索马里解放阵线。但埃塞俄比亚军队在苏联顾问和古巴军队的支持下，击退索马里军队的进攻，于3月收复了季季加。索马里被迫将军队撤回索马里境内。这场战争从根本上改变了埃塞俄比亚与索马里的外交走向，使埃塞俄比亚成为苏联的一个亲密盟友。

四　20世纪80年代的政治与经济危机

20世纪80年代，门格斯图领导下的埃塞俄比亚社会主义政权也面临着严峻的国内局面，政治和经济建设均陷入困境。

在经济方面，从20世纪70年代中期开始的大规模激进的社会主义运动，尤其是带强制性的集体化、村落化和国有化运动，严重挫伤了农民和工商业者的生产积极性，导致经济连年下滑。1974～1983年的10年间，国内生产总值年均增长率仅为2.67%，1983～1991年更是下降至1.52%。1974～1991年，人均国内生产总值年均增长率仅为1.52%。而频繁发生的自然灾害又加剧了政策失误带来的恶果。1984年和1985年，埃塞俄比亚连续两年发生大面积旱灾，北方的厄立特里亚、提格雷、沃洛等省的灾情尤为严重。1986 年，埃塞俄比亚又发生大面积的蝗灾，受灾严重的农田基本颗粒无收。1985 年，全国有近 600 万人缺粮，不得不依靠粮食救济。起先，政府采取了将北部受灾地区居民迁往南部的做法，在 1985 年和 1986 年将大约 60 万人从北方迁移到南方。同时，使农村居民由分散居住向集中居住的“村落化运动”的步伐也加快了。但这些举措遭到老百姓的反对，许多人被强迫迁移到南方后又逃回北方，因此并未如政府所希望的那样缓解灾害的压力。加上此时埃塞俄比亚反政府武装活动活跃，政府无法及时向受灾民众提供粮食救济，造成大量饥民饿死。西方媒体对埃塞俄比亚灾荒进行了大量的报道，饿得骨瘦如柴和奄奄一息的饥民频频出现在电视画面上，门格斯图政权的国际形象因此一落千丈。

在政治方面，几乎在 1974 年革命兴起的同时，厄立特里亚、提格雷、欧加登、奥罗莫、阿法尔等地出现要求独立或自治的反政府武装。到 1976 年，全国 14 个行政区中几乎每个行政区都存在着反政府武装。在厄立特里亚问题上，门格斯图政权坚持执行武力解决的方针，企图通过军事行动消灭反叛的厄立特里亚解放阵线和厄立特里亚人民解放阵线的武装，派军队对厄立特里亚进行反复清剿，但未能达到目的。到 1978 年中期，反政府武装已经控制了除克伦、马萨瓦、阿萨布和首府阿斯马拉等主要城镇以外的大部分地区。

在提格雷地区，以梅莱斯·泽纳维、提沃尔德、塞尤姆·梅斯芬等人为首的一批青年学生于 1975 年成立提格雷人民解放阵线，开始在提格雷省进行反政府的活动，要求在全埃塞俄比亚实行社会正义和各民族实行民族自决。在南方的巴莱、锡达莫和阿鲁西等地，也出现了奥罗莫解放阵线、索马里阿波解放阵线等组织。受索马里政府支持的西索马里解放阵线也在活动。在阿法尔，由阿里·米拉赫率领的阿法尔解放阵线也开始从事武装斗争。

门格斯图政权尽管得到了苏联、古巴和东欧国家的军事支持，但对各地反政府武装的清剿并不顺利。1978 年和 1979 年，政府军在战场上取得一些进展，但此后与反政府武装的战事又处于胶着状态，双方互有胜负。政府军对厄立特里亚人民解放阵线的根据地纳克法（Nakfa）进行多次围剿，但始终未能拿下纳克法。纳克法从此成为厄立特里亚独立战争的圣地。大规模的军事行动使军政权背上了沉重的财政负担。同时，厄立特里亚人民解放阵线和提格雷人民解放阵线开始进行合作，前者向后者提供军事装备和训练，双方在战场上协调行动，提格雷人民解放阵线的力量日益壮大。1982～1985年，门格斯图政权与厄立特里亚人民解放阵线进行了数轮谈判，但未能达成协议。到1987年底，厄立特里亚和提格雷的反政府武装已控制了两地90%以上的地区。

1983年3月，政府军在提格雷和厄立特里亚接连遭受两次重大军事失败。在提格雷地区，提格雷人民解放阵线在一次军事行动中消灭政府军的4个师，缴获大量军事装备和武器弹药。4月，提格雷人民解放阵线攻占提格雷北部的重镇阿迪格腊特（Adigrat），从而切断了亚的斯亚贝巴与厄立特里亚的主要交通运输线。这一年，提格雷人民解放阵线的意识形态也悄然发生了变化，党内成立了提格雷马列主义联盟。在厄立特里亚，厄立特里亚人民解放阵线武装于1983年3月初向政府军展开大规模反攻，两天内消灭政府军3个师，打死和俘获1.8万多人，缴获包括装甲车和大炮在内的大量军事物资。接着，厄立特里亚人民解放阵线武装又攻占重要城镇阿法贝特（Afabet），夺取设在那里的政府军武器弹药库。该年3月的战事大大削弱了政府军在厄立特里亚和提格雷地区的行动能力。结果，政府军在厄立特里亚仅控制着克伦－阿斯马拉－马萨瓦这一三角地带。在提格雷，提格雷人民解放阵线武装控制了提格雷的大部分地区后，开始在贡德尔、沃洛和绍阿等地开辟新的战场。

从20世纪80年代中期起，门格斯图政权面临的外部环境也发生了很大变化。戈尔巴乔夫执掌苏联政权后，开始其“改革与新思维”运动，对第三世界的政策发生重大变化，对埃塞俄比亚政策的变化尤为明显。苏联开始说服埃塞俄比亚门格斯图政权通过和平而不是武力方式解决国内冲突，逐渐减少对门格斯图政权的军事和经济援助，并于1989年年中停止对埃塞俄比亚的廉价石油供应。苏埃关系的变化，对埃塞俄比亚门格斯图政权的前途产生的深刻影响，是军政权最后垮台的重要因素之一。

五 门格斯图政权的垮台

20 世纪 80 年代中期的军事失利后，门格斯图政权试图通过调整民族政策和进行政治经济改革来缓和民族矛盾。1987 年通过的新宪法规定设立提格雷、迪雷达瓦、阿萨布、欧加登等几个民族自治区，各自治区在卫生、教育、经济发展、财政和税收等方面享有自主权。1989 年，一批对门格斯图不满的军官发动军事政变，企图推翻门格斯图政权，但被镇压。1990 年，门格斯图政权对反对派做出更大让步，宣布放弃社会主义，邀请反对派参加政府，实行自由市场经济，允许农民继承土地。同时将埃塞俄比亚工人党更名为埃塞俄比亚民主团结党。但这些改革措施已经不能使厄立特里亚人民解放阵线和提格雷人民解放阵线满意，它们决心推翻门格斯图政权。1990 年 2 月，厄立特里亚人民解放阵线武装占领马萨瓦，完全切断了政府军在厄立特里亚的供应线，政府军的士气受到严重打击。

提格雷人民解放阵线控制了提格雷地区后，于 1989 年与埃塞俄比亚人民民主运动（后来更名为阿姆哈拉民族民主运动）一道成立埃塞俄比亚人民革命民主阵线（简称埃革阵）。阿姆哈拉民族民主运动是在提格雷人民解放阵线的支持下建立起来的，主要由阿姆哈拉人士组成。后来，随着军事战线向奥罗莫地区推进，提格雷人民解放阵线又支持奥罗莫人成立了奥罗莫人民民主组织。1991 年 1 月，埃革阵召开第一次全国代表大会，公布新的政治纲领，不再提马列主义。会后，埃革阵领导的武装发动代号为“提沃德罗斯战役”的行动，其他反门格斯图政权武装也加强了攻势，战场局势急转直下。到 5 月，埃革阵武装已经兵临亚的斯亚贝巴城下。门格斯图总统被迫于 5 月 21 日逃离埃塞俄比亚，前往津巴布韦寻求政治避难。特斯法耶·盖伯莱 - 基丹（Tesfaye Gebre - Kidan）接任总统职务，但他已回天无力。在美国的调停下，埃塞俄比亚政府与埃革阵代表在伦敦进行谈判，但未能取得一致。5 月 28 日，在美国的授意下，埃革阵军队开进亚的斯亚贝巴，并成立临时政府，门格斯图政权由此垮台。

六　1991 年以来的政治发展

在埃革阵的主导下，埃塞俄比亚 24 个政治组织的代表于 1991 年 7 月 1～5 日在亚的斯亚贝巴召开全国会议，讨论埃塞俄比亚未来的政治安排和建立过渡政府问题。会议通过埃革阵起草的《过渡宪章》，作为过渡时期的国家基本法，规定过渡期为两年（后来延长至 1995 年）。会议还决定设立由 87 人组成的过渡代表委员会，行使过渡期议会职能。共有 32 个政治组织派代表参加过渡代表委员会，其中埃革阵占 32 席，奥罗莫解放阵线占 12 席，其他政治组织分别获得 1～3 席。会议还讨论了埃塞俄比亚与厄立特里亚的关系，通过《埃塞俄比亚过渡政府与厄立特里亚临时政府合作原则》，埃塞俄比亚承认厄立特里亚有权通过全民公决决定其政治未来，厄立特里亚则承诺将阿萨布港作为自由港供埃塞俄比亚使用。会后，成立了以埃革阵主席梅莱斯·泽纳维为总统的过渡政府，埃革阵副主席塔米拉特·莱尼被任命为政府总理。17 名内阁部长名额在各民族间分配，但埃革阵和亲埃革阵人士占据着主要位置。

1991 年以来的 20 多年是埃塞俄比亚当代史上政治最稳定、经济社会发展最快的时期。这一时期可以 2000 年为界大致划分为两个阶段，前一个阶段为政治经济发展道路的探索时期，后一阶段为发展的加速期。2000 年以前的 10 年又可以 1995 年的大选为界分为前后两个时期。1995 年以前为政治过渡期，这一时期埃革阵及过渡政府的主要政治任务是稳定国内形势、构建未来政治制度和建设政党政治。埃革阵虽然于 1991 年取得全国政权，但当时埃塞俄比亚国内形势并未完全稳定下来。一方面，埃革阵军队并未能控制全境，国内还存在众多的武装组织，一些武装组织曾与埃革阵一样从事过反对前政权的武装斗争，它们不接受埃革阵的领导地位。如奥罗莫解放阵线、欧加登民族解放阵线等组织便拥兵自重。另一方面，埃革阵的提格雷民族色彩仍然比较浓厚，如何建设一个跨民族政党、扩大党的代表性仍是建设政党政治所面临的主要挑战。

在埃革阵的主导下，过渡期内埃塞俄比亚的政治建设取得显著成绩。首先，恢复了国内的和平与稳定。过渡政府决定全面取缔前政权的军队和警察，建立新的军队和警察。针对全国许多政治组织都拥有武装以及一些组织仍继续招兵买马的情况，全国会议决定，过渡期内埃革阵军队履行国家军队的职能，其他曾经从事过反对门格斯图政权武装斗争的军队一律在指定地方集结，由政府提供给养和有关协助。对门格斯图政权垮台后成立的军队则一律不予承认。1992 年 6 月，埃塞俄比亚举行首次多党地方选举，选举自治区和小区政府。这次选举也是按照全国会议达成的政治安排而进行的向地方放权的重要一步。但选举进行得并不顺利，主要矛盾和斗争在埃革阵与奥罗莫解放阵线之间展开。奥罗莫解放阵线与由埃革阵扶植起来的奥罗莫人民民主组织为争夺基层政权发生严重冲突。埃革阵指责奥罗莫解放阵线违反过渡政府有关法令，私下招募前政权武装人员，对政府目标发动袭击。奥罗莫解放阵线则以其支持者受到广泛恫吓为由抵制选举，随后退出过渡政府，其武装与埃革阵武装发生大规模战斗。奥罗莫解放阵线重新发动游击战，并公开提出奥罗莫人居住区脱离埃塞俄比亚而独立的要求。但该武装的主力很快被埃革阵武装击溃，主要领导人流亡国外，其残部武装在奥罗莫地区从事零星的武装反抗活动。对欧加登民族解放运动武装，埃革阵也通过武力的方式将其击溃。

其次，清除前政权残余的影响。新政权设立了特别法庭对前政权军政要员进行审判。审判持续到 1997 年方告结束，检察机关共对 5000 多名前政权官员提出犯罪指控，对流亡国外的前政权首脑门格斯图也进行缺席审判。通过审判，既有效防止了前政权势力卷土重来，又揭露了前政权独裁和反人类本质，巩固了埃革阵武装夺权的合法性。

再次，加强政党政治建设。为扩大执政党的代表性，埃革阵采取了在民族基础上建党的做法，支持和鼓励各主要民族志同道合者组建新党，支持它们扩大力量和影响，为和平夺取地方政权做准备。1993 年 11 月，南方州由 21 个少数民族政党联合组成的“南埃塞俄比亚人民民主阵线”（“南方阵线”）加入埃革阵。至此，埃革阵的成员党增加到 4 个，成为代表全国 24 个民族的政党，这 24 个民族的人口占全国总人口的 80% 以上，居住区面积占全国四分之三以上。1995 年 1 月，埃革阵召开第二次全国代表大会，决定全党务必争取各界民众的支持，使本党成为全国第一大政党和领导国家的核心力量。此次大会进一步理顺了埃革阵内部各成员党的关系，使埃革阵成为以提格雷人民解放阵线（提人阵）为主导，由阿姆哈拉民族民主运动（阿民运）、奥罗莫人民民主组织（奥民组）和南方阵线共同参加，代表全国各主要族人民利益的统一阵线。在此基础上，埃革阵又支持其他地方州的亲埃革阵人士组建新政党。如 1994 年 1 月，在埃革阵支持下，埃塞俄比亚索马里州 10 个小党合并成立埃塞俄比亚索马里民主联盟。阿法尔州、哈拉尔州、贝尼山古尔/古木兹州、甘贝拉州也相继成立阿法尔人民民主组织、哈拉尔民族联盟、贝尼山古尔西北埃塞俄比亚人民团结党和甘贝拉人民解放党等组织。这些政党在埃革阵的支持下逐渐掌握了各自所在州的政权。这些组织虽非埃革阵成员，但与埃革阵关系密切，接受埃革阵的全国领导地位，因而它们被称为埃革阵的“外围组织”。

最后，建设未来政治架构。过渡代表委员会决定成立宪法委员会。经过数月的紧张工作，委员会将宪法草案提交过渡代表委员会。过渡代表委员会在其第 94 次例会上对宪法草案进行了逐条讨论，并原则予以通过。1994 年 7 月，埃塞俄比亚举行制宪会议选举，选举产生了由 547 人组成的制宪会议。主要反对派组织抵制了选举，但埃革阵仍大获全胜。制宪会议在对宪法草案进行全面审查后，于 1994 年 12 月 8 日正式投票通过新宪法。新宪法对未来国家的政治架构做出了安排，规定埃塞俄比亚是一个多民族国家，尊重各民族在语言、历史、文化和宗教等方面的多样性；各民族拥有直至分离权在内的自决权；在各民族平等的基础上实行联邦制，中央和各地方政权分享国家权力；改原来的地区为州，全国共设 9 个州和两个直辖市；实行立法、司法和行政三权分立；实行政教分离。

经过上述准备，埃塞俄比亚于 1995 年 5 月举行首次全国大选——联邦议会（即人民代表院和联邦院）和州议会选举。主要反对党以不存在自由公正的选举环境为由抵制了选举。在 2130 万登记选民中，有 1998 万人参加投票。国际组织派观察员观察了选举，认为选举虽有缺点，但投票过程本身自由和公正。埃革阵取得压倒性胜利，获得人民代表院 90% 以上的议席，其 4 个成员党和外围政党分别在全国 9 个州和两个直辖市的议会选举中取得多数席位。1995 年 8 月 21 日，埃塞俄比亚联邦民主共和国正式成立，梅莱斯在人民代表院首次会议上当选政府总理；根据梅莱斯总理提名，内加索·吉达达在人民代表院和联邦院联席会议上当选共和国总统。这次选举标志着埃塞俄比亚政治过渡期的结束，埃塞俄比亚国家政治生活进入新的历史阶段。

1991 年埃革阵武装夺取全国政权至 2012 年 8 月梅莱斯总理病逝这 21 年可以说是埃塞俄比亚当代史的“梅莱斯时代”。梅莱斯作为埃塞俄比亚执政党和国家权力的核心人物，对这 21 年来埃塞俄比亚的发展历程起着举足轻重的作用。这 21 年间，梅莱斯领导埃革阵和埃塞俄比亚政府较好地处理了与厄立特里亚围绕领土争端发生的战争和党内路线斗争，进行了国家发展道路的探索，明确了走“民主的发展型国家”的道路，同时解决了 2005 年大选骚乱和党政领导层新老更替问题，为后梅莱斯时代埃塞俄比亚的政治发展奠定了良好基础。

1998 年，埃塞俄比亚与厄立特里亚围绕两国边界地区的领土纠纷发生战争。战争持续了两年多时间，双方死伤巨大。战争虽以埃塞俄比亚军事上的胜利而告终，但在如何对待厄立特里亚的问题上，埃革阵的核心成员组织提格雷人民解放阵线领导层发生分歧，一派主张应乘胜前进，占领厄立特里亚首都阿斯马拉和阿萨布港，推翻厄立特里亚现政权，另一派则主张适可而止，在取得对厄立特里亚的军事优势后对厄讲和。两派的分歧很快演变成路线斗争，分歧扩大到关于国家发展道路、发展方向的问题，进而引发党内危机。在 2001 年 3 月召开的提人阵中央委员会会议上，党内矛盾总爆发。由 30 人组成的中央委员会形成以党主席梅莱斯为首的“首都派”（又称“阿杜瓦派”）和以副主席提沃尔德为首的“默克雷派”。在会议开幕式上，默克雷派自恃占据人数上的优势，公开向阿杜瓦派发难。当梅莱斯提出会议议程和议案并请会议审议时，提沃尔德等 12 名中央委员轮番发言对梅莱斯进行强烈批评，指责梅莱斯对外放弃主权原则，卖身投靠西方国家，在厄立特里亚问题上刻意迁就厄方，未能乘机收回阿萨布港，有损埃塞俄比亚形象。他们指责梅莱斯置国情于不顾，独断专行，强行实施联邦政体。为给梅莱斯派施加更大压力，默克雷派宣布集体退会。针对默克雷派的指责和退会行为，梅莱斯以守为攻，在休会期间发动党员对他们进行揭批，层层召开各级干部大会，争取中高级党政官员的理解和支持。在此基础上，梅莱斯返回首都亚的斯亚贝巴并召开提人阵高级干部会议，继续揭批默克雷派言行。会议以默克雷派违反组织原则为由，将默克雷派成员全部开除提人阵党籍。此后，梅莱斯又对默克雷派中愿意承认错误的人进行逐个争取，促使部分默克雷派成员做深刻自我批评，并在得到中央委员会原谅后恢复他们的中央委员职务。此举既使梅莱斯派在中央委员会内赢得了人数上的优势，又避免了提人阵的进一步分裂。与此同时，埃革阵的成员组织奥罗莫人民民主组织和南埃塞俄比亚人民民主阵线内部也围绕支持或反对梅莱斯发生严重分歧，并演变成党内派系斗争。但随着提人阵内部危机迅速缓解，其他成员党的党内危机也迅速得到平息。

平息党内派系斗争后，梅莱斯在埃革阵内部发起“自我革新”运动，解决党内存在的关于国家发展方向、反民主倾向和腐败蔓延等问题，层层统一全党思想。在“自我革新”运动过程中，梅莱斯提出了一系列治党治国的大政方针。政治上，他提出了“革命民主”思想，认为在当前埃塞俄比亚经济社会十分落后的情况下，不可能实行西方式民主，而应实行以人民民主为主要特征的“革命民主”。“革命民主”就是要在保障个人自由权利的同时，强调各民族的权利，包括发展权、自决权乃至分离权，但坚决反对狭隘民族主义和民族沙文主义。经济上，他主张建立自由市场经济体制，实施以农村工作及农业为中心的经济发展战略，确保经济快速发展，使广大群众受益。外交上，他认为在全球化背景下，埃塞俄比亚不能闭关自守，只能融入国际社会，主张加强南南合作，实行睦邻友好政策。在“自我革新”运动中，埃革阵开展了大规模的反对腐败运动，成立由总理直接领导的反腐败委员会，推动议会通过“道德和反腐败法案”。除阿姆哈拉民族民主运动外，埃革阵的其他3个成员组织几乎都有重要领导人因腐败问题而落马，其中奥罗莫人民民主组织领导层几乎全部因涉嫌腐败而被解职，南埃塞俄比亚人民民主阵线领导层亦有多人被解职或被捕。

在“自我革新”和反对腐败的基础上，埃革阵于2001年9月召开具有历史性意义的第四次全国代表大会。此次大会总结了革命与和平建设的经验与教训，审议并通过梅莱斯主席关于埃革阵领导各族人民夺取政权和进行经济建设两方面的经验与教训的报告。大会决议指出，党执政10年来存在的主要问题是国家发展方向不清、缺乏民主、狭隘民族主义、沙文主义以及腐败盛行等问题。大会清算了党内分裂主义势力，谴责以默克雷派为代表的分离主义集团破坏党内团结、损坏党的形象的行为，同意埃革阵中央委员会将拒不悔改的顽固分子开除出党的决定。此次大会一致选举梅莱斯连任党主席，进一步巩固了梅莱斯在党内的领导核心地位。大会进一步明确了党和国家的发展方向，确立了梅莱斯的政治路线，加强了党的团结。大会决议明确提出，“革命民主”是埃塞俄比亚政治发展的基本方向，要进一步调动各界民众广泛参与民主建设和经济发展活动的积极性。

处理2005年大选骚乱，是埃革阵解决党内斗争后面临的又一重大挑战。2000年，埃塞俄比亚在和平的气氛中举行了第二次全国大选，所有合法政党都参加了此次大选，欧盟等国际观察员也认为大选自由和公正。埃革阵再次大获全胜，以87.93%的总得票率获得人民代表院547席中481席。2005年5月15日，埃塞俄比亚举行第三次全国大选，超过90%的登记选民参加投票。埃革阵虽在提格雷、阿姆哈拉、奥罗莫以及南方州等4大州获胜，其外围政党也在各边远州市的选举中获胜，但得票率空前降低，反对党共赢得人民代表院547席中的170席，并且赢得首都亚的斯亚贝巴几乎所有人民代表院席位和市议会绝大多数席位。埃革阵宣布接受选举结果，国际观察员也普遍认为大选自由公正，但反对党仍然认为埃革阵操纵了选举，拒绝接受选举结果。在反对党的鼓动下，亚的斯亚贝巴等城市学生和民众上街游行示威，并很快演变成城市骚乱。这场骚乱持续了数月之久，共造成200多人死亡。政府动用武力平息了暴乱，并将反对党领导人逮捕入狱。由于流血冲突，此前认可选举自由公正的欧盟等国际观察员转而指责埃革阵操纵选举和打压反对派。反对党当选议员亦拒绝就职。埃革阵和部分温和反对党人主联邦议会和亚的斯亚贝巴市议会。后来，司法机关又对煽动骚乱的反对党领导人提出刑事指控，直至2007年在反对党领导人公开承认错误后才将他们释放。埃革阵及时总结了此次选举中在城市地区失利的教训，并制定相应对策，加强在城市地区党组织建设，解决城市地区居民特别是无业青年的生计问题，在伴随城市发展的征地拆迁等问题上更多考虑老百姓的利益。经过几年的努力，埃革阵基本扭转了党在城市地区影响力下滑的趋势，重新赢得了城市选民的支持。

2010 年 5 月，埃塞俄比亚举行第四次全国大选。埃革阵汲取了 2005 年选后骚乱的教训，高度重视大选准备工作。选举顺利举行，选民投票秩序井然。欧盟观察团也认为大选和平有序，认可政府及选举委员会出色的组织工作。据 6 月 21 日埃全国选举委员会公布的选举结果，埃革阵赢得大选胜利，埃革阵及其盟党赢得人民代表院 547 席中的 545 席，其中埃革阵 499 席，阿法尔民族民主党 8 席，索马里人民民主党 24 席，贝尼山古尔/古木兹人民民主党 9 席，甘贝拉人民民主团结运动 3 席，哈拉尔民族联盟 1 席，阿古巴人民民主组织 1 席。反对党中仅埃塞俄比亚联邦民主团结论坛获得 1 席，另外独立候选人获得 1 席。此外，全国 9 个州及两个直辖市议会共 1904 个议席几乎悉数为埃革阵 4 个成员党及其盟党获得，反对党仅得 1 席。虽然反对党指责埃革阵操纵选举，拒绝承认大选结果，但选举委员会和埃最高法院均驳回了反对党的诉讼请求。

2004 ~ 2010 年，埃革阵先后召开了四次全国代表大会（第五次至第八次全国代表大会）。这几次代表大会除解决例行的组织安排和选举领导人外，更重要的是进一步统一了全党思想，增进了团结，其中重要一点，就是将梅莱斯提出的“革命民主”思想和“民主的发展型国家”理论确定为党的指导思想和基本方针。“民主的发展型国家”理论是梅莱斯在研究东亚国家和地区特别是中国和亚洲“四小龙”经济社会发展经验的基础上，结合埃塞俄比亚国情提出的。梅莱斯认为，埃塞俄比亚要实现快速发展，迅速改变贫穷落后面貌，必须走发展型国家道路。他认为，发展型国家要有一个全心全意致力于国家快速和公平发展的领导核心或政党；实行自由市场经济政策，但在市场失灵或国家战略利益需要时国家要对生产领域和基础设施及服务业进行有选择的干预；国家要通过公共部门与私营部门的合作，鼓励、培育和引导私营部门的发展，形成具有全球竞争力的私营部门；要通过提高生产率和竞争，并因此提高居民收入和人民生活水平，将寻租型政治经济改造成为发展型政治经济。政治上，埃塞俄比亚要吸取亚洲“四小龙”中的一些国家和地区如韩国和中国台湾从威权主义政治向多党民主政治转型的教训，在发展经济的同时建设民主政治，让人民享有充分政治权利。在梅莱斯的带动下，埃塞俄比亚党政高层掀起一股研究和学习东亚发展经验的热潮，大量代表团、考察团被派往中国、韩国等国家进行考察学习。在发展型国家理论指导下，2003 年以来埃塞俄比亚经济实现了持续高速和相对平衡的增长，社会领域也得到快速发展。据埃塞俄比亚官方统计数字，2003～2012 年，埃塞俄比亚国内生产总值年均增长 11.18%。

埃塞俄比亚 1991 年以来政治发展的另一重要方面，是进行民族区域自治和联邦制的实践。这一实践是埃革阵的民族自决思想的具体体现。埃革阵认为，埃塞俄比亚封建统治和门格斯图军事统治时期，埃塞俄比亚的主要矛盾是民族矛盾而不是阶级矛盾。民族矛盾则是旧政权长期执行民族压迫政策造成的。民族矛盾是导致各民族武装反抗中央政权的根源。要彻底解决埃塞俄比亚的民族问题，使埃塞俄比亚各民族和睦相处，就要赋予各民族全面的自决权，包括在其权利得不到保障的情况下从埃塞俄比亚联邦分离出去的权利。对于埃革阵的这一主张，埃塞俄比亚多数政党和组织表示赞同，但也有不少政党和组织表示反对，特别是反对给予各民族分离权，认为承认分离权将导致埃塞俄比亚国家的解体。1991 年 7 月全国大会通过的《过渡宪章》确认了各民族拥有自决权；承认各民族有权保留各自的特征、促进各自的文化和历史，使用各自的语言文字；各民族实行自治，在中央政府享受平等的代表权；规定设立 14 个地区自治政府。《宪章》承认全国存在 63 个民族（后来议会联邦院又根据有关居民共同体的请求，甄别出更多的民族），其中 48 个民族有权建立小区级以上的自治政府。1991 年 11 月，政府公布《民族和地区自治政府组织法》，对全国的行政区划进行重新划分，全国被划分成 14 个区。划分的参考依据为 1975 年以前各小区的边界。通过 1992 年的地方选举，埃塞俄比亚建立了 14 个区政权。根据法律，各区政府享有除国防、外交、经济政策、授予公民身份、宣布紧急状态、部署军队、发行货币、管理大型发展项目、建设和管理大型通信设施以外的自治权。后来，南方5个区决定合并，成立南埃塞俄比亚区。1994年通过的新宪法进一步确认了民族区域自治和联邦制的原则，明确将包括分离权在内的自决权写进了宪法。宪法规定各区改称民族地区州，为埃塞俄比亚联邦民主共和国的组成单位。首都亚的斯亚贝巴及迪雷达瓦为直辖市，不具有联邦成员资格，而是直属中央政府管辖。各州内的各民族亦有权建立各自自治政府的权利。联邦中央和各州政府分别拥有各自的立法、行政和司法权。联邦政府行使宪法规定保留给联邦政府的权力，其余一切权力归各州。各州的最高权力机构为州议会（The State Council），由州议会选举产生州政府。

1991年以来的21年间梅莱斯和埃革阵所做的另一项重要工作，就是对党政领导人的新老更替做出制度性安排。夺取全国政权后，埃革阵第一代领导人的年龄普遍不大，1991年党主席梅莱斯年仅36岁，其他领导人大都在40岁上下，年纪最大的资深领导人也不过50来岁。到21世纪第一个十年快结束时，梅莱斯本人也不过50多岁，按理说还不到退休的年龄。然而，梅莱斯和埃革阵领导人对领导层的新老更替思考得比较早，他们吸取了非洲一些国家执政党在领导层新老更替上失误导致丢失政权的教训，较早制订了领导层新老交替计划。2010年第四次全国大选前，埃革阵正式出台了党的领导层新老交替的“三步走”计划，即2010年、2012年党内各有三分之一的第一代领导人退居二线，到2015年第五次全国大选时包括梅莱斯在内的第一代领导人全部退出一线。为此，埃革阵培养选拔了一批新人进入领导层。在2010年召开的第八次全国代表大会上，年仅45岁的海尔马里亚姆·德萨莱尼当选为党的副主席，随后被任命为副总理兼外交部长。

2012年8月，梅莱斯因患癌症在比利时去世，享年57岁。梅莱斯的突然去世给埃塞俄比亚政府和埃革阵带来了巨大的冲击和挑战，也在一定程度上打乱了埃革阵原定领导层新老更替计划，党内高层也围绕接班人问题出现了一些不同意见。反对派也蠢蠢欲动，寻找攻击埃革阵的机会。但埃革阵领导集体表现出较高的政治成熟度，坚决执行梅莱斯确定的路线方针和原定计划，支持副总理兼外长海尔马里亚姆接任党主席和政府总理职务。原教育部长、阿姆哈拉民族民主运动主席德梅克·梅孔嫩当选为副主席和副总理。这样，以海尔马里亚姆和德梅克为核心的第二代党和国家领导集体正式形成。2013 年 3 月，埃革阵召开第九次全国代表大会，海尔马里亚姆和德梅克再次当选为党主席和副主席。在此次党代会上，约有三分之一的全国执行委员会成员由新人出任。埃革阵最高领导层的首次代际更替工作基本完成。2013 年 4 月，埃塞俄比亚举行新的地方选举，埃革阵及其外围政党大获全胜。在首都亚的斯亚贝巴市，埃革阵赢得了市议会全部 138 个席位和区级议会 3480 席中的 3479 席。在另一直辖市迪雷达瓦市，埃革阵及其盟党埃塞俄比亚索马里人民民主党包揽了市议会全部 189 个席位，其中埃革阵获得 114 席，埃塞俄比亚索马里人民民主党获得 75 席。2013 年地方选举的胜利，标志着后梅莱斯时代埃革阵领导集体的大政方针获得民众的普遍认可。2015 年 5 月，埃塞俄比亚举行第五次全国大选，埃革阵及其盟党大获全胜，赢得人民代表院 547 个席位中的 546 个席位。同年 8 月，埃革阵召开第十次全国代表大会，海尔马里亚姆和德梅克分别当选为主席和副主席。

第六节 著名历史人物介绍

一 提沃德罗斯二世

提沃德罗斯二世（Tewodros Ⅱ，1818 ~ 1868），埃塞俄比亚皇帝（1855 ~ 1868 年在位）。原名卡萨·海卢，1818 年生于埃塞俄比亚西北部登比亚省（Dembia）与苏丹接壤的夸拉（Qwara）地区，其父为该区总督。卡萨少年丧父，曾到塔纳湖附近的修道院学习，后来又先后投奔到不同贵族的麾下，成为一名士兵。卡萨由于英勇善战而颇受器重，被任命为登比亚省总督。此时埃塞俄比亚正值“王子纷争时代”，国家四分五裂，国内不同地区统治者之间内战不断。卡萨决心消除封建割据，统一国家。1847 ~ 1855 年，卡萨指挥军队先后打败贡德尔朝廷的孟伦皇太后以及提格雷、戈贾姆等地诸侯的军队，统一埃塞俄比亚北部和中部高原地区。1854年，卡萨自立为“万王之王”，并于次年2月由教会加冕为皇帝，称为提沃德罗斯二世。称帝后，提沃德罗斯二世继续进行统一国家的战争，结束长达百年的“王子纷争时代”。同时，他领导国家进行了雄心勃勃的改革，改革官僚机构、税收制度和教会，修筑道路和学习西方先进技术，聘请欧洲国家的工匠到埃塞俄比亚传授技术，努力把埃塞俄比亚改造成为一个“现代化国家”，因而被称为“现代埃塞俄比亚之父”。

出于对英国人的不满，提沃德罗斯二世于1865年将英国驻埃塞俄比亚领事及其他一些欧洲人扣为人质。英国以此为借口，于1867年10月派一支由3.5万人组成的军队远征埃塞俄比亚。1868年4月，因寡不敌众，提沃德罗斯二世在马格达拉平顶山饮弹自尽。

二　孟尼利克二世

孟尼利克二世（Menelik Ⅱ，1844～1913），埃塞俄比亚皇帝（1889～1913年在位）。原名萨尔·马利安，1844年出生于绍阿省，父亲海尔·塞拉西为绍阿王。1855年提沃德罗斯二世皇帝攻占绍阿后，孟尼利克与他母亲一道作为人质被带到北方，囚于马格达拉平顶山。1865年英国武装干涉埃塞俄比亚后，孟尼利克从马格达拉平顶山逃出，回到绍阿自立为王。1878年，孟尼利克在与约翰尼斯四世皇帝的军队交战中受挫，被迫向约翰尼斯四世皇帝称臣，约翰尼斯四世皇帝封孟尼利克为“绍阿和盖拉人土地之王”。任绍阿王期间，孟尼利克率领军队四处征战，占领埃塞俄比亚东南部大片土地，掠夺到大量战利品，并用掠夺来的财富从国外购买大量西式武器，实力迅速上升。1889年3月约翰尼斯四世皇帝在战场负伤死亡后，孟尼利克自立为埃塞俄比亚“万王之王”，称号为孟尼利克二世。他登上权力之巅时，正值西方列强瓜分非洲。孟尼利克二世与列强进行了巧妙周旋。1889年5月，埃塞俄比亚与意大利签订《乌查利条约》。1896年，孟尼利克的军队在阿杜瓦打败意大利军队，意大利被迫承认埃塞俄比亚独立。此后，孟尼利克二世继续进行扩展埃塞俄比亚疆土的运动，先后征服沃累加、季马、哈拉尔和咖法等地。到1900

年前后，孟尼利克二世治下的埃塞俄比亚国土已扩及今天埃塞俄比亚的大部分地区。

在位时，孟尼利克二世皇帝进行了一些近代化改革，引进世俗教育、印刷、邮政和电报服务。1906 年 5 月，孟尼利克二世因患中风而身体瘫痪，1913 年去世。

三 海尔·塞拉西一世

海尔·塞拉西一世（Haile Selassie Ⅰ，1892～1975），埃塞俄比亚帝国末代皇帝（1930 年 11 月～1974 年 9 月在位）。原名塔法里·马康南，1892 年 7 月 23 日生于埃塞俄比亚哈拉尔盖省。其父是孟尼利克二世皇帝的表弟，原哈拉尔盖省总督。塔法里少时随传教士读书，1907 年进首都亚的斯亚贝巴市孟尼利克二世学校学习。1909 年任锡达莫省总督，1910 年任哈拉尔盖省总督。1916 年因拒绝调任咖法省总督而辞职。1917 年 2 月被佐迪图女皇敕封为亲王，成为摄政王和王储。任摄政王期间，塔法里采取了一些改革措施，如废除奴隶制、加强同西方联系等。1930 年佐迪图女皇去世后，塔法里于 11 月 2 日登基正式加冕为帝，并改用教名海尔·塞拉西一世（意为圣父、圣子、圣灵三位一体的权力）。

登基后至 1935 年意大利入侵前，海尔·塞拉西一世推行了一系列改革。埃塞俄比亚于 1931 年颁布历史上首部宪法，确立君主立宪体制。在西方国家的帮助下，埃塞俄比亚于 1931 年成立第一家银行——埃塞俄比亚银行，同时发行埃塞俄比亚货币。为提高政府办事效率，埃塞俄比亚聘请了许多外国顾问。埃塞俄比亚逐步废除了以实物和劳役交税的旧制度，代之以货币税收。同时，埃塞俄比亚还初步建立起征收关税的制度。埃塞俄比亚还改革了兵役制，建立现代化的国家军队，以取代中央和地方分别养兵的旧制度，1934 年在霍勒塔开办了埃塞俄比亚第一所军事学校。埃塞俄比亚还改革教育制度，于 1932 年成立帝国政府教育部，开办国立学校，派学生到西方国家学习。

1935 年 10 月意大利法西斯军队入侵埃塞俄比亚，海尔·塞拉西一世在领导抗战的同时向国际联盟求援。1936 年 4 月抗战失败后，海尔·塞拉西一世流亡英国。在英国的协助下，海尔·塞拉西一世于1940年到苏丹组织军队对意作战。1941年，英-埃联军战胜意大利军队。同年5月5日，海尔·塞拉西一世回国复位。

复国后，海尔·塞拉西一世继续对国家进行了一些现代化改革，如推行税收改革，加强对东正教会的控制，调整行政区划等。但随着年事渐高，海尔·塞拉西一世维护封建统治的一面日益突出。加上经济社会发展缓慢，开明人士和百姓对皇权日益不满。1960年12月13日，皇家警卫队司令门格斯图·纽威趁皇帝出国访问之机发动政变，拘押皇太子、20多名内阁大臣和其他一些政府官员。12月17日，海尔·塞拉西一世皇帝回到首都，政变失败。1974年，埃塞俄比亚发生革命，革命政权废除封建立宪制帝制。1974年9月12日，海尔·塞拉西一世被军委会废黜，软禁在皇宫，1975年8月被军政权秘密处死。

四　门格斯图·海尔·马里亚姆

门格斯图·海尔·马里亚姆（Mengistu Haile Mariam，1937～　），埃塞俄比亚临时军事行政委员会主席、国家元首兼部长会议主席，埃塞俄比亚人民民主共和国总统和埃塞俄比亚工人党总书记，1977年2月至1991年5月在任。生于埃塞俄比亚西南部一个阿姆哈拉族家庭。幼年时由前戈贾姆省省长克贝德·特瑟马收养。毕业于霍勒塔军事学校，后在陆军第三师任少尉军械师。1963年和1969～1970年先后两次赴美接受军事培训。1974年2月晋升为少校。1974年埃塞俄比亚革命后，于同年6月代表第三师参加"武装部队、警察和国土部队协调委员会"，并当选为主席。9月，门格斯图出任重新组建的临时军事行政委员会第一副主席。1977年2月3日，门格斯图发动政变，任临时军事行政委员会主席兼武装部队总司令，并晋升为中校。1984年9月，门格斯图当选共和国总统兼国务委员会主席、革命武装力量总司令。任最高领导人期间，他大力推行社会主义运动，与苏联和东欧社会主义国家发展关系，清剿国内反政府武装。然而，门格斯图的内外政策未见明显成效，国内反政府武装攻势日益加强。

1991 年 5 月 21 日，埃塞俄比亚人民革命民主阵线的武装兵临亚的斯亚贝巴城下，门格斯图被迫与家人流亡津巴布韦。

五 梅莱斯·泽纳维

梅莱斯·泽纳维（Meles Zenawi，1955～2012），埃塞俄比亚联邦民主共和国政府总理，提格雷人民解放阵线和埃塞俄比亚人民革命民主阵线主席。1955 年 7 月 9 日出生于原提格雷省的阿杜瓦，提格雷族人。原名勒格塞（Legesse），后为纪念反门格斯图政权斗争中牺牲的战友而改名梅莱斯·泽纳维。早年曾在首都亚的斯亚贝巴英国中学读书，1971 年考入亚的斯亚贝巴大学医学院。1974 年埃塞俄比亚发生推翻海尔·塞拉西一世封建政权的革命后，梅莱斯投笔从戎，参与创立提格雷人民解放阵线，在家乡提格雷地区致力于反对门格斯图政权的武装斗争，任提人阵政治培训部和意识形态委员会主任。梅莱斯于 1979 年当选为提人阵中央委员会委员，1983 年当选中央政治局委员，1985 年 1 月参与创建提格雷马列主义联盟，1989 年 1 月任该联盟书记，1989 年 6 月在提人阵三大上当选阵线主席，同时出任新组建的埃塞俄比亚人民革命民主阵线主席。埃革阵武装推翻门格斯图政权后，梅莱斯于 1991 年 7 月 21 日出任过渡政府总统。1995 年 8 月埃塞俄比亚联邦民主共和国成立，梅莱斯当选总理。后来，梅莱斯又领导埃革阵连续取得 2000 年、2005 年和 2010 年全国大选胜利，其本人连任政府总理。1995 年获英国函授工商管理硕士学位。2012 年 8 月，梅莱斯因病在比利时去世。

梅莱斯早年曾读过一些马列主义著作，信奉马克思主义，认为门格斯图政权搞的是假马克思主义。在他的影响下，提人阵也曾以马克思主义为指导思想，宣称要在埃塞俄比亚建设真正的社会主义。埃革阵上台后，随着埃塞俄比亚国内外形势的变化，梅莱斯的思想意识发生转变，不再公开提马克思主义，明确将埃革阵定位为以小资产阶级和农民为主体的政党，强调推行将间接民主（代议制民主）和直接民主（基层民众参与性民主）相结合的“革命民主”，以及建立以私营部门为基础、市场为导向的资本主义自由市场经济。

政治上，梅莱斯主张埃塞俄比亚建立以民族区域自治为基础的联邦制，按照民族聚居区划分行政区域，实行民族区域自治，并以宪法形式赋予各民族自决乃至分离的权利。联邦政府在发展政策、预算拨款和人事安排上注意各民族地区的平衡。

在执政党的党建方面，梅莱斯主张用民主集中制原则建党。他发起执政党“自我革新”运动，发动党员、干部、群众等各阶层就党内出现的方向不明、腐败和非民主倾向展开大讨论，同时采取一系列措施，及时分化瓦解反对派阵营，清除异己，统一党内思想，巩固执政地位。

经济上，梅莱斯主张实行以农业为先导的工业化战略。他根据埃塞俄比亚工业基础薄弱、农业占主导地位但严重滞后的国情，确立以农业和农村工作为重心的经济发展路线。他在研究东亚国家和地区特别是中国和亚洲“四小龙”发展经验的基础上，提出埃塞俄比亚要走“民主的发展型国家”道路。在他的领导下，埃塞俄比亚经济快速增长。

外交上，梅莱斯主张实行全方位外交政策，认为国家间没有永恒的朋友，只有永恒的利益。在全球化和信息化时代，非洲国家不可能脱离时代大背景而独立发展，需同一切可能帮助非洲发展的合作伙伴加强关系。在此原则下，他积极推行与埃塞俄比亚有共同利益的所有国家紧密合作的外交战略，坚持睦邻友好，促进同中国、印度等发展中国家和新兴工业化国家的友好合作，重点加强与美国等发达国家及国际金融机构的关系。

六　穆拉图·特肖梅

穆拉图·特肖梅（Mulatu Teshome，1957～　），埃塞俄比亚联邦民主共和国总统。1957 年出生于沃累加省阿尔焦地区，奥罗莫族人。1976 年高中毕业后赴华留学，先在北京语言文化大学学习汉语一年，1977 年进入北京大学哲学系学习，本科毕业后进入北京大学国际政治系学习并先后获得国际政治专业硕士、博士学位。1991 年回国后进入埃塞俄比亚外交部工作，历任参赞、政策与培训司司长和驻中国大使等职。1995 年任经济发展与合作国务部长（即副部长），2001 年任农业部长，2002 年当选为联邦院议长，2006 年任驻土耳其大使。2013 年 10 月在联邦院和人民代表院联席会议上当选总统，任期 6 年。

七 海尔马里亚姆·德萨莱尼

海尔马里亚姆·德萨莱尼（Hailemariam Dessalegn，1965～ ），埃塞俄比亚联邦民主共和国总理、埃塞俄比亚人民革命民主阵线主席兼南埃塞俄比亚人民民主阵线主席。1965 年 7 月 19 日生。1988 年毕业于亚的斯亚贝巴大学，获工程学学士学位。1992 年毕业于芬兰坦佩雷大学（Tampere University），获水利和环境工程学硕士学位。1992～2000 年在南方州阿巴门齐农业学院任教，历任副校长、校长，教授供水、灌溉、污水处理等多门课程。2001 年任南方州副州长。2002～2006 年任南方州州长。2006～2009 年任总理公共组织和动员事务顾问，2008 年 11 月起任埃革阵议会督导。2010 年 9 月当选埃革阵副主席。2010 年 10 月出任联邦政府副总理兼外长。2012 年 9 月当选埃革阵主席、政府总理。

第三章

政　　治

第一节　国体与政体

1974 年革命前的上千年间，埃塞俄比亚实行封建帝王制，国王或皇帝拥有压倒一切的绝对权力，集立法、司法和行政大权于一身。在海尔·塞拉西一世皇帝统治后期，成立了具有一定立法权力的议会，从而使国体具有君主立宪制的某些特征。1974 年革命后，埃塞俄比亚皇帝遭废黜，封建帝制被取缔，开始实行共和制，宣称实行一切权力归人民的原则，后来又实行以埃塞俄比亚工人党统揽一切的一党制。1991 年政权更迭后，埃塞俄比亚实行多党制和联邦制。政府体制实行议会内阁制，由议会（人民代表院）选举产生的总理任行政首脑，政府对议会（人民代表院）负责。

一　宪法

埃塞俄比亚历史上的第一部宪法于 1931 年诞生。它是在海尔·塞拉西一世皇帝登基后不久制定和颁布的。该宪法以日本帝国 1889 年宪法为蓝本制定，而日本帝国 1889 年宪法又被认为带有 1871 年德意志帝国宪法的许多特征。1955 年 11 月，埃塞俄比亚对宪法进行了修改，在 1931 年宪法基础上引进一些现代政治理念，如权力分享理论、分权与制衡机制、公民基本权利等。修改过的宪法称为《1955 年宪法》。《1955 年宪法》规定设立两院制议会，上院由皇帝任命，下院由全民普选产生。两院理论上拥有立法权，但实际权力非常有限。1974年革命后，《1955年宪法》被废除，但新宪法直至1987年才颁布实施。《1987年宪法》规定埃塞俄比亚为社会主义国家，实行工人党一党制。根据该宪法，埃塞俄比亚成立埃塞俄比亚人民民主共和国。1991年，以埃塞俄比亚人民革命民主阵线武装为主的反政府武装推翻门格斯图政权，《1987年宪法》随即被废除。1991年7月，参与推翻门格斯图政权的各政治派别和社会力量在亚的斯亚贝巴举行全国会议，制定并通过《过渡宪章》，作为过渡时期的临时宪法。《过渡宪章》的基本原则包括：国家实行联邦制，并据此原则建立中央和地区两级政府，按各民族聚居情况将全国重新划分为14个地区；保证埃塞俄比亚境内各民族管理自己事务和在平等的基础上参与中央政府事务决策的权利；各民族享有自由、平等和公平的代表权和平等的自决权。

1994年12月8日，埃塞俄比亚制宪议会通过《埃塞俄比亚联邦民主共和国宪法》。该宪法于1995年8月正式生效实施。1995年8月21日，埃塞俄比亚联邦民主共和国正式成立。《埃塞俄比亚联邦民主共和国宪法》共分十一章106条。第一章为人权，规定公民所享受的各种权利；第二章为宪法的基本原则；第三章为基本权利与自由；第四章为国家结构；第五章为权力的结构与划分；第六章为联邦议会；第七章为联邦共和国总统的权力与义务；第八章为执行机构的权力与义务；第九章为各级法院的结构与权力；第十章为国家政策的原则与目标；第十一章为其他条款。体现在新宪法的最重要的原则有：（1）埃塞俄比亚为多民族国家，尊重各民族在语言、历史、文化和宗教等方面的多样性；（2）各民族拥有直至分离权在内的自决权；（3）实行联邦制，中央和各地方政权分享国家权力，改原来的地区为州，全国共设9个州和两个直辖市；（4）实行立法、司法和行政三权分立；（5）强调民主权利和保护人权；（6）各民族在平等的基础上实现统一；（7）实行政教分离。

二 国家元首

《埃塞俄比亚联邦民主共和国宪法》规定，总统是象征性和礼仪性国家元首，不拥有实权。宪法第70条规定，总统由人民代表院提名，由人民代表院和联邦院联席会议选举产生，被提名的候选人必须获得两院联席会议三分之二以上多数通过才能当选总统；总统任期6年，连任不得超过两届。宪法第71条规定总统职权包括：主持每年议会两院联席会议的开幕式；颁布人民代表院通过的法律和国际协定；根据总理的建议任命驻外使节；接受外国使节的国书；根据法律规定的条件和程序授予勋章、奖章、奖金和奖品；根据总理的建议授予军衔；根据法律规定的条件和程序实行大赦。2001年10月，人民代表院通过《总统法案》，规定总统候选人必须是无党派人士，不得有任何政治组织背景，卸任后亦不得参与政党活动。总统因死亡或疾病不能履职，由议会任何一院或两院联合会议任命代总统。现任总统为穆拉图·特肖梅，2013年10月当选。

三　政府首脑

埃塞俄比亚联邦民主共和国的政府首脑为总理，掌实权。1995年《埃塞俄比亚联邦民主共和国宪法》第72条规定，总理和部长理事会掌握埃塞俄比亚联邦政府的最高执行权力，对人民代表院负责。总理和部长理事会成员的任期与人民代表院议员相同，为5年。宪法第73条规定，总理由人民代表院从人民代表院议员中选举产生；政府权力由人民代表院中占多数席位的政党或政党联盟执掌。宪法第74条规定总理的权力包括：总理是共和国最高执行官，同时是部长理事会主席和国家武装部队总司令；总理提名政府各部部长人选，并经人民代表院同意后任命；监督并确保人民代表院通过的各项法律、指示得以实施；领导部长理事会，监督部长理事会通过的决定的贯彻执行；对国家外交政策进行总体监督；提出联邦最高法院院长、副院长和总审计长人选并报人民代表院批准；任命联邦政府的高级文职官员；根据法律和人民代表院通过的决定，向总统提出拟授予勋章、奖章和奖品的人选。宪法第60条还赋予总理解散议会提前举行大选的权力。1995年，梅莱斯·泽纳维由人民代表院选举为总理，2000年、2005年和2010年连任。2012年8月梅莱斯病逝，9月海尔马里亚姆·德萨莱尼由人民代表院推选为总理。2015年10月，海尔马里亚姆·德萨莱尼再次当选总理，任期至2020年。

第二节 国家机构

埃塞俄比亚联邦国家机构主要由三个部分组成，即立法机构、行政机构和司法机构。立法机构负责全国性法律的制定，由人民代表院和联邦院两院组成。人民代表院是联邦最高立法机构，对全体人民负责，其代表由全体公民普选产生，任期5年。执行机构即部长理事会，负责联邦政府的日常事务，由总理领导。执行机构负责实施法律，执行国家的经济、社会和政治纲领。司法机构即各级法院，负责联邦法律的实施和惩治违法行为。

埃塞俄比亚国家机构的组成及其权力、责任由1995年颁布实施的《埃塞俄比亚联邦民主共和国宪法》及1995年颁布的《埃塞俄比亚联邦民主共和国执行机构权力与责任法》共同界定。根据上述法案，埃塞俄比亚实行联邦国家机构与各州国家机构的分权制度。宪法第51条规定，联邦国家机构的主要职责包括：保护和保卫宪法；制定国家经济、社会和发展领域的总体政策、战略和计划；制定和执行国家的财政、货币和外国投资的政策和战略；管理国防、国家安全和联邦警察部队；管理国家银行、货币发行、货币印制、借款事务；制定和执行外交政策，谈判国际条约、协定；管理邮电、通信服务以及州际空中、地面和水上交通；征收宪法规定属于联邦国家机构的税收，制定和执行联邦财政预算；管理州际和对外贸易；有权宣布在全国或部分地区实行紧急状态；管理有关移民、公民权、难民、避难等事务。同时，宪法第52条规定各州国家机构行使所有未明确划归联邦国家机构的其他一切权力，主要包括：建立州政府；制定和实施州宪法和其他法律；制定和实施本州的经济、社会和发展领域的政策、战略和计划；依据联邦法律管理本州的土地、水等自然资源；征收留给州的税收，制定和执行州财政预算；组建和管理本州警察部队，维护本州的公共秩序。

一 联邦国家机构

1. 部长理事会（The Council of Ministers）。为联邦执行机构，即联邦

政府。部长理事会由总理、1名副总理、2名副总理级协调人、各部部长以及总理指定的其他官员组成。联邦政府由在人民代表院拥有最多席位的政党或政党联盟组建和领导。

2. 政府各部。部长理事会下设政府各部。1995年颁布的《埃塞俄比亚联邦民主共和国执行机构权力与责任法》规定，联邦政府设立农业、经济发展与合作、贸易与工业、矿业与能源、公共工程与城市发展、水资源、运输与通信、劳动与社会事务、财政、教育、卫生、司法、信息与文化、外交、国防等16个部。部长理事会可视情况设立常务委员会。2001年10月，梅莱斯总理对政府各部的组成进行较大幅度的调整，成立由18个部长、27名国务部长和14名副部长组成的部长理事会。2010年大选后，联邦政府各部又做了小幅调整，调整后的政府由公职部，通信和信息技术部，外交部，国防部，联邦事务部，司法部，财政与经济发展部，农业部，工业部，贸易部，科技部，交通运输部，城市发展与建设部，水资源与能源部，矿产部，教育部，卫生部，劳动与社会事务部，文化和旅游部，妇女、青年和儿童事务部，政府新闻办公室，税务和海关总局，总理办公室等组成。2012年海尔马里亚姆·德萨莱尼就任总理后，在联邦政府原有1名副总理之外，新设立2名副总理级协调人，协助总理分管不同领域的部门，2名副总理级协调人同时兼任政府部长。2015年10月，联邦政府再次做小幅调整，调整后的部长理事会由26个部和4个部级执行机构组成。26个部分别为：通信和信息技术部，公共服务与人力资源发展部，国防部，外交部，联邦事务与牧区发展部，司法部，财政与经济合作部，农业与自然资源发展部，畜牧与渔业发展部，工业部，贸易部，科技部，交通部，城市发展和住房部，建设部，水资源、灌溉和电力部，教育部，矿产与油气部，卫生部，劳工和社会事务部，文化与旅游部，儿童和妇女事务部，环境与气候变化部，青年与体育事务部，公共企业部。4个部级执行机构分别为：税务和海关总局、政府新闻事务办公室、人民代表院政府督导、国家计划委员会。另外，还设立了7名总理顾问。

除政府各部外，联邦政府还设有一系列委员会和办事机构，主要有：国家安全、移民和难民事务局，科学与技术委员会，联邦公务员委员会，防灾救灾委员会，高等教育委员会，酒店与旅游委员会，环境保护委员会，体育委员会，投资办公室，国家银行，埃塞俄比亚行政学院，中央统计局，民用航空局，国家地图局，咖啡和茶叶管理局，公务员学院，社会保障局，公路局，联邦审计署，私有化办公室，国家气象局，国家电信局和国家电力局等。

二　地方国家机构

与联邦国家机构一样，各州的权力机构也由立法、行政和司法三部分组成。1995 年联邦宪法规定，所有不归联邦政府的权力均归各州行使，其中包括与联邦政府共享的权力。各州政府的权力包括：建立州政府，实施和执行州宪法；制定和执行涉及自然资源的法律法规，制定和执行州预算，征收属于州政府的税收等。各州设州长和若干名副州长，下设与联邦政府大体对应的若干厅和办事机构，各厅厅长和办事机构负责人由州长提名并任命。

州以下的地方行政机构有区政府、小区政府和居民委员会三级，均由辖区内全体公民普选产生。

第三节　立法与司法

埃塞俄比亚实行立法、行政和司法三权分立，但并非美国式的三权分立。司法独立，但实行议会民主制，政府对议会负责，因而立法和行政权相对统一。

一　立法

根据现行宪法，埃塞俄比亚的立法权由两级立法机构分享，即联邦立法机构和各州立法机构。两级立法机构按宪法规定的分权原则行使各自的立法权。

（一）联邦立法机构。联邦立法权力由两个联邦代表机构行使，即人民代表院（The House of the Peoples'Representatives）和联邦院（The House of Federation)。但这并不意味着埃塞俄比亚实行传统意义上的两院制。人民代表院行使立法和监督职能，联邦院则行使宪政职能，维护埃塞俄比亚各民族利益。

1. 人民代表院。现行宪法第 54 条规定，人民代表院代表总人数不超过 550 人，其中少数民族代表总人数不得少于 20 人。人民代表院代表由全民普选产生，任期 5 年。2010 年选举产生的人民代表院由 547 名代表组成。代表院开会的会期是每年 10 月至次年 6 月。在开会期间，每周开两次例会，通常在每个星期二和星期五举行。2010 年选举产生的人民代表院议长是阿卜杜拉·格梅达。

宪法赋予人民代表院广泛的选举、立法和财政权力。宪法第 55 条赋予代表院的立法权包括：土地与自然资源；跨州和对外贸易；运输、邮政和电信服务；实施政治权利；民族和移民；度量标准和历法；专利权和著作权；拥有和持有武器；劳动、商业和刑事法典；联邦院认为为维护和维持一个经济共同体所必需的其他民法；组织国防、公共安全和国民警察部队。

宪法还赋予人民代表院重要的财政和预算权力，包括：批准社会和经济发展的总方针和战略以及国家的财政货币政策；制定有关国家银行、外汇交易、本国货币等问题的法律；制定联邦政府的税收和关税方面的法规；批准联邦政府预算。

人民代表院目前下设 16 个常设委员会，每个委员会由 15 ~20 名委员组成。主要委员会有：

(1) 外交、安全和国防事务常设委员会 (The Foreign Affairs, Security & Defence Affairs Standing Committee)。主要职能是：就事关埃塞俄比亚经济社会发展战略大局的外交、安全和国防事宜进行相关立法和相关立法的修订；就上述事宜向政府和人民代表院提供政策咨询；审议并通过相关立法；审议并批准本国政府同外国政府和国际机构签订的条约、协定等法律文件，依法从事相关领域的对外交往活动。

(2) 司法和行政事务常设委员会 (The Legal & Administrative Affairs Standing Committee)。主要职能是：就联邦司法和行政领域的重大事宜进行立法；就相关重大事宜向政府和人民代表院提供政策咨询；初步审议相关立法草案，并向人民代表院全体成员提出初步审议结果，供后者进一步审议参考。

（3）能力建设事务常设委员会（The Capacity Building Affairs Standing Committee）。该委员会是联邦政府机构改革后，人民代表院新设立的专门机构。其主要职能是：就事关本国国民参与国家建设活动的能力建设和相关事业发展大局的一系列事宜进行立法；就相关事宜向政府相关部门和人民代表院提供政策咨询；初步审议联邦政府提交的相关法律草案，并向人民代表院提出初步审议结论。

（4）新闻和文化事务常设委员会（The Information & Cultural Affairs Standing Committee）。为与政府新闻、文化部相对应的专门委员会，主要职能是：就本国新闻和文化事业发展大局进行必要的立法；就相关事业发展向政府部门提供政策咨询；对政府相关立法草案进行初步审议，并向人民代表院全体在任代表提出初步审议意见；依法从事相关对外联系和联络活动。

（5）预算和财政事务常设委员会（The Budget & Finance Affairs Standing Committee）。该委员会是议会重要的专门委员会之一。主要职能是：就联邦政府预算和财政事务进行相关立法；审议并决定年度预算分配方案；就相关事宜向人民代表院提供政策咨询；依法从事相关对外联络和交往活动。

（6）贸易和工业事务常设委员会（The Trade & Industry Affairs Standing Committee）。主要职能是：研究并为促进本国贸易和工业化发展提供政策咨询；进行相关立法活动；对联邦政府相关部门的专门立法草案进行初步审议；依法与各相关国家议会同类组织开展友好活动。

（7）基础设施事务常设委员会（The Infrastructure Affairs Standing Committee）。主要职能是：就事关国家经济和社会发展的基础设施建设事业进行专项立法；就相关领域的发展战略提出政策咨询；对联邦政府提交的相关立法草案进行初步审议。

（8）社会事务常设委员会（The Social Affairs Standing Committee）。主

要职能是：就事关埃塞俄比亚社会发展事宜进行立法；提供政策咨询；对政府部门提交的相关立法草案进行初步审议。

（9）农村发展事务常设委员会（The Rural Development Affairs Standing Committee）。主要职能是：就与农村和农民相关的事务进行立法，提出政策咨询；就政府部门提出的农业或农村工作立法草案进行初步审议。

（10）自然资源和环保事务常设委员会（The Natural Resources & Environmental Protection Affairs Standing Committee）。主要职能是：就国家自然资源保护和开发，环境保护等事宜研究并起草相关立法草案或提出政策建议，初步审议政府部门提交的相关立法草案。

（11）妇女事务常设委员会（The Women Affairs Standing Committee）。主要负责与埃塞俄比亚各族妇女事业相关的事宜，就相关事宜提出立法草案，审议联邦政府提交的相关法案草案等。

（12）牧民事务常设委员会（The Pastoralist's Affairs Standing Committee）。该委员会的宗旨是关注事关全国范围的牧区居民的切身利益和事宜，就牧业发展提供政策咨询，解决相关问题。

此外，还有交通事务常设委员会、城市发展与建设事务常设委员会、科技与通信事务常设委员会等 3 个委员会。

2. 联邦院。联邦院不是西方传统意义上的“上院”。宪法第 61 条规定，联邦院由各族人民的代表组成，任期 5 年。每个民族至少可选派一名代表参加联邦院，在此基础上，每个民族的人口每增加 100 万，可增派一名代表。联邦院代表由各州议会按比例代表制选派，或由人民直接选举产生。联邦院每年至少举行两次会议，每次会议会期为一星期。此外，每年议会会期开始时，它还与人民代表院举行联席会议。联邦院代表一般都是各州政府的官员。2010 年产生的联邦院由 112 人组成。

宪法第 62 条规定联邦院的权力包括：解释宪法；组织宪法调查委员会；裁决各民族关于自决乃至退出联邦的请求；促进埃塞俄比亚各民族的平等以及它们在自愿基础上的统一；行使人民代表院赋予的其他权力；努力解决各州之间可能出现的争端和误解；决定联邦政府与州政府联合征收

的税收以及联邦政府向各州提供补贴的分配；确定需要人民代表院予以立法的民事问题；如某个州违反宪法而危及宪法秩序，下令联邦政府进行干预。从上述可以看出，联邦院的主要任务是解释宪法和保护各民族权利，在某种程度上行使其他国家的宪法法院职能。

联邦院设有法律委员会、民族州事务委员会、预算补贴及税收事务委员会、地区与宪法事务委员会等多个常设委员会。

联邦院的预算由人民代表院批准。人民代表院的秘书长同时兼任联邦院秘书长。人民代表院的工作人员也同时为联邦院服务。

（二）州立法机构。州立法机构为州议会（The State Council），行使宪法规定保留给各州的权利的立法权，各州议会的组成由各州宪法确定。

二　司法

埃塞俄比亚现行宪法规定实行司法独立。司法权由联邦和州两级法院行使，联邦最高法院行使联邦最高司法权。各级政府机构和政府官员不得干预司法事务。法官根据法律完全独立地行使其司法权力。法律还确保法官的职业稳定，规定除达到法定退休年龄外，不得无故被解职。如需解除法官职务，需要司法管理委员会和立法机构的双重许可。宪法禁止设立特别法庭或临时法庭。

埃塞俄比亚实行双重司法体系，即联邦司法体系和各州司法体系。联邦司法体系由联邦最高法院（The Federal Supreme Court）、联邦高等法院（The Federal High Court）和联邦初级法院（The Federal First - Instance Court）组成。1996 年 2 月颁布的《联邦法院法》对联邦司法体系的司法管辖权做出了具体的界定。该法规定，联邦司法体系对所有有关联邦事务的案件拥有司法管辖权，如涉及宪法、联邦法律和国际条约的案件。联邦最高法院行使有关联邦事务的最高和最后裁决权。该法还对联邦司法体系的刑事和民事裁决权做出了具体的规定，把它与各州司法体系的管辖权分别开来。根据法律，联邦最高法院设在首都亚的斯亚贝巴，联邦高等法院分别设在亚的斯亚贝巴和迪雷达瓦市。

各州司法体系由州最高法院、州高等法院、州初级法院、区高等法院

(The Zonal High Courts) 和小区法庭 (The Woreda Courts) 组成，对本州内案件拥有管辖权。各州最高法院在本州内对本州事务行使最高和最后裁决权。各州宪法还规定可以根据需要设立居委会社会法庭 (The Kebele Social Courts)，负责处理居民之间日常、琐碎的法律纠纷。居委会社会法庭的法官由居民委员会任命，任期与居委会任期相同。

宪法规定各级法院主要组成人员由相应的各级行政首脑提名，由相应的各级立法机构批准。宪法第 81 条规定，联邦最高法院院长和副院长由政府总理提名，由人民代表院任命，联邦最高法院的其余法官由联邦司法管理委员会提名，由政府总理提交人民代表院任命。同样，各州最高法院院长和副院长由该州首席执行官 (州长) 提名，由州议会任命；州最高法院和州高等法院的其余法官由州司法管理委员会提名，由州长提交州议会任命。宪法同时还规定，各州在决定州级法官人选时，应征求联邦司法管理委员会的意见。如联邦司法管理委员会在 3 个月内不提出反对意见，应被视为同意。

为确保司法独立，埃塞俄比亚司法体系实行财政独立。联邦司法体系的预算由联邦最高法院编制，报人民代表院批准。联邦最高法院还负责监督联邦司法体系预算的执行。相应的，各州司法体系的预算由各州最高法院编制，由各州立法机构批准。

联邦和州司法管理委员会是确保司法独立的重要机构。联邦司法管理委员会是联邦司法体系的最高管理机构。它独立于政府部门，行为不受政府部门影响。联邦司法管理委员会由联邦最高法院院长、副院长、人民代表院 3 名议员、联邦最高法院最年长的法官、联邦高等法院院长、联邦高等法院最年长的法官及联邦初等法院院长组成，主席由联邦最高法院院长担任。联邦司法管理委员会除负责联邦法院法官的提名外，还有权对各州法院法官的任命提出意见，制定和发布联邦法院法官行为准则和纪律规定，决定联邦法院法官的工资、津贴、升迁、医疗待遇等事务。

各州司法管理委员会的组成与联邦司法管理委员会相似，但其成员人数比联邦司法管理委员会多。各州总检察长、警察总监、律师协会 1 名代表和 3 名社会代表亦为州司法管理委员会成员。此外，州最高法院院长还可提名州最高法院1名法官、2名区高等法院法官和3名小区法庭法官进入州司法管理委员会。州司法管理委员会的职能与联邦司法管理委员会相似。

1996年《联邦法院法》还规定设立联邦最高法院全体会议制度（The Federal Supreme Court Plenum）。该法规定，最高法院全体会议由联邦最高法院院长、副院长、全体法官、联邦高等法院和联邦初等法院院长以及各州最高法院院长组成。政府司法部长和有关机构的代表可出席全体会议，但无表决权。全体会议有权讨论司法工作中碰到的问题并提出解决方案。它还有权审查和通过指示、规定和决定，以改善司法实践。它还可以向立法机构提出新立法和修改现行立法的建议。

人民代表院和各州议会有权设立和承认宗教和传统习惯法院。宪法规定，在宪法生效前存在并得到国家承认的宗教和传统习惯法庭，可继续存在。

第四节　政党和团体

一　政党

1991年前，埃塞俄比亚实行埃塞俄比亚工人党执掌政权的一党制。1991年工人党政权被推翻后，埃塞俄比亚实行多党民主制。1993年4月，埃塞俄比亚过渡政府颁布《政党登记法》，要求所有政党必须依法重新进行登记，以取得合法身份。1994年政府又对该法做了修改，对政党的成立及运作的规则做出具体的规定。修改过的《政党登记法》规定，国家实行多党民主制，人民有在不妨碍他人权利的前提下组织和参加政党的权利。政党按两个类别进行登记，即全国性政党和地方性政党。符合如下条件的政党可登记为全国性政党：至少拥有1500名创始党员；在同一区（即现在的州）的创始成员人数不超过全体创始成员的40%；其他创始成员分布在全国至少4个区（州），其中每个区（州）的创始成员不少于全体创始成员的15%。符合如下条件的政党可登记为地方性政党：至少拥有750名创始成员；同一区（州）的创始成员人数超过全体创始成员的40%。该法还规定，政党不得直接或间接地从事营利性的工商业活动，不得接受外国公民、外国政府和外国政党以及福利组织、宗教组织和罪犯的捐赠。政党在取得登记许可证后，必须按其党章和党纲开展政治活动，若连续两次以上不参加全国性和地方性选举，政党登记部门有权取消其登记证，该政党因此丧失法人资格。

截至1995年，在全国选举委员会登记的政党共有63个，其中全国性政党7个。自1995年以后，埃塞俄比亚政党数量又有所增加。截至2010年底，埃塞俄比亚登记的政党达到96个。2010年大选时注册参选的政党共63个，其中全国性政党27个，地方性政党36个。

表3-1 埃塞俄比亚主要执政党和参政党情况

序号	政党名称	成立时间	政党类型	政治地位
1	埃塞俄比亚人民革命民主阵线	1989年	全国性政党	全国执政
2	提格雷人民解放阵线	1975年	地方性政党	地方执政
3	阿姆哈拉民族民主运动	1981年	地方性政党	地方执政
4	奥罗莫人民民主组织	1990年	地方性政党	地方执政
5	南埃塞俄比亚人民民主阵线	1992年	地方性政党	地方执政
6	索马里人民民主党	1998年	地方性政党	地方执政
7	贝尼山古尔/古木兹人民民主团结阵线	1989年	地方性政党	地方执政
8	阿法尔民族民主党	1999年	地方性政党	地方参政
9	甘贝拉人民民主团结运动	1991年	地方性政党	地方执政
10	哈拉尔民族联盟	1991年	地方性政党	地方执政
11	埃塞俄比亚联邦民主团结论坛	2009年	全国性政党联盟	在野
12	埃塞俄比亚民主团结联盟	不详	全国性政党	在野
13	全体埃塞俄比亚人团结党	1992年	全国性政党	在野
14	埃塞俄比亚民主党	2000年	全国性政党	在野
15	埃塞俄比亚民主联盟党	1974年	全国性政党	在野
16	伯翰团结民主党	不详	全国性政党	在野
17	埃塞俄比亚团结民主力量党	不详	全国性政党	在野
18	埃塞俄比亚正义民主力量阵线	不详	全国性政党联盟	在野

续表

序号	政党名称	成立时间	政党类型	政治地位
19	全体奥罗莫人民民主党	不详	全国性政党	在野
20	埃塞俄比亚全国团结党	不详	全国性政党	在野
21	埃塞俄比亚民主团结党	不详	全国性政党	在野
22	埃塞俄比亚和平民主党	不详	全国性政党	在野
23	埃塞俄比亚社会民主党	不详	全国性政党	在野
24	埃塞俄比亚民主联盟	不详	全国性政党	在野
25	格莫－戈法人民民主团结党	不详	全国性政党	在野
26	杜贝－德格内民族民主党	不详	全国性政党	在野
27	阿法尔革命民主团结阵线	不详	全国性政党	在野
28	彩虹埃塞俄比亚－民主与社会公正运动	不详	全国性政党	在野
39	埃塞俄比亚泛非主义党	不详	全国性政党	在野
30	沃勒内格纳语人民民主运动	不详	全国性政党	在野

资料来源：埃塞俄比亚全国选举委员会办公室。

埃塞俄比亚主要政党的情况如下。

1. 埃塞俄比亚人民革命民主阵线（简称埃革阵，Ethiopian People's Revolutionary Democratic Front，EPRDF）

由提格雷人民解放阵线（提人阵）、阿姆哈拉民族民主运动（阿民运，即原埃塞俄比亚人民民主运动）、奥罗莫人民民主组织（奥民组）和南埃塞俄比亚人民民主阵线（南方阵线）4 个成员党组成，是代表全国 24 个民族的统一阵线，有党员 600 多万名（2014 年）。埃革阵的最初核心是提人阵。1988 年 5 月提人阵与埃塞俄比亚人民民主运动领导人召开会议，讨论成立联合阵线事宜。1989 年 1 月，两个组织正式建立埃革阵，组建共同领导机构，两个组织在共同领导机构中拥有平等代表权。1991 年 1 月，埃革阵召开第一次代表大会。奥罗莫人民民主组织和埃塞俄比亚民主军官革命运动作为创始成员加入埃革阵。贝尼山古尔人民解放运动和甘贝拉人民解放运动作为观察员出席大会。1994 年 1 月，埃塞俄比亚人民民主运动改组为阿姆哈拉民族民主运动。同年，南埃塞俄比亚人民民主阵线加入埃革阵。同时，埃塞俄比亚民主军官革命运动自行解散。

埃革阵实行4个成员组织完全平等的原则。成员党在中央机构享有完全平等的代表权，共同选举党主席、副主席，共同确定中央其他领导机构和行动机构人员组成。

自1991年以来，埃革阵一直为埃塞俄比亚第一大政党和领导国家的核心力量。埃革阵作为政党联盟掌握联邦国家权力，其4个成员党分别在提格雷州、阿姆哈拉州、奥罗莫州和南方州执政。另外，在联邦其他5个州执政的政党亦为埃革阵的友党，与埃革阵关系密切。在2010年举行的全国大选中，埃革阵4个成员党获得人民代表院全部547个议席中的499席，其5个友党获得46席，反对党和独立人士各获得1席。这样，埃革阵确保了对国家权力的绝对控制。

2001年，埃革阵内部发生分裂。3月，在提人阵中央委员会会议上，委员们因对党和国家的发展方向持不同看法而发生争执，30名中央委员分成两派，一派以提人阵主席梅莱斯为首，一派以提人阵副主席提沃尔德为首。以提沃尔德为首的12名中央委员退出会议。梅莱斯派随即宣布将上述12人开除出中央委员会。提人阵的分裂迅速扩大到埃革阵的其他成员组织。梅莱斯派在埃革阵内部进行了一场大清洗运动。至9月，包括国家总统内加索、提格雷州州长、奥罗莫州州长、南方州州长等在内的大批反对梅莱斯的领导人被清除出埃革阵。2001年9月，埃革阵召开第四次全国代表大会。会议审议并通过梅莱斯主席所作关于埃革阵领导各族人民夺取政权和进行经济建设两方面的经验与教训的报告，同意埃革阵中央委员会将拒不悔改的顽固分子解除领导职务并开除出党。梅莱斯提出的“革命民主”思想被确立为埃革阵的指导思想。

2012年8月，埃革阵主席梅莱斯去世。2013年3月，埃革阵召开第九次全国代表大会。大会决定继承和发扬梅莱斯政治路线和他所确定的治国方略，选举党的副主席海尔马里亚姆为主席，德梅克·梅孔嫩为副主席。

埃革阵的组织架构较为复杂。全国代表大会（Organizational Congress）为最高权力机构，每两年召开一次。中央委员会（Council，又译为理事会）为最高决策机构，由 180 人组成，每个成员党各 45 人，由各党代表大会分别选举产生，全国代表大会确认。执行委员会（Executive Committee）为最高执行机构，由 36 人组成，每个成员党各 9 人。中央书记处为中央委员会的办事机构，下设城市政治组织部、农村政治组织部、公共与对外关系部、盟党及组织事务部等 4 个部，部以下共设 13 个局。中央书记处负责人由副主席德梅克·梅孔嫩兼任。

2. 埃塞俄比亚联邦民主团结论坛（The Ethiopian Federalist Democratic Unity Forum/Medrek）

成立于 2009 年，系埃塞俄比亚最大全国性反对派政党联盟。2009 年成立时由 6 个反对党组成，后来扩大至 8 个政党。其成员党在 2005 年埃塞俄比亚人民代表院选举中曾获得 80 个席位，在 2010 年选举中仅获 1 席。2013 年该党召开“八大”，选举梅内拉·古迪纳（Merera Gudina）为主席。该联盟的主要成员党有：埃塞俄比亚社会民主党（the Ethiopian Social Democratic Party，2010 年成立，前身为埃塞俄比亚联合民主力量党），埃塞俄比亚民主正义团结党（the Unity for Democracy and Justice Party），奥罗莫联邦大会党（the Oromo Federalist Congress），埃塞俄比亚民主团结运动（the Ethiopian Democratic Unity Movement），提格雷民主主权团结党（Union of Tigrians for Democracy and Sovereignty），索马里民主联合力量党（the Somali Democratic Alliance Forces），奥罗莫人民大会党（the Oromo People’s Congress），埃塞俄比亚团结民主光明党（Light for Unity and Democracy Party）。

3. 埃塞俄比亚民主联盟党（Ethiopian Democratic Union Party）

成立于 1974 年，曾与提格雷解放阵线联合，参加过反对门格斯图政权的武装斗争。1978 年该党武装被提人阵打败。领导层多为阿姆哈拉族旧皇室成员、王朝官员和大商人、大地主等，在阿姆哈拉人中有一定影响。该党主张实行市场经济和国家统一，同意厄立特里亚独立。1991 年门格斯图政权垮台前夕，内部分裂成两派，一派极力反对提人阵，被迫流亡国外，并于 1992 年加入埃塞俄比亚民主力量联盟；另一派主张与提人阵合作，在过渡政府代表院中拥有一席，但后来与埃革阵关系紧张，许多办公地点被查抄。该党抵制了1995年举行的全国和地方选举。由于受到政府的强力打压，该党目前处于休眠状态。

4. 埃塞俄比亚民主党（Ethiopian Democratic Party）

成立于2000年初，系全国性政党。领导层成员多为前政权一些军界和政界的中高级官员，自称“温和反对派”，主张在与执政党的政治斗争中以谈判及和平示威等温和方式取代武装斗争和暴力恐怖活动。该党曾在2000年大选中获得人民代表院2个席位。现任党主席穆舍·塞姆（Mushe Semu）。

6. 全体埃塞俄比亚人团结党（All Ethiopian Unity Party，AEUP）

原为全体阿姆哈拉人组织，成立于1992年，2002年更为现名，是埃塞俄比亚国内主要的反对党之一，党主席为海卢·绍乌尔（Hailu Shawuel）。在2000年全国大选中取得人民代表院1个席位，在2005年大选中获得43席，但在2010年大选中未获一席。主要由阿姆哈拉族知识分子、实业家、商人和前政权官员组成。本为地方性政党，1994年4月修改政治纲领，转变为全国性多民族政党。该党主张建立统一的中央政府，实行三权分立和权力下放；尊重并保障公民的个人权利；组建多民族的国防军；实行自由市场经济等。

全体阿姆哈拉人组织指责埃革阵实行一党专制，侵犯阿姆哈拉民族利益，破坏埃塞俄比亚民族团结和统一。该党几度抵制埃革阵制宪活动，拒绝参加全国大选，并拒绝接受新宪法和选举结果。因此，埃革阵认为该党是“民族沙文主义组织”，将其列为重点打压对象。经过几度较量，该党的组织机构蒙受重大损失，大部分领导人和许多成员被联邦政府以种种理由逮捕。该党领导人阿斯拉特教授于1994年被政府以“煽动战争罪”判处五年半徒刑。

1998～2001年埃塞俄比亚与厄立特里亚冲突期间，全体阿姆哈拉人组织曾表示与埃革阵放弃政见分歧，共御外侮。2002年该党更名为“全体埃塞俄比亚人团结党”，旨在创立一个多民族的、强有力的全国性政党，扩展在全国政坛的影响。该党认为，埃塞俄比亚目前推行的政治多元化仅仅是语言多元化，指责现政权在民族分离权和国民个人自由权利等方面说一套做一套。

7. 阿法尔民族民主党（Afar National Democratic Party）

成立于1999年11月，是地方性的阿法尔民族政党，为全国执政党埃革阵的友党。其前身为1992年6月成立的阿法尔人民民主组织（阿民组）。在1995年的州选举中获胜，取得地方政权，成为该州执政党。1999年，该党与州内另外4个政党合并，成立阿法尔民族民主党。该党接受埃革阵在全国的领导地位，主张阿法尔地区的经济应以发展牧业为主，重点加强基础设施建设。在埃革阵的大力支持下，该党实力增长很快。在2010年全国大选中，该党获得人民代表院8个席位，并获得州议会96席中的93席。2013年10月，该党召开“五大”，泰哈·艾哈迈德（Teha Ahmed）和艾维尔·阿里巴（Awel Ariba）分别当选为主席和副主席。

8. 甘贝拉人民民主团结运动（The Gambela People's Democratic Unity Movement）

甘贝拉州执政党，系埃革阵的友党。原名甘贝拉人民民主阵线（the Gambela People's Democratic Front），成立于1991年。1991年以前党名为甘贝拉人民解放党，曾拥有一支小规模武装，在过渡政府代表院中拥有2席。2000年大选中取得联邦人民代表院3个席位。在2010年全国大选中获得人民代表院3个席位，并在州议会选举中获得全部156个席位。党主席乌梅德·乌班（Umed Ubong）当选该州州长。

9. 索马里人民民主党（The Somali People's Democratic Party）

索马里州执政党，系埃革阵友党。1998年由埃塞俄比亚索马里民主联盟与欧加登民族解放阵线合并成立。该党主张加强索马里州各党派和人民间的团结，促进该州社会稳定和经济发展。在埃塞俄比亚与厄立特里亚的冲突中，该党支持政府的行动，呼吁索马里州人民支持反击厄立特里亚侵略的战争。在2010年全国大选中，该党获得人民代表院24个席位；在州议会选举中获得全部186个席位。该党现有党员约8万名，党主席为阿卜杜菲塔·谢赫·阿卜杜拉希（Abdulfetah Sheikh Abdulahi）。

10. 哈拉尔民族联盟（the Harari National League）

哈拉尔州执政党，系埃革阵友党。原名哈拉尔人民民主联盟，成立于

1991 年 7 月，主要活动范围为哈拉尔、阿达马（纳兹雷特）、季季加、迪雷达瓦和亚的斯亚贝巴市等地。成员多为穆斯林、政府高级官员、商人和知识分子。在 1995 年全国和地方选举中，它与埃革阵成员组织奥罗莫人民民主组织一起在哈拉尔州获胜，共同执掌该州政权。该党完全接受埃革阵的政策主张，主张实行市场经济和自由竞争，努力吸引外资，主张实施以农业为中心的经济社会发展战略。在 2010 年全国大选中，该党获得人民代表院 1 个席位；在州议会选举中获得全部 36 席中的 18 席，与获得另外 18 席的奥罗莫人民民主组织共同执掌州政权。党主席穆拉德·阿卜杜哈迪（Murad Abdulhadi）任该州州长。

11. 贝尼山古尔/古木兹人民民主团结阵线（The Benishangul Gumuz People's Democratic Unity Front）

贝尼山古尔/古木兹州执政党，系埃革阵友党。该党的前身为成立于 1989 年的贝尼山古尔人民解放运动，一度更名为贝尼山古尔西北人民民主团结党。在 2000 年全国大选中，该党获人民代表院 6 个席位。在 2010 年全国大选中，该党获得人民代表院 9 个席位；在州议会选举中，获得全部 99 席中的 98 席。党主席艾哈迈德·纳希尔（Ahmed Nasir）任州长。

二 团体

埃塞俄比亚宪法和法律允许社会各界民众依法注册成立各种社团，促进相关阶层民众利益。根据 2009 年颁布实施的《慈善与社会团体登记与管理条例》，埃塞俄比亚政府成立慈善机构与社会团体署，依法对各种团体和非政府组织进行登记和管理。目前，埃塞俄比亚全国性的社会团体主要有如下几个。

1. 埃塞俄比亚全国工会联合会（Confederation of Ethiopian Trade Unions，CETU）

成立于 1993 年，由 9 个行业工会组成，其中包括 482 个基层工会。1994 年以后，工会与政府发生矛盾，工会联合会指责过渡政府在实施经济改革时考虑不周，造成大批工人失业。过渡政府以工会高层领导人不和及管理混乱为由解散工会联合会。1997 年，除银行和保险业外的其他 8

个行业工会召开联席会议，选举出由18名代表组成的全国工联重建协调委员会，着手重建工会联合会。1997年4月，重建大会在亚的斯亚贝巴召开，新的全国工会联合会正式宣布成立。重组后的全国工联包括8个行业工会，约500个基层工会组织，有会员30余万人。联合会主席为阿马雷·阿勒马耶（Amare Alemayheu）。

2. 埃塞俄比亚人权委员会（The Ethiopian Human Rights Commission）

成立于2000年，是埃塞俄比亚的人权保护机构，也是隶属于人民代表院的自治机构。该委员会的主要责任是确保宪法和法律规定的各项公民权利得到保护，确保法律法规、政府决定与行政命令等不违反人权，进行公民权利教育等。委员会在接到投诉后，有权对违反人权的案例进行调查，对现行法律的修改、新法律和政策的制定提出建议，就人权事务提出咨询建议，就提交国际机构审查的人权报告提出意见。委员会的总部设在亚的斯亚贝巴，另外在默克雷、巴哈达尔、季马、阿瓦萨、甘贝拉和季季加设立分支机构。

3. 埃塞俄比亚督察专员署（The Institution of Ombudsman）

成立于2000年，是隶属于人民代表院的自治机构，主要责任是保护公民权利不受国家和政府机构的侵犯，确保政府行为高效、透明和高质量，接受公民关于政府滥用权力的申诉并开展调查，就修改现行法律法规提出意见与建议。

4. 埃塞俄比亚自由记者协会（Ethiopian Free Journalists' Association）

成立于1993年3月，系由私营新闻报刊从业人员组成的民间团体，主张推进埃塞俄比亚新闻、言论自由和法治，同情与支持反对派，对政府持批评态度。一度被政府取缔，2010年重新注册。现任领导人为主席温德沃森·梅孔嫩（Mondwossen Mekonnen）。

5. 埃塞俄比亚红十字会（Ethiopian Red Cross Society）

该组织最早成立于1935年，1993年改组，主要由医务工作者组成，从事疾病预防和治疗、粮食和饮用水安全等方面知识宣传工作。该组织设有由551人组成的董事会，在全国11个州和直辖市设有分支机构，拥有72万名会员和9万名志愿者。现任领导人为主席艾哈迈德·勒贾

(Ahmed Reja)。

6. 埃塞俄比亚商会（Ethiopian Chamber of Commerce，ECC）

成立于1941年，下设11个州级商会，是国际商会（ICC）的正式成员，接受政府贸易部的指导。

7. 提格雷发展协会（Tigray Development Association，TDA）

1989年成立，系提格雷地区自助性的发展组织，下设多个工作部门，从事提格雷地区及埃塞俄比亚全国经济发展工作，在广泛的领域里进行投资，得到提格雷人民解放阵线的大力支持，有较强的经济实力和官方背景。

8. 基督教救济和发展协会（Christian Relief and Development Association，CRDA）

成立于1973年，是由13个有宗教背景、长期从事人道主义活动的组织发起的救援事务协调机构。目前会员组织已达数百个，是埃塞俄比亚以基督教为背景的非政府组织的总机构。大部分会员组织从事扶持弱势群体如儿童、妇女和无家可归者以及老人的发展项目，有的会员组织还参与埃塞俄比亚政府组织的地方能力建设、环境保护等活动。该协会的宗旨是：增强处于不利地位的社团和组织在努力改善其生活水平方面的执行能力；增强会员组织的能力建设。该协会的章程规定，凡志愿加入该协会者，必须符合下列条件：在埃塞俄比亚从事志愿者、人道主义或发展活动的非政府组织，必须接受该协会的章程和有关规定，必须是在政府有关机构合法注册的群众组织。目前，该协会的活动资金主要来源于欧洲和北美的国际组织的捐赠和会员缴纳的会费。现任领导人为主席梅瑟沙·瑟瓦勒加(Meshesha Shewarega)。

第四章

经　济

第一节　概述

埃塞俄比亚是非洲增长最快的经济体之一，但经济发展水平总体较低，是联合国确定的最不发达国家。据埃塞俄比亚国家银行 2014/2015 年度报告，该国 2014/2015 年度按现行市场价格计算的国内生产总值为 1.236 万亿比尔，按当年 1 美元兑换 20.1 比尔的平均汇率计算，约合 615.26 亿美元，人均 609.9 美元。该国的经济结构具有两重性，即传统的生存性农业经济与现代商品经济共存。传统与现代部门之间的技术水平、劳动生产率差别巨大，两个部门在资源相互转换方面的联系非常薄弱。

埃塞俄比亚为资源贫乏国。土地为国家最重要的资源，65% 的国土理论上适合耕种，但由于地形复杂，加之长年水土流失以及缺乏灌溉设施，埃塞俄比亚许多地区特别是高原地区发展农业的条件并不十分优越。全国森林覆盖率不足 3%，发展林业的基础薄弱。矿产资源不丰富，已探明有一定储量的矿藏包括黄金、铁、煤、钾盐、钽等。全国煤炭探明储量为 2.94 亿吨，但质量较低，不宜进行大规模商业开采。经过多年勘探，已发现一定石油和天然气储量，但商业开采前景不明。

1974 年以前，埃塞俄比亚的基本经济制度为封建主义与资本主义相结合的经济制度。广大农村实行封建土地所有制，绝大部分土地归为数不多的封建地主所有，绝大部分农民为佃农。第二次世界大战以后，埃塞俄比亚发展起一些现代化的商业农场，但其在农业中所占比重不大。在城市地区，按资本主义原则建立起来的现代产业部门有所发展。20 世纪 50 年代以后，海尔·塞拉西一世皇帝的政府推行“进口替代”和“出口导向”工业化战略，但成效有限，经济增长率偏低。1960 ~ 1973 年，国内生产总值年均增长 4.3%。

1974 年革命后，新政府颁布新经济政策，宣布实行社会主义制度和计划经济体制，采用苏联模式管理经济。政府不仅将土地收归国有，而且将工厂、银行、商店、交通和通信设施等收归国有，并在农村地区推行集体化和村落化，发展集体农庄经济。但由于政策严重脱离国情，加上连年内战和自然灾害，国民经济长期徘徊不前，1974 ~ 1991 年国内生产总值年均增长率降至 1.5%，而同期人口增长率却达到 3%，人均收入和人民生活水平不升反降。20 世纪 80 年代后期，埃塞俄比亚政府开始改革计划经济体制，放松对私营经济的限制，推行以市场为导向的经济体制改革，扩大对外经济联系，但由于当时国际形势发生剧变，改革未能取得实质性进展，经济社会发展仍毫无起色。20 世纪 90 年代初，世界银行和国际货币基金组织将埃塞俄比亚与莫桑比克列为世界上最贫穷的两个国家，人均国内生产总值不足 100 美元。

1991 年上台的以埃塞俄比亚人民革命民主阵线为主的政府实施新经济政策，以渐进的方式对原有计划经济体制进行调整与改革。20 世纪 90 年代初，埃塞俄比亚政府制定“以农业发展为先导的工业化战略”，作为国家的长远发展战略。该战略的基本思路是：立足本国国情，以农业为基础，在优先发展农业的基础上推动经济结构转型，实现国家工业化；以市场化为导向进行经济体制改革，同时对民族经济进行一定程度的保护；在发展生产以满足国内需求的同时，发展出口导向型产业；注意发挥国家在经济发展中的作用，国家要在基础设施建设和人力资源开发方面发挥主导作用。

20 世纪 90 年代，埃塞俄比亚政府在世界银行和国际货币基金组织的帮助下制定并实施了三个结构调整方案，即“1992/1993 年度至 1994/1995 年度经济结构调整方案”、“1996/1997 年度至 1998/1999 年度结构调整方案”和“1998/1999 年度至 2000/2001 年度结构调整方案”。进入 21 世纪以后，政府又根据世界银行和国际货币基金组织要求制定和实施了两个以减贫为主题的经济发展计划，即“2002/2003 年度至 2004/2005 年度可持续发展与减贫方案”（The Sustainable Development and Poverty Reduction Program，SDPRP）和“2005/2006 年度至 2009/2010 年度结束贫困、加速与可持续发展计划”（The Plan for Accelerated and Sustainable Development to End Poverty，PASDEP）。在上述系列方案和计划的指导下，埃塞俄比亚政府对原有计划经济体制进行了渐进式的改革，使国民经济朝自由化和市场化的方向发展。主要内容有：（1）在价格方面，逐步放弃对除化肥等少数几种商品以外的大多数商品与服务的价格控制，允许生产者根据市场行情自行定价；取消对私商的进出口限制，允许私商从事进出口业务。（2）在货币政策方面，改革过去几十年严重高估币值（比尔与美元的比价一直固定在 1 美元兑换 2.7 比尔的水平上）政策，从 1992 年起实行官方汇率与市场汇率并行的双轨制，官方汇率为 1 美元兑换 5 比尔；1993 年建立外汇拍卖制度，通过拍卖决定商业汇率；1995 年官方汇率与商业汇率并轨，汇率由每周一次进行的外汇拍卖决定；1996 年允许银行和保险机构建立外汇买卖窗口，有条件地向本国公民出售外汇；2001 年放弃外汇拍卖制度，汇率完全由市场机制决定。（3）在金融领域，制定颁布《银行法》和《保险法》，允许本国公民开办私营银行和保险公司，扩大银行和保险公司的经营自主权，实行利率自由浮动。（4）在税收体制方面，取消除咖啡以外所有出口商品的附加税，大幅度降低进口商品的关税与销售税，增加进口商品的免税种类，允许私人设立海关报关机构从事报关业务。（5）在国有企业改革方面，按照市场化思路落实国有企业的经营自主权，撤销原来带有行政性及垄断性的大公司，将它们拆散并组建成规模较小的生产性企业；逐步减少直至完全取消政府对国有企业的补贴；分期分批对中小及亏损国有企业进行私有化；1994 年成立私有化办公室，专门负责国有企业的私有化工作。（6）在投资领域，先后颁布、补充和修改了《投资法》和《城市土地出租法》，大力鼓励国内外私人投资。（7）在国内商品流通方面，制定《经商登记和执照发放条例》，推动城乡商品流通，扶持个体经济发展。

经过改革，埃塞俄比亚经济基本扭转了过去长期下滑局面，实现恢复性增长。1992/1993 年度至 2000/2001 年度国内生产总值按可比价格计算年均增长 5.92%，但增长的不平衡性突出，其中 1992/1993 年度增长 12.4%，1997/1998 年度负增长 1.4%。1998 年爆发的埃塞俄比亚与厄立特里亚边界战争给埃塞俄比亚经济发展带来严重负面影响，外国援助减少，投资率降低，企业开工率下降，国际收支状况恶化，加上军费支出大幅度增加，据估计埃塞俄比亚因此损失 30 亿美元左右。

进入 21 世纪后，埃塞俄比亚发展经济的思路出现明显变化。这一变化最突出地体现在提出走“发展型国家”道路。梅莱斯总理在研究东亚国家和地区发展经验的基础上，结合埃塞俄比亚国情，提出“民主发展型国家”理论。该理论成为执政党和政府指导国家发展的主要思想。该理论认为，发展型国家要有一个全心全意致力于国家快速和公平发展的领导核心或政党；实行自由市场经济政策，但在市场失灵或国家战略利益需要时国家要对生产领域和基础设施及服务业进行有选择的干预；国家要通过公共部门与私营部门的合作，鼓励、培育和引导私营部门的发展，形成具有全球竞争力的私营部门；要通过提高生产率和竞争，并因此提高居民收入和人民生活水平，将寻租型政治经济改造成为发展型的政治经济。在这一发展理论指导下，2003 年以来埃塞俄比亚经济实现了持续高速和相对平衡的增长。据埃塞俄比亚官方统计数字，2003～2012 年，国内生产总值年均增长 11.18%，其中 2006/2007 年度增长 11.8%，2007/2008 年度增长 11.2%，2008/2009 年度增长 9.9%，2009/2010 年度增长 11.2%，2010/2011 年度增长 11.4%，是同期世界上增长最快的非石油生产国①。据分析，这一快速增长的主要推动力是政府对经济与社会领域基础设施的巨额公共投资，以及农业部门相对快速的增长。在高速增长的同时，经济

① 世界银行、国际货币基金组织对埃塞俄比亚经济增速的数据统计与埃塞俄比亚官方的统计有较大出入。世界银行数据显示，2001/2002 年度至 2010/2011 年度埃塞俄比亚经济年均增长率为 10.5%，而国际货币基金组织的数据为 7.8%。

结构也出现明显转型。2008/2009 年度至 2011/2012 年，工业部门保持了两位数的年均增长率，增加值已占国内生产总值的 14%；服务业增加值自 2006/2007 年度至 2011/2012 年度实现 14% 的年均增长，在国内生产总值中的比重增加到 54%，成为经济增长的主要动力。而服务业的快速增长则主要归功于政府对公共服务和教育、医疗、道路等公共基础设施的大规模投资。2010 年，政府在前期经济发展成就的基础上，制定第一个《增长与转型规划》（Growth and Transformation Plan，GTP，以下简称《规划》），作为 2010/2011 年度至 2014/2015 年度的总体发展规划。该规划的总体目标是：（1）保持经济持续快速增长。《规划》设定了 5 年间国内生产总值实现 14.9% 和 11.2% 两个高、低增长目标；彻底解决粮食短缺问题，基本实现联合国千年发展目标的各项指标，力争到 2020 ~ 2025 年进入中等收入国家行列。（2）实现国民经济结构的转型，即由以传统农业为基础的经济向以现代工业和服务业为基础的经济的转型。《规划》把发展农业、促进工业化、基础设施建设、强化社会领域发展、改善国家治理、青年及妇女发展作为战略支柱。《规划》还提出了一些具体的经济目标，如到 2015 年人均国内生产总值从 400 美元增加到 700 美元，5 年内修建 2000 千米铁路，发电装机容量达到 800 万千瓦，移动电话用户从每 100 人 1.5 部增加到每 100 人 8.5 部，公路总长从 4.5 万千米增加到 13.6 万千米，使全国所有农村都通路、通电、通电信。到本书即将完稿时，《规划》实施已接近尾声。总的来看，《规划》执行情况良好，国内生产总值继续保持了约 10% 的年均增长率，其中 2010/2011 年度增长 11.4%，2011/2012 年度增长 8.7%，2012/2013 年度增长 9.8%，2013/2014 年度增长 10.3%，2014/2015 年度增长 10.2%，为同期经济增速最快的撒哈拉以南非洲经济体。

在经济保持快速增长的同时，埃塞俄比亚减贫及其他社会事业也得到了较快发展。据政府公布的数字，生活在贫困线以下的人口比例由 2003/2004 年度的 38.7% 降至 2010/2011 年度的 29.6%，城镇失业率由 2009/2010 年度的 18.9% 降至 2011/2012 年度的 18%。儿童入学率由 1991 年的 19% 提高到 2011 年的 96%。2006 ~ 2012 年，政府出资建造了 20 万套低造价住房，其中10万套建在亚的斯亚贝巴市，有效缓解了低收入居民的住房紧张状况。

2001年以前，埃塞俄比亚政府执行了谨慎的货币及财政政策，成功地抑制了物价的增长，通货膨胀率从20世纪90年代初的21%降至1993/1994年度的1.2%。1996/1997、1997/1998、1998/1999、1999/2000和2000/2001等5个年度通货膨胀率分别为0.3%、3.9%、3.9%、4.2%和-7.2%。但近年来通货膨胀问题较严重，2007/2008年度达到25.3%，2008/2009年度达到36.4%，2009/2010年度回落到2.8%，2011/2012年度又攀升至34.3%，2012/2013年度降至9%左右。高通胀使老百姓的生活受到较大影响。

表4-1 埃塞俄比亚宏观经济指标变化一览

单位：亿比尔，%

	2004/2005	2010/2011	2011/2012	2012/2013	2013/2014	2014/2015
名义国内生产总值	1054.2	5150.8	7473.2	8646.7	10473.9	12366.7
实际国内生产总值	2716	4757	5170	5679	6266	6910
平均汇率(美元与比尔)	8.65	16.1	17.3	18.3	19.1	20.1
国内生产总值实际增长率	12.6	11.4	8.7	9.8	10.3	10.2
农业产值	1305	2125	2229	2388	2518	2679
工业增加值	259	498	596	739	896	1052
服务业增加值	946	2166	2374	2587	2894	3222
农业比重	51.9	44.4	42.9	41.8	39.9	38.8
工业比重	10.6	10.4	11.5	12.9	14.2	15.2
服务业比重	37.5	45.2	45.7	45.3	45.9	46.0

资料来源：埃塞俄比亚国家银行《2014/2015年度报告》。

第二节　农牧业

一　农业概况

农业是埃塞俄比亚国民经济的主要支柱。近年来随着工业和服务业的快速发展，农业在国民经济中的比重有所下降，由 2000/2001 年度的 56.4% 降至 2013/2014 年度的 39.9%。但由于政府的重视，近年来农业部门的产值增长较快，2010/2011 年度增长 9%，2011/2012 年度增长 4.9%，2012/2013 年度增长 7.1%，2013/2014 年度增长 5.4%。2013/2014 年度全国农业及相关产业产值 2518 亿比尔。农业主要包括种植业、畜牧业、林业和渔业，其中种植业和畜牧业为主要产业，林业和渔业所占比重不大。种植业占农业总产值的 60% 左右，畜牧业和林业分别占 30% 和 10%。

埃塞俄比亚发展农业的条件各地不一。其国土在低于海平面 125 米至海拔 4620 米之间，地理特征极具多样性。全国可分为 18 个主要的农业生态带，每一地带的地理特征和生物潜力各具特色，因而具有较大的发展多样化农业的潜力。埃塞俄比亚中央统计局抽样调查结果显示，2012/2013 年度粮食主产季（大雨季）全国粮食作物种植面积为 1393.9 万公顷，休耕地 62.3 万公顷，牧场 192.5 万公顷。全国主要河流流域地区适合发展灌溉农业的土地约为 350 万公顷，目前已灌溉的土地仅为 20 万公顷，发展灌溉农业的潜力较大。历史上，埃塞俄比亚农业一直较落后，农业生产率低下，粮食生产长期不能满足居民基本需求。制约农业发展的主要因素有：第一，1991 年前的历届政府均忽视农业，尤其是对小规模家庭农业的重视程度不够，政府对农业的财政投入严重不足。1991 年前，用于农业发展的资金从未超过政府财政支出的 9%。第二，农村基础设施落后，阻碍了农业部门的发展和结构转换。农村道路网络过于稀疏，不利于农产品和农用物资的流通。农村地区缺乏现代化的农产品储藏设备，也影响了农产品的储存和流通。第三，农业技术落后。化肥、良种、杀虫剂、农业机械等使用率仍很低。1992/1993 年度全国化肥使用量不足 15 万吨，2012/2013 年度也只有 62 万吨。据埃塞俄比亚中央统计局 2014 年抽样调查，2014 年全国 1200 万公顷已耕地中，约 580 万公顷使用化肥。2013/2014 年度玉米、小麦、苔芙和大麦的良种使用率分别为 80%、9.1%、9.5% 和 0.6%。第四，缺乏灌溉设施，农业生产基本靠天吃饭，降雨量的多少以及是否及时，对农业作物的生长和收成有极大影响。第五，水土流失现象十分严重。高原地区70%以上的耕地坡度在30度以上，加上人口密集，长期对林木的乱砍滥伐，况且雨量又相对集中，极易造成水土流失和土质退化。水土流失最严重的地区有提格雷州以及阿姆哈拉州的贡德尔、沃洛和北绍阿等地区。第六，由于缺乏有效的应对手段，各种虫害对农业生产的影响亦很大。各种疾病也对畜牧业造成很大影响。

1991年以来埃塞俄比亚政府采取了一系列涉农措施，以改变农业生产落后的局面，推进农业现代化，解决粮食安全问题，并为工业化奠定基础。第一，从政策上明确农业在国民经济中的基础性地位。1995年，政府提出“以农业发展为先导的工业化战略”，把农业作为国家发展的基础。该战略的中心内容之一是提高小自耕农的劳动生产率，改善城乡粮食供应状况，通过发展农业为工业化提供原料。根据这一战略，政府又制定了为期5年的《农业发展方案》。第二，制定具体的农业产业政策，包括：（1）在土地公有制的前提下保障农民和投资者的土地使用权。农户可以无偿从国家取得土地，农户对自己使用的土地可以继承、出租，但无权抵押或出卖。（2）提高小农户的劳动生产率，以尽快实现粮食自给，增加农产品出口，为国内工业发展提供原料。（3）努力发展现代化商业农场。在不损害现有小农户利益的前提下，尽可能将未使用的空地出租给投资者进行开发，特别是在几大河流域的低地，同时为农业投资项目提供一定期限的免税优惠，并运用政府财政在农村地区修建道路等基础设施。（4）建立农产品自由买卖机制，允许农民自由出售农产品。（5）加强对农业自然资源的保护与开发。（6）鼓励国内外私人投资者投资于农业和农产品加工。（7）完善农业信贷机制，鼓励并扶持发展农业信贷，特别是对农户的小额信贷，使农民有能力购买必要的良种、化肥和其他农业投入。第三，大力开展农业技术推广服务。政府从1994/1995年度起实施名为“参与性示范与训练推广体系”的农业技术推广计划。该年度全国共有3.66万农户参与技术与推广服务，1997/1998年度该计划覆盖的农户增加到240万户，1998/1999年度又增加到280万户，1999/2000年度接近300万户。根据2000年公布的第二个农业发展五年计划，政府计划在2005年前使全国所有农户都接受农业技术推广服务。据埃塞俄比亚中央统计局抽样调查，2013/2014 年度农业技术推广服务覆盖的农户已达到 650 万户。第四，大力发展灌溉农业。1991 年以来投入巨资和大量劳动力兴修水利和灌溉工程。据埃塞俄比亚中央统计局抽样调查，2013/2014 年度全国灌溉土地达到 16.6 万公顷，约占全国耕地面积的 1.2%。

由于海拔不同以及由此带来的气候、降雨、地理特征、植被等方面的不同，埃塞俄比亚各个生态带的耕作方式也有较大差别。一般来说，埃塞俄比亚存在五种主要的耕作方式，即高原混合耕作制度、低地混合耕作制度、游牧、轮耕制和商业性农业。

高原是指海拔 1500 米以上的地区，约占埃塞俄比亚国土面积的 45%。在这个地带居住的人口占全国总人口的五分之四。这一地带农业的最大特点是作物种植与畜牧业并存。农户在种植粮食与经济作物的同时，一般也饲养牲畜，饲养业是奶、肉、蛋等食品和现金收入的主要来源之一。

低地是指海拔 1500 米以下的地区，主要分布在大裂谷地带以及阿瓦什河流域。这一地带主要种植耐旱的农作物如高粱、玉米、小麦、苔芙等，也种植一些油料作物与低地豆子，同时也饲养家畜。

游牧地带约占国土面积的 60%，主要分布在阿法尔、索马里州、奥罗莫的波伦纳地区以及南方等地区的低地，居民约占全国总人口的 10%。这些地方地广人稀，气候干燥，养牛是主要的经济活动，也兼养骆驼、羊等牲畜。在冲积平原和河岸地带，人们也种植少量的玉米、高粱和其他谷物。

实行轮耕制的主要是西南部边境地区的一些少数民族。这些地区经济文化落后，农业生产仍主要实行刀耕火种。土地在耕作一两年后撂荒，几年后再复垦耕作。

埃塞俄比亚农业生产活动主要以一家一户的小农耕作为主。据埃塞俄比亚中央统计局抽样调查，2013/2014 年度全国共有农户 1500 万户，平均每户拥有耕地 1.17 公顷。商业农场的发展始于 20 世纪 60 年代。商业农场主要为私营，实行机械化耕作，主要分布在阿瓦什河谷地、阿鲁西、南绍阿等地区。1958/1959 年度，全国共有商业农场 32 个，耕地总面积

6244 公顷；1969/1970 年度，全国商业农场数量 2626 个，耕地面积 48.2 万公顷。1974 年埃塞俄比亚革命后，私营商业农场被收归国有。1991 年后，政府又允许和鼓励私人经营商业农场，近年来将大片耕地租给外国投资者。据埃塞俄比亚中央统计局 2014 年抽样调查结果，2013/2014 年度全国商业农场粮食主产季（大雨季）耕种面积约 60 万公顷。

埃塞俄比亚农业生产波动很大。1991 年以前的 15 年间，农业部门产值的年均增长率仅为 2%，低于人口增长率。1992 年以后，农业部门恢复了增长势头，但起伏较大，1992/1993 年度增长 6.1%，1993/1994 年度下降 3.7%，1994/1995、1995/1996 和 1996/1997 年度分别增长 3.4%、14.7% 和 3.4%，1997/1998 年度又下降了 10.3%，1999/2000 年度增长 2.2%，2000/2001 年度增长 11.5%。2002 年以来，农业部门产值年均增长 8% 以上，政府对农业发展的投入占政府预算的 16%。

二　粮食作物

埃塞俄比亚的粮食作物主要有苔芙、小麦、大麦、玉米、高粱、小米、豆类等。在高原地区，粮食作物每年耕种两季，分别为小雨季作物和大雨季作物，其中公历 9 月至次年 2 月收成的作物被称为主产季作物（Meher Season Crop），收成占全年收成的 90% 以上；3 月至 8 月收成的作物被称为次产季作物（Belg Season Crop），收成占全年收成的 10% 以下。埃塞俄比亚粮食生产仍以一家一户的小规模耕种为主，单位产量较低。由于政府对农业部门的重视以及一系政策措施的施行，1991 年以来的 20 多年间粮食生产状况有较大改善。据世界银行统计，1996/1997 年度包括谷物、豆类和油料作物在内的全国粮食作物种植面积为 807 万公顷，总产量 964.5 万吨；2000/2001 年度种植面积增加到 944 万公顷，产量 1061.6 万吨；2011/2012 年度种植面积达到 1207.6 万公顷，产量升至 2184.6 万吨。据埃塞俄比亚中央统计局抽样调查，2013/2014 年度主产季粮食播种面积 1220.9 万公顷，产量 2634.5 万吨。这表明，在种植面积增加约 50% 的情况下，粮食总产量增加了一倍多。粮食单位面积产量从 2004/2005 年度的每公顷 1.21 吨增加到 2010/2011 年的每公顷 1.7 吨。

表 4-2 近年来埃塞俄比亚粮食生产情况

单位：万公顷，万吨

	2009/2010		2010/2011		2011/2012		2013/2014	
	播种面积	产量	播种面积	产量	播种面积	产量	播种面积	产量
谷物	923.3	1553.4	969	1776.1	958	1880	1012.2	2246.2
豆类	148.9	89.8	135.7	195.3	161.6	231.6	178.8	294.3
油料	78.1	64.4	77.4	63.4	88	73	29.9	94.0
合计	1150.3	1707.6	1182.1	2034.8	1207.6	2184.6	1220.9	2634.5

资料来源：埃塞俄比亚中央统计局。2013/2014 年度数字为主产季数字。

苔芙又称埃塞俄比亚画眉草，原生于埃塞俄比亚，是埃塞俄比亚的粮食主产品种，在世界有些地区作为牧草种植。苔芙的最佳生长地带是海拔 1700～2400 米，属于低产作物，但由于它是埃塞俄比亚人民尤其是中部、北部地区居民及城市居民的主食，因而仍然被大面积种植。1980/1981 年度至 1996/1997 年度，全国苔芙播种面积平均约为 150 万公顷，产量平均每年在 130 万吨左右，年均增长率为 1.9%。据埃塞俄比亚中央统计局抽样调查，2012/2013 年度粮食主产季全国苔芙播种面积 273 万公顷，总产量 376.5 万吨，平均每公顷产量约 1.38 吨。

小麦主要在海拔 1500～2500 米的地带种植。阿姆哈拉州的绍阿、阿鲁西等地区是小麦主产区。1980/1981 年度至 1996/1997 年度，全国小麦年均种植面积为 61.5 万公顷，年均产量为 75 万吨，其中 1996/1997 年度曾突破 100 万吨。2012/2013 年度粮食主产季全国小麦播种面积 162.7 万公顷，总产量 343.4 万吨，平均每公顷产量约 2.11 吨。

大麦是海拔 1900 米以上高原地区的主要粮食作物之一。1980/1981 年度至 1996/1997 年度全国种植面积平均每年为 71 万公顷，产量平均在 84 万吨左右。1997/1998 年度种植面积为 68 万公顷，产量 78 万吨。2012/2013 年度粮食主产季全国播种面积 101.9 万公顷，总产量 178.2 万吨，平均每公顷产量约 1.75 吨。

玉米是埃塞俄比亚产量最高的粮食作物，主产区在南部和西南部地势较低的地区。1993/1994 年度全国玉米种植面积为 83.6 万公顷，1996/1997 年度增至 130 万公顷。1996/1997 年度和 1997/1998 年度全国玉米产量分别为 253 万吨和 193 万吨。2012/2013 年度粮食主产季玉米播种面积 201.3 万公顷，总产量 615.8 万吨，平均每公顷产量约 3.06 吨。

高粱在埃塞俄比亚全国各地均可种植，是仅次于苔芙和玉米的重要粮食作物，种植面积约占谷物种植面积的 18%。近年来高粱产量有较大增加。1993/1994 年度全国种植面积为 45.8 万公顷，1996/1997 年度增加到 140 万公顷，产量亦从 70 万吨增加到 200 万吨。2012/2013 年度粮食主产季全国播种面积 171.1 万公顷，总产量 360.4 万吨，平均每公顷产量约 2.11 吨。

小米是第五大粮食品种，在高原干旱地区种植。据埃塞俄比亚中央统计局抽样调查，2012/2013 年度粮食主产季全国小米播种面积为 43.2 万公顷，产量 74.2 万吨，平均每公顷产量约 1.72 吨。

埃塞俄比亚的水稻种植规模不大。据埃塞俄比亚中央统计局抽样调查，2012/2013 年度粮食主产季全国水稻播种面积 4.18 万公顷，总产量 12.1 万吨，平均每公顷产量约 2.89 吨。

燕麦在埃塞俄比亚也有一定的种植面积。据埃塞俄比亚中央统计局抽样调查，2012/2013 年度粮食主产季全国燕麦播种面积 2.65 万公顷，总产量 4.36 万吨，平均每公顷产量约 1.7 吨。

豆类作物是埃塞俄比亚重要粮食作物，主要包括蚕豆、豌豆、扁豆、鹰嘴豆、小扁豆、草香豌豆、黄豆等。据埃塞俄比亚中央统计局抽样调查，2012/2013 年度粮食主产季全国豆类作物播种面积 186.3 万公顷，总产量 275.1 万吨。

除了上述粮食作物外，埃塞俄比亚还种植其他多年生的根、茎类粮食作物，如恩塞特（Enset，俗称假香蕉）、红薯、爱尔兰土豆、山药、木薯等。其中恩塞特是埃塞俄比亚最主要的茎类粮食作物，据说全国有 1000 多万人以恩塞特为主食。恩塞特产于埃塞俄比亚南部及西南部海拔1700～2500 米的高原地带，树干和叶子颇似香蕉，果实不能食用，但其树根及树干部分富含淀粉，营养丰富，可作为粮食。树叶还可抽取纤维。通常每公顷土地可种植1500株左右，平均每25~30株成熟恩塞特的淀粉可供一人一年口粮。在海拔1700米左右的地带，恩塞特成熟期为3年，而在海拔2500米处，成熟期则为5年。据埃塞俄比亚中央统计局抽样调查，2012/2013年度成熟可砍伐的恩塞特总数为1.14亿株。

三 经济作物

埃塞俄比亚的经济作物种植和出口在国家经济中占有重要地位。经济作物主要有咖啡、恰特草、油料作物、棉花、啤酒花、茶叶、甘蔗、香料、水果及蔬菜等，近年来鲜花种植和出口已成为新兴产业。

咖啡是埃塞俄比亚最重要的经济作物，也是最主要出口商品和外汇收入来源。2012/2013年度全国咖啡种植面积52.8万公顷，产量37.39万吨。埃塞俄比亚是世界上第十大、非洲第三大咖啡种植国。咖啡出口一度占全国出口收入的60%以上，但近年来随着其他出口创汇产业的兴起，咖啡出口在全国出口收入中所占比重有所降低。2011/2012年度，埃塞俄比亚咖啡出口16.9万吨，创汇8.33亿美元。据说埃塞俄比亚是咖啡的故乡，咖啡一词据称源于埃塞俄比亚西南部盛产咖啡的咖法（Kafa）地区，咖啡即由咖法这一地名演变而来。咖啡主产区是奥罗莫州和南方州，近年来也向其他州推广。西南部地区的咖啡林主要为天然林。东南部地区的咖啡种植主要以小农户的小规模咖啡园为主，大规模的咖啡种植园主要分布在西南部地区。大型咖啡农场所产咖啡仅占总产量的4%左右。另外，在埃塞俄比亚西北部的塔纳湖附近也有少量天然咖啡林。就地区分布来说，95%以上的咖啡林在北纬10度以南；就海拔高度而言，约80%咖啡产于1600~2000米的地带。由于管理粗放，单位面积产量不高。

恰特（Chat）是埃塞俄比亚仅次于咖啡的第二大出口农产品。恰特是一种多年生绿叶植物，叶片含生物碱，咀嚼时有刺激性，可产生兴奋感，多为野生，近年来也开始人工种植。恰特的种植主要分布在哈拉尔盖、锡达莫、季马、古拉格等地。其鲜嫩叶主要出口至吉布提、索马里及阿拉伯半岛的也门等国。近年来埃塞俄比亚国内消费呈上升之势，城镇地区可见许多专卖恰特绿叶的商店。1996/1997年度恰特种植面积约为8.1万公顷，2012/2013年度增加到17.4万公顷，产量18.3万吨。恰特出口创汇1992/1993年度为1320万美元，1995/1996年度增至2820万美元，1998/1999年度超过3000万美元，近年在3亿美元左右。由于许多恰特出口是私商偷运出境，海关无法有效监管，因此实际出口数字可能远多于此。埃塞俄比亚政府对恰特的种植和出口既不鼓励，也不限制，而是采取默许态度。值得注意的是，中国政府把恰特列入毒品类，严禁进口。

埃塞俄比亚种植多种油料作物。由于埃塞俄比亚正教规定人们在一年之中有许多日子不能食用动物脂肪，因此人们广泛食用植物油。油料作物种植成为埃塞俄比亚重要农业生产活动之一。该国的油料作物以其独特香味与丰富营养而闻名于世。例如，该国的白芝麻在国际市场上常被用作定级标准。油料作物主要有油菊、芝麻、亚麻籽、油菜籽、花生、红花籽、向日葵等。油菊是一种开黄花的油料作物，在埃塞俄比亚又称为努格（Neug），为埃塞俄比亚高原特产，既可榨油，又可作为制造肥料的原料，广泛分布于北部和中部海拔1800～2500米的地带，其种植面积一度占油料作物种植面积的50%以上，2012/2013年度占37%。由于管理粗放，单位面积产量不高，1996/1997年度全国总产量约为20万吨。2012/2013年度油菊种植面积30.4万公顷，产量21.24万吨。亚麻籽亦为埃塞俄比亚高原特产，种植地区与油菊大致相同。2012/2013年度亚麻籽种植面积12.78万公顷，产量12.2万吨。芝麻广泛种植于高原中东部和北部，面积和产量逐年扩大，现已成为仅次于油菊的第二大油料作物。全国芝麻种植面积由1996/1997年度约2万公顷增加到2012/2013年度的23.95万公顷，产量从约7000吨增加到18.1万吨。

甘蔗种植主要由四大制糖厂所属的种植园及周围的小农户进行。1990年种植园种植面积为1.5万公顷，小农种植面积为8000至1万公顷。2011/2012年度全国甘蔗种植面积3.6万公顷，产甘蔗24.7万吨。全国蔗糖产量 1992/1993 年度为 13.6 万吨，1995/1996 年度为 18.6 万吨，1999/2000 年度增至 25.1 万吨，2007/2008 年度为 29.7 万吨。2000 年以来的大多数年份，全国产糖量均高于当年国内消费量。

埃塞俄比亚是世界主要啤酒花种植国之一，2012/2013 年度种植面积 2.29 万公顷，产量 2.89 万吨，产量仅次于德国和美国。

近年来，埃塞俄比亚鲜花、蔬菜和水果的种植和出口有较大发展。鲜花种植作为一个新兴产业发展迅速。埃塞俄比亚政府采取一系列政策措施鼓励花卉种植和出口，包括提供税收减免、优惠融资、准许利润全额汇出、设立机构培训技术人员等。据埃塞俄比亚政府统计数字，2012 年和 2013 年埃塞俄比亚鲜花出口创汇分别达到 2.1 亿和 5.25 亿美元。目前埃塞俄比亚是世界上第二大玫瑰花出口国，2012 年鲜花出口收入占全部出口收入的 13%。全国有超过 100 家鲜花种植园，其中大部分集中在首都亚的斯亚贝巴博莱国际机场附近，雇用工人超过 8.5 万人。蔬菜品种主要有莴苣、圆白菜、埃塞俄比亚圆白菜、番茄、青椒、叶甜菜等，另外还有洋葱、土豆、胡萝卜、红薯、大蒜、甜菜根等根茎类作物，2012/2013 年度全国种植面积约 39.5 万公顷，产量约 427 万吨。水果种类主要有鳄梨、香蕉、番石榴、木瓜、柠檬、芒果、橘子、菠萝等，2012/2013 全国种植面积约 6.2 万公顷，产量 48 万吨。

四　畜牧业

埃塞俄比亚是非洲的畜牧业大国，畜牧业在国民经济中占有重要地位，是居民营养摄取、现金收入的重要来源，也为国家工业化提供了原料，亦是国家出口收入来源。同时，畜牧业还为农业耕作提供了重要畜力，牲畜也是运输农产品的重要工具。全国 53% 的土地理论上适宜放牧，牲畜和家禽的存栏总数居非洲第一、世界第九。据埃塞俄比亚中央统计局抽样调查，2012/2013 年度全国牲畜存栏总量约为 1.13 亿头（匹），其中牛 5399 万头（其中奶牛 1070 万头），绵羊 2550 万头，山羊 2406 万头，马 191 万匹，驴 670 万头，骡子 35 万匹，骆驼 92 万匹。另外还有家禽 5038 万只。关于埃塞俄比亚畜牧业产值缺乏系统的研究和统计数字。由于相当部分的畜牧业是小型农业的补充，是为农户自身生存服务的，还有许多牲畜是供农耕役使，加上各种疾病，畜牧业的产值不高。据估计，畜牧业产值占农业生产总值30%～35%，占国内生产总值的13%～16%。皮革和皮革制品是仅次于咖啡、恰特的第三大出口收入来源。

畜牧业以小规模农牧混合的家庭放牧为主，仅在首都亚的斯亚贝巴附近地区有少量规模较大的奶牛饲养场。总体上讲，畜牧业管理水平低下，极易受干旱和瘟疫影响，发展速度缓慢。活畜和肉类产品出口量小，但近几年有所增加，特别是对中东和海湾地区的活畜出口增长较快，但创汇仍不到出口总收入的10%。此外，由于管理不善，过度放牧和草场沙化现象较为严重。2013/2014年度全国产奶量为31.3亿升，其中牛奶29亿升，骆驼奶2.3亿升。

埃塞俄比亚还是非洲最大、世界第四大蜂蜜和蜂蜡生产国（仅次于中国、墨西哥和土耳其）。估计全国共有1000万个蜂群，但目前主要用传统的蜂箱进行养蜂。1998年共养蜂336万箱，2010年增至约510万箱，2012/2013年度增加到521万箱。但由于管理粗放，单位产量较低，每个收获季节平均每箱蜂仅产蜂蜜5公斤。据埃塞俄比亚中央统计局抽样调查，2012/2013年度全国共生产蜂蜜4591万公斤。

五　渔业

埃塞俄比亚渔业潜力较大，全国河湖较多，全国湖面总面积7400平方千米，其中最大的两个湖泊分别为面积3670平方千米的塔纳湖和1160平方千米的阿巴亚湖。河湖中均有较丰富的渔业资源，据估计共有超过200种鱼类。但由于缺乏相应的捕捞、冷藏、冷藏运输等设备以及国民的生活习惯，渔业资源未得到充分开发。据估计，全国渔业捕捞潜力在4.6万吨至5.3万吨之间，但实际捕捞量不到20%，2000年实际捕捞量估计为8000吨，仅相当于全国每人消费175克鱼肉。2010/2011年度，渔业产值仅1.79亿比尔。埃塞俄比亚无进行淡水人工养殖的历史，但有关部门正研究利用小水库、小水塘进行淡水养殖的可能性。

表 4-3 埃塞俄比亚主要湖泊鱼类资源统计表

湖泊	面积(平方千米)	渔业潜力(吨)	湖泊	面积(平方千米)	渔业潜力(吨)
阿巴亚湖	1160	7000	查莫湖	557	3000
阿瓦萨湖	129	1000	朗加诺湖	230	不详
泽威湖	434	3000	塔纳湖	3670	6000~16000

资料来源：根据埃塞俄比亚有关网络资料编制。

第三节 工矿业

埃塞俄比亚工业基础薄弱，门类不齐全，结构不合理，机械设备、零部件及许多原材料依靠进口。20 世纪 90 年代中期包括手工业在内的制造业产值仅占国内生产总值的 10% 左右，就业人数仅占全国就业总数的 3%。埃塞俄比亚国家银行数据显示，2000/2001 年度工业在国民经济中的比重为 9.5%，2013/2014 年度为 14.2%。

埃塞俄比亚现代工业兴起于20 世纪 50 年代。20 世纪 50 年代和 60 年代，埃塞俄比亚政府通过一系列法律，执行鼓励外国投资的政策，给予外国投资诸如免征海关关税、所得税等一系列优惠。政府还通过关税手段对国内工业进行保护，制糖、纺织、家具制造、金属工业等行业均属于保护范围。此外，政府还对炼油、造纸、玻璃、水泥等行业进行直接投资。

1974 年埃塞俄比亚革命后，新政府于 1975 年宣布实行社会主义制度，对外资和本国私人企业实行国有化。这一政策导致外国直接投资基本停止，国内私人投资大幅度下降，而政府投资也不足，加上长期内战，埃塞俄比亚工业从此停滞不前甚至呈现出萎缩趋势。1981~1991 年，工业产值年均下降 1%。

1991 年以后，在“以农业发展为先导的工业化战略”指导下，埃塞俄比亚政府对工业部门进行了重大改革，强调农业发展在国家工业化进程中的领导作用，认为农业发展可以为全面工业化创造条件，工业发展要依靠农业提供原材料，农产品出口可以为购买工业化所需要设备提供外汇，工业化又反过来服务于农业，为农业发展提供设备和市场。2002 年，政府出台《工业发展战略》（Industry Development Strategy）。该战略强调工业部门的内在联系以及工业部门与国民经济其他部门特别是农业部门的联系，加强对本国原料的利用，促进劳动密集型工业技术的发展，充分发挥埃塞俄比亚的比较优势。该战略强调，工业化必须面向国际市场，使本国工业在国际上具有竞争力，因此要发展外向型工业。该战略还强调，国有和私营部门在工业化进程中发挥同样重要的作用，私有部门是工业化的动力，国家不仅是工业化的促进者，而且应该是领导者，负有创造良好环境，协调、指导和对选定行业给予直接支持的责任。经济改革和《工业发展战略》的实施收到一定效果。据世界银行数字，1991～2001 年，埃塞俄比亚工业部门增加值年均增长 6.4%。2001 年以来，埃塞俄比亚工业得到快速发展，近年来增长率更是达到 2 位数，增加值从 2000/2001 年度的 7.96 亿美元发展到 2009/2010 年度的 22 亿美元。在国内生产总值中所占比重亦相应地从 10% 提升到 14.2%。尽管如此，埃塞俄比亚工业发展仍受到许多因素的制约，尤其突出的是基础设施如道路、供水、供电、通信等无法适应工业化的要求。

表 4-4　近年来埃塞俄比亚制造业增加值变动一览

单位：百万美元

	2001 年	2005 年	2008 年	2009 年
食品与饮料	251	370	485	562
卷烟	1	1	1	1
纺织与服装	59	69	64	94
皮革、皮革制品	54	62	83	89
木制品(不含家具制造)	14	18	70	48
造纸及纸制品	6	9	20	19
印刷及出版	53	73	123	108
化工	38	52	80	75
橡胶及塑料	32	47	82	87
非金属矿产	87	144	488	608
基础金属	10	13	15	18

续表

	2001 年	2005 年	2008 年	2009 年
金属产品制造	53	76	101	120
机器及设备制造	7	7	3	4
汽车及挂车	9	9	15	11
家具制造	121	256	299	367
总额	795	1206	1929	2211

资料来源：根据联合国工业发展组织数据库埃塞俄比亚国别数据编制。

一 制造业

埃塞俄比亚现代制造业开始于20世纪50年代，在60年代和70年代随着政府几个五年发展计划以及进口替代战略的实施，制造业发展较快。据世界银行统计，1965～1973年埃塞俄比亚制造业增加值年均增长6.1%，而同期农业产值年均增长2.1%，服务业产值年均增长率为6.7%。1975年，制造业增加值占国内生产总值的5%。

1974年埃塞俄比亚革命后，政府将本国私营企业收归国有。制造业增长率开始下滑，1974/1975年度至1977/1978年度为负增长，1978/1979年度至1979/1980年度增长18.9%，1980/1981年度至1984/1985年度年均增长3.1%，1985/1986年度至1988/1989年度年均增长3.8%。

20世纪90年代初以来，随着内战的结束和一系列改革政策的实施，特别是“以农业发展为先导的工业化战略”及《增长与转型规划》等战略的实施，埃塞俄比亚制造业得到了一定程度的恢复和发展。1992/1993年度，制造业增加值较上一年度增长49%，1993/1994年度至1999/2000年度年均增长8.06%。尽管实现了较快增长，制造业在国民经济中的比重没有发生重大的变化，制造业的结构亦未发生大的变化。由于私有化政策的实施，国有制造业企业的就业人数大幅度减少，私营企业就业人数有较大幅度上升，但整个制造业就业人数并无明显增长，1993/1994年度至1999/2000年度年均仅增长1.4%。1997/1998年度，制造业就业人数仅为9.3万人。进入21世纪以来，特别是2003年以来，随着政策环境的改善和国内需求的扩大，制造业出现加速发展的势头。埃塞俄比亚中央统计局数据显示，2005/2006 年度至 2007/2008 年度，全国制造业企业数量从 1244 家增加到 1930 家，就业人数从 11.8 万人增加到约 13.2 万人（详见表 4－5）。2008 年以来，又有一批新企业投入运营，特别是玻璃、皮革、制鞋等行业发展较快。

埃塞俄比亚制造业以生产日用消费品为主，主要有食品与饮料、卷烟、纺织与制衣、皮革加工、家具制造、造纸、化工、橡胶与塑料、金属加工、轮胎制造和建材等。埃塞俄比亚中央统计局 2007/2008 年度制造业普查数据显示，埃塞俄比亚排名前十的制造业行业有：制糖及糖果（占制造业的 8.89%）、水泥及石灰（8.37%）、啤酒酿造（7.88%）、面粉加工（6.95%）、塑料加工（6.83%）、软饮料（5.85%）、结构金属（5.80%）、纺织服装（4.98%）、基础金属（4.05%）和肥皂及洗涤剂（3.71%），上述十大行业的增加值占制造业增加值的 63% 以上。从企业数量看，最多的是食品和饮料工业，占制造业企业总数的四分之一，雇工人数亦占全部制造业雇工总数的 31.2%。其次是非金属矿产加工业，如采石、水泥、水泥构件、制砖、玻璃制造等，企业总数也接近制造业企业总数的四分之一。再次是家具制造、造纸、金属加工、塑料与橡胶、皮革加工、纺织服装、化工等。从出口创汇能力看，排名前五位的行业是：皮革及皮革制品（出口占制造业出口创汇的 34.7%）、纺织（占 9.89%）、食品加工（占 8.91%）、肉类加工（占 8.55%）和服装（占 7.79%）。

从地域分布来看，埃塞俄比亚制造业传统上集中在首都亚的斯亚贝巴周边地区，其他较重要的制造业中心有巴哈达尔、迪雷达瓦、德赛、阿瓦萨等。埃塞俄比亚中央统计局数据显示，1999/2000 年度全国 68.83% 的工业企业分布在亚的斯亚贝巴市，14% 分布在奥罗莫州，7% 分布在南方州，6% 分布在阿姆哈拉州。近年来政府采取了一系列措施鼓励在全国各地发展制造工业，因此默克雷、阿达马等城市制造业也有一定发展。

表 4-5 2007/2008 年度埃塞俄比亚制造业企业及雇工情况一览

	企业数量			雇工数量		
行业	公有企业	私营企业	总计	公有企业	私营企业	总计
食品与饮料	34	451	485	15582	25683	41265
卷烟	1	—	1	1254	—	1254
纺织	9	16	25	7796	4292	12088
制衣(不含皮革制衣)	—	39	39	—	7613	7613
皮革加工、皮衣及皮鞋	4	79	83	1290	6666	7956
木材加工(不含家具制造)	31	39	70	2341	825	3166
造纸	16	127	143	4041	4876	8917
化工	16	64	80	2037	5725	7762
橡胶及塑料	4	78	82	1238	7489	8727
非金属矿产加工	24	464	488	5310	11543	16853
钢铁生产	2	13	15	674	654	1328
金属产品制造(不含机械设备制造)	4	97	101	1454	3726	5180
机械设备制造	—	4	4	—	205	205
汽车及挂车装配	4	11	15	479	1246	1725
家具制造	15	284	299	910	6624	7534
总计	164	1766	1930	44406	87167	131573

资料来源：埃塞俄比亚中央统计局《2009 年制造业及电力生产统计表》。

主要制造业情况如下。

1. 食品与饮料工业

主要包括肉类、水果和蔬菜加工与储存，植物和动物脂肪生产、奶制品生产、碾米、动物饲料生产、面包制作、制糖、淀粉加工、酿酒、矿泉水生产以及其他软饮料生产等。食品与饮料工业所需原材料均由农业部门提供，但由于埃塞俄比亚缺乏大规模商业农场，农业生产总体落后，食品与饮料工业所需原料尚不能满足要求。据埃塞俄比亚中央统计局抽样调查，2007/2008 年度全国食品与饮料工业共有企业 485 家，雇工 4.12 万人。2007/2008 年度全国还有雇工人数 10 人以下的小型食品和饮料类企业1541家，雇工总数4748人。1999/2000年度食品和饮料工业产值占工业总产值的29.8%。

2. 纺织与制衣工业

纺织业是埃塞俄比亚制造业的主要组成部分，分为纺纱、织布、制衣等行业。1997年纺织业企业营业总额为4.5亿比尔。1999年，埃塞俄比亚雇用工人超过10人的纺织业企业全国共有33家，其中19家为国有，14家为私营，雇工总数2.6万人，就业人数占制造业就业人数总数的31%。

埃塞俄比亚现代制衣工业兴起于20世纪60年代。1965年，3位意大利人在该国建立了第一家制衣厂——亚的斯服装厂。70年代中期，服装厂发展至3家。1992年，埃塞俄比亚最大的服装厂——纳兹雷特服装厂建成投产。1999年，埃塞俄比亚雇用工人超过10人的制衣企业全国共有26家，其中国有4家，私营22家，共雇用工人4190人。

埃塞俄比亚政府把发展纺织与制衣业作为工业化的优先领域，力图利用廉价劳动力和产品进入欧美市场的便利条件，吸引国内外投资者，为此政府采取了系列激励措施。2010年，政府设立了“纺织工业发展协会”(Textile Industry Development Institute）以促进纺织及相关工业发展。政府在第一个《增长与转型规划》确定的目标是，到2016年纺织与制衣工业出口值达到10亿美元。据政府公布的数字，2010~2012年，纺织与制衣业出口年增长率超过50%。截至2012/2013年度，全国有大中型纺织企业100多家，其中多数为雇工在100人以下的中型企业。纺织业已成为仅次于食品与饮料、皮革加工以外的第三大制造业产业。政府数据显示，2010/2011年度纺织业出口创汇2320万美元，2011/2012年度增加到6200万美元，未能完成预定目标。

3. 皮革和制鞋业

埃塞俄比亚是非洲的畜牧业大国，拥有非洲数量最多的畜群，平均每年出栏头数超过1000万头，因此该国的皮革工业也相对发达，生产的皮革在国际市场上较有声誉，尤其是巴提（Bati）小山羊革和塞拉利(Selallie）羊皮以其柔韧性好而闻名于世。每年约有140万张牛皮、670

万张山羊皮和1320万张绵羊皮供应揉革厂。皮革是埃塞俄比亚仅次于咖啡的第二大出口创汇商品，皮革出口收入占全国出口总收入的18%左右。1999年，全国雇用工人在10人以上的皮革和制鞋企业共57家，其中国有企业7家，私营企业50家，雇用工人共7600人。政府从1996年开始对国有皮革及制鞋企业实行私有化。皮革及制鞋业的主要产品有半成品皮张、硬皮、原皮、湿蓝原皮、成品皮、成品鞋、皮靴、橡胶鞋、塑料鞋、皮鞋帮、皮衬料和鞋底等。

近年来，埃塞俄比亚政府把发展皮革加工和提高皮革产品的附加值作为工业化的优先领域。根据“以农业发展为先导的工业化战略”以及国家《工业发展战略》，政府在联合国工业发展组织的帮助下于2005年制订了皮革业发展的“战略行动计划”。政府设立了“皮革工业发展协会”（Leather Industry Development Institute），负责制定相关政策，落实优惠措施，进行人员培训等。该协会公布的数据显示，截至2011/2012年度，全国共有各类皮革加工企业70多家，其中揉革企业29家，皮革制品企业18家，皮鞋厂21家，手套厂3家。29家揉革厂的年加工能力约为5亿平方英尺成品皮。2011/2012年度，上述揉革厂共加工牛皮7.56万吨、绵羊皮1.53万吨、山羊皮1.38万吨；皮鞋企业共生产皮鞋1500万双。皮革加工产业的出口收入由2009/2010年度的6200万美元增加到2011/2012年度的1.135亿美元。埃塞俄比亚从2005年开始出口皮鞋，当年出口皮鞋价值160万美元。近年来随着中资制鞋企业在埃塞俄比亚落户，埃塞俄比亚皮鞋出口数量大幅度增加。

二 矿业

埃塞俄比亚国土广阔，地质研究表明，该国具有蕴藏多种金属和非金属矿藏的地质条件。但该国的地质勘探工作相对落后，到20世纪90年代中期，已进行地质勘探的地域不到国土面积的四分之一。从已探明的矿产资源储存情况看，埃塞俄比亚矿产资源相对贫乏。已探明具有一定储量的矿产资源有黄金、煤、铂、钽、苏打粉、磷酸盐、石材、石油、天然气和其他非金属的工业及化学矿藏。黄金主要分布在莱加丹比（Lega Dembi）、阿多拉（Adola）以及提格雷地区。钽主要分布在距萨基索镇50千米的肯提察（Kenticha）地区。苏打粉主要分布在裂谷带的阿比亚塔湖（Lake Abiata）、奇图湖（Lake Chitu）和萨拉湖（Lake Shalla）附近。钾盐主要分布于裂谷带达纳基尔洼地的达罗尔（Dallol）山附近，储量多达7600万吨。镍主要分布在阿多拉和阿多拉绿石带的肯提察地带，矿石储量估计达1020万吨，含镍量占1.38%。铂主要分布在沃累加（Wellega）的易卜多（Yubdo）地区。埃塞俄比亚国土面积三分之一以上为沉积岩，理论上都可能储藏石油和天然气。煤在沃累加、奇尔加（Chilga）、乌查利（Wuchale）、德布腊伯罕（Debre Berhan）和德布腊利巴诺斯（Debre Libanos）都有发现，但储藏量不详。埃塞俄比亚已发现的煤藏不属于优质煤，含灰量及含硫量均较高。

矿业在国民经济中不占重要地位。1985年，矿业产值仅占国内生产总值的3%，矿产品出口收入占出口总收入的2%。1993年，矿业产值在国内生产总值中的比重不足1%。2012年，矿业产值在国内生产总值中的比重为1.6%，出口收入占出口总收入的不到10%。黄金开采和建筑用石材开采是主要矿业活动，特别是黄金开采和出口对国家创汇起着重要作用。1993/1994年度，黄金开采和采石业产值仅占国内生产总值的0.3%。但近年来包括采石业在内的矿业发展较快。据国际货币基金组织统计数字，1996/1997至2000/2001五个年度矿业产值分别为6300万比尔、6900万比尔、7500万比尔、8300万比尔和9000万比尔（1980年固定价）。[①] 为吸引资金及先进的技术和设备，埃塞俄比亚政府决定将矿业勘探及开发领域完全向国内外私人企业开放，并将矿业所得税由45%降至35%，政府参股比例由10%降至2%。1996年以来，埃塞俄比亚政府已向本国和外国公司发放了256个矿业勘探和开采许可证。

莱加丹比金矿是埃塞俄比亚唯一一个大型的现代化金矿，该矿黄金储藏量估计为60~200吨，目前年开采量仅为3吨左右。1997年，埃塞俄

① 据国际货币基金组织《国际金融统计》数字，1996~2000年比尔与美元比价历年平均为6.35比尔、6.31比尔、7.12比尔、7.75比尔和8.21比尔兑换1美元。

比亚政府将该矿的股权转让给沙特阿拉伯公司——阿尔穆迪集团公司（Alamoudi Group）。20 世纪 90 年代后半期政府开始在该国西部与苏丹接壤地区和北部提格雷地区进行金矿勘探，但与厄立特里亚的战争爆发后，勘探工作被迫中止。2012 年，埃塞俄比亚全国开采黄金约 9 吨。

埃塞俄比亚从 20 世纪 30 年代起在欧加登地区开始石油勘探。20 世纪 70 年代和 80 年代，美国公司和苏联地质专家先后在欧加登地区从事石油钻探工作。1974 年，美国的田纳科（Tenneco）公司在欧加登地区进行勘探后，估计该地区天然气储量为 240 亿立方英尺。1994 年，埃塞俄比亚授权美国一家公司在阿法尔地区从事石油勘探。同时，埃塞俄比亚还授权西方石油公司在甘贝拉地区、埃塞俄比亚－苏丹边境地区和埃塞俄比亚北部的韦雷卢（Weleilu）地区进行石油勘探。90 年代，Alconsult International Ltd 公司受加拿大国际开发署委托对欧加登地区的油气资源再次进行勘探和评估，认为该地区应该是油气资源丰富地区。欧加登盆地面积 35 万平方千米，沉积层最厚处达 1 万米。20 世纪 90 年代，世界银行向埃塞俄比亚贷款 1.5 亿美元，开发位于欧加登地区东部的卡卢布（Calub）天然气田，为此成立了卡卢布天然气股份有限公司。1995 年，政府宣布在戈德（Gode）地区发现一个储量为 680 亿立方米的天然气田。1999 年 12 月，埃塞俄比亚政府与美国得克萨斯西科尔公司（Sicor of Texas）达成合作协议，成立名为“埃塞俄比亚油气项目”的合资公司，开发欧加登的卡卢布和希拉拉（Hilala）两个地区的油气资源。两个地区的天然气蕴藏量估计达 1132 亿立方米，石油蕴藏量为 1360 万桶。“埃塞俄比亚油气项目”还取得卡卢布天然气股份有限公司 95% 的股权。一条从卡卢布通往阿瓦萨的 600 千米长的输气管道正在建设之中。

三 建筑业

1991 年以后，随着战争的结束和国家重建的开始，埃塞俄比亚建筑业得到快速发展。建筑业产值从 1991/1992 年度的 2.18 亿比尔（按 1980 年固定价计算，下同）增至 1999/2000 年度的 4.36 亿比尔和 2000/2001 年度的 4.65 亿比尔。据埃塞俄比亚中央统计局抽样调查，1999/2000 年度全国共有建筑企业1887家，其中8家为国有企业，建筑行业从业人员约6万人。2003年以后，随着埃塞俄比亚经济加速增长，建筑业迎来大发展时期。埃塞俄比亚国家银行数据显示，2011/2012、2012/2013和2013/2014三个年度，建筑业产值增长率分别达到31.5%、38.7%和36.4%，建筑业增长对工业部门增长的贡献率分别达到42.1%、47.1%和53.1%，可见建筑业对经济增长的拉动作用。埃塞俄比亚中央统计局收集的数据显示，首都亚的斯亚贝巴市批准的房屋建筑许可证从2005/2006年度的373个增至2006/2007年度的3947个。

四　电力

埃塞俄比亚电力行业相对落后，电网覆盖率低，全国除大中城市及主要城镇外，大部分地区未通电。据埃塞俄比亚政府公布的数据，1991年，全国发电装机容量仅为37万千瓦，2001/2002年度增加到49.4万千瓦。2001年全国231个城镇中，仅22个通电，能够用电的人口仅占全国总人口的4%。1995/1996年度，全国发电量为15.49亿千瓦时，其中水力发电15.07亿千瓦时，火力发电4200万千瓦时。2000/2001年度，全国发电量增加到18.11亿千瓦时，其中水力发电17.89亿千瓦时，火力发电2216万千瓦时。

进入21世纪以来，埃塞俄比亚政府根据“以农业发展为先导的工业化战略”、1997年制定的《国家能源发展战略》和2010年制定的《增长与转型规划》，加大了电力基础设施建设的力度，先后修复了一批水电站和火电厂，对一批旧电厂进行了升级改造和扩容，同时新建了一批水电厂、火电厂和风电厂。近年来竣工的发电厂主要有蒂斯-阿巴伊二期水电站（Tis Abay Ⅱ）、芬查水电站（Fincha）、阿瓦什二期水电站（Awash Ⅱ）、阿瓦什三期水电站（Awash Ⅲ）、可卡水电站（Koka）、梅尔卡-瓦克纳水电站（Melka Wakena）、特克泽水电站等。全国发电装机容量2007/2008年度增至82.97万千瓦，2012/2013年度又增至214万千瓦，2013/2014年度为237万千瓦。近年来，埃塞俄比亚开始发展风力发电，提格雷州阿什古达风电项目及奥罗莫州阿达马风电一期和二期顺利并网发电，装机容量32.4万千瓦。与此同时，埃塞俄比亚输变电基础设施建设也取得较大进展，电网覆盖率已从1991年的8%增加至2013年的47%。2011年，埃塞俄比亚政府启动了耗资约60亿欧元的尼罗河复兴大坝建设工程，该工程2017年完工后，发电装机容量可达500万~600万千瓦，相当于现有全国发电装机容量的两倍，届时埃塞俄比亚不仅可以满足国内用电需求，而且可向邻国大量出口电力。

埃塞俄比亚国家银行数据显示，2014/2015年度全国总发电量约95亿千瓦时，较上年增长9.4%。2014/2015年度发电总量中，94.7%为水力发电，5.2%为风力发电，其余0.1%为地热（火力）发电。埃塞俄比亚发电能力已能基本满足国内用电需求，并从2011年开始向邻国吉布提出口电力，2012年起向苏丹和肯尼亚出口电力。

表4-6　近年来埃塞俄比亚全国发电情况

单位：亿千瓦时，%

	2012/2013		2013/2014		2014/2015	
	发电量	所占比例	发电量	所占比例	发电量	所占比例
水力发电	73.86	97.3	83.36	95.8	90.14	94.7
火力发电	0.11	0.1	0.09	0.1	0.08	0.1
风力发电	1.92	2.6	3.56	4.1	4.97	5.2
总　　计	75.89	100	87.01	100	95.19	100

资料来源：埃塞俄比亚国家银行《2014/2015年度报告》。

第四节　交通与通信

埃塞俄比亚的地面交通运输设施相对落后，以陆路运输为主，其中公路运输占全国总运输量的90%以上。1991年，全国公路总长1.9万千米，是世界上道路覆盖率最低的国家之一，且道路系统大多互不交叉，全国大部分地方交通极为困难。交通运输条件落后，是阻碍埃塞俄比亚经济发展的重要因素之一。1991年上台的埃革阵政府重视发展交通运输业。一方面，政府对原计划经济条件下的交通运输业进行了改革，从1992年10月起取消国家对运输业的垄断，允许私营企业参与，同时放开运价。另一方面，把发展交通基础设施作为政府的职能之一，加大对基础设施建设的投资力度。据政府公布的数字，政府每年投资到交通基础设施建设的资金占国内生产总值的10%以上。政府出台了《1997~2002年公路建设五年规划》，力争达到公路总长3万千米。1993年厄立特里亚脱离埃塞俄比亚独立后，埃塞俄比亚成为内陆国家，其进出口物资主要通过厄立特里亚的阿萨布港运输。但1998年5月埃塞俄比亚与厄立特里亚发生战争后，埃塞俄比亚失去了阿萨布港的使用权，被迫改用吉布提港作为其主要出海通道。近年来埃塞俄比亚也在探索利用索马里的柏培拉港、苏丹的苏丹港和肯尼亚的蒙巴萨港作为其替代出海通道。

一　铁路运输

联结亚的斯亚贝巴与吉布提的铁路是埃塞俄比亚唯一运营的铁路线。该铁路始建于20世纪初，由法国公司修建，全长850千米，其中在埃塞俄比亚境内长681千米，系1米宽的窄轨铁路，1917年建成投入运营。经营该铁路线的埃塞俄比亚-吉布提铁路公司为埃吉两国合资公司，由于设备老化，公司经营亏损严重。1998年，埃塞俄比亚与吉布提共同宣布对该铁路线进行全面维修。2000年该铁路公司运送旅客75万人，营业收入6510万比尔。

埃塞俄比亚政府于2010/2011年度开始实施的《增长与转型规划》提出大规模兴建铁路的计划，计划五年内新建2000千米铁路。2012年，由中国政府提供融资支持的亚的斯亚贝巴-吉布提新铁路开工建设，该铁路全长800千米，总投资约25亿美元。同时，阿瓦什-哈拉尔、默克雷-哈拉尔铁路也已开工建设。埃塞俄比亚政府还计划修建通往苏丹、肯尼亚的跨国铁路，将埃塞俄比亚打造成东非地区交通运输枢纽。

2013年，埃塞俄比亚政府在亚的斯亚贝巴开工建设首条城市轻轨，由中国政府提供融资并由中国公司承建，一期已于2015年建设成通车。

二 公路运输

公路运输是埃塞俄比亚最重要的运输方式，其运量占全国客运和货运总量的90%以上。但由于长期内战和资金缺乏，埃塞俄比亚公路建设长期得不到重视，公路网的密度很小，低于全非洲平均水平。1970年，埃塞俄比亚公路总长8450千米，1980年增加到12208千米，1990年增至18946千米（其中865千米在厄立特里亚境内）。1991年以来，政府把包括公路建设在内的基础设施发展作为经济发展的重点领域之一，增加对公路建设的投资。1997年，在世界银行、欧盟和非洲开发银行等西方国家和国际金融机构的帮助下，埃塞俄比亚政府制订《公路领域发展计划》。该计划的主要内容是改造联结亚的斯亚贝巴与国内各大城市及邻国间的道路网，同时扩大农村公路网。根据该计划，埃塞俄比亚将在2007年前投资39亿美元，将公路网的长度增加80%。埃塞俄比亚公路建设的速度已经加快。从1997年9月开始，埃塞俄比亚政府利用中国政府、欧盟、非洲开发银行、世界银行等国家和国际机构的融资和援助，先后对一系列公路进行了修复和升级改造，新建了一批公路。由中国路桥公司承建的长约33千米的亚的斯亚贝巴环城公路的主体工程已于2003年竣工通车。2000年，全国公路总长增加到29571千米，其中柏油路3824千米，砾石路12267千米，乡村公路13480千米。2003年以后通过政府加大对道路建设的投资力度，公路交通得到大大改善。总长78千米的亚的斯亚贝巴－阿达马高速公路已于2014年建设成通车，这是埃塞俄比亚第一条高速公路。2013/2014年度，埃塞俄比亚全国公路总长达到99522千米，其中联邦公路26857千米，农村公路33609千米，社区公路39056千米。联邦公路中，柏油路12640千米，砾石路14217千米。路网密度从2000/2001年度的每千平方千米29.9千米提高到2013/2014年度的每千平方千米90.5千米。全国公路网以亚的斯亚贝巴为中心，向全国各主要城市辐射。有国际公路与肯尼亚、吉布提、苏丹、索马里和厄立特里亚相通。埃塞俄比亚政府计划到2015年《增长与转型规划》结束时，全国公路总长达到13.6万千米。

三　水运

1993 年厄立特里亚脱离埃塞俄比亚独立后，埃塞俄比亚失去出海口而成为内陆国家，但埃塞俄比亚国营的海运公司——埃塞俄比亚航运公司（Ethiopian Shipping Lines）继续存在，并以厄立特里亚的阿萨布港为母港继续运营。1998 年埃塞俄比亚与厄立特里亚爆发边界战争后，该公司的船只被迫转而以吉布提港为母港。截至 2014/2015 年度，该公司拥有各类船只 11 艘，其中货轮 9 艘，总吨位约 40 万吨；油轮 2 艘，总吨位 8.3 万吨。该公司船队现停靠 20 多个国家的 30 多个港口，包括中国的天津新港和大连港。

四　空运

埃塞俄比亚的国内航空运输及国际航空运输均较发达，首都亚的斯亚贝巴是东部非洲地区空运中心。国营的埃塞俄比亚航空公司在国际上享有较高声誉。截至 2000 年，全国共有各类机场 86 个，其中跑道铺水泥或沥青的 12 个，跑道未铺水泥或沥青的机场 74 个。12 个跑道已铺水泥或沥青的机场中，跑道长度超过 3047 米的机场 3 个，2438 米至 3047 米之间的机场 5 个，1547 米至 2438 米之间的机场 3 个。在跑道未铺水泥或沥青的 74 个机场中，跑道长度在 3047 米以上的机场 2 个，2438 米至 3047 米之间的机场 7 个，1547 米至 2438 米之间的机场 10 个，914 米至 1547 米之间的机场 35 个，短于 914 米的机场 20 个。该国现有亚的斯亚贝巴、迪雷达瓦、巴哈达尔和默克雷等 4 个高标准的国际机场，其他等级较高的机场有贡德尔、季马、戈德、季季加、拉利贝拉、甘贝拉、阿克苏姆、阿巴门奇、阿索萨等机场。亚的斯亚贝巴的博莱国际机场几经改扩建，可起降波音 747～400 型等大型飞机。机场航站楼规模据称位居非洲第二，设计旅客吞吐量可达每小时 3000 人，可同时为 11 架飞机提供服务。据埃塞俄比亚中央统计局数字，2011/2012 年度该机场起降航班 5.13 万架次，运送旅客 518 万人次，运输货物 15.4 万吨。

20 世纪 90 年代前，埃塞俄比亚航空业由政府垄断，国营的埃塞俄比亚航空公司经营所有国内和国际航线。20 世纪 90 年代中期以后，政府允许私营部门经营航空运输。2003 年修改后的投资法规定允许国外投资者经营埃塞俄比亚与外国之间的航空货运业务。截至 2001 年，已成立了 GSE、阿比西尼亚（Abyssinia）和米德洛克（Midroc）等 3 家私营航空公司。埃塞俄比亚航空公司是与南非航空公司、埃及航空公司、摩洛哥皇家航空公司和毛里求斯航空公司并列的非洲五大航空公司之一。截至 2014 年，该公司共拥有各型号飞机 62 架，其中波音 777 型客机 8 架，波音 787 型客机 5 架，波音 767 型客机 12 架，另外还有洛克希德 100 型、ATR－42 型、福克 50 型、各种型号的达什（DASH）飞机、各种型号的塞西纳（Cessna）飞机，AJ－CAT 飞机若干架。截至 2013 年，该公司共开通 85 条国际航线和 32 条国内航线。该公司运送旅客数量从 2002/2003 年度的 112 万人次增至 2011/2012 年度的 464 万人次，同期货运量从 3.6 万吨增加到 18.1 万吨。截至 2014 年，该公司已开通亚的斯亚贝巴至北京、广州、上海、杭州、香港等 5 个中国城市的航线，每周飞行 28 个航班。该公司有自己装备良好的飞机维修中心（设在博莱国际机场）。

五 邮电与通信

埃塞俄比亚于 1894 年引进现代通信设施。到 20 世纪初，全国各主要城市均由有线电报与电话联结起来。20 世纪 30 年代意大利法西斯占领期间，埃塞俄比亚的电信设施遭到严重破坏。战后，成立了国营的埃塞俄比亚电信局（Ethiopian Telecommunications Authority），负责电信基础设施的重建与发展。到 20 世纪 90 年代中期，电信服务已扩及全国 550 座城市、城镇和村庄。埃塞俄比亚还开通了与世界上所有国家的直接或非直接的电信服务。其国际电信服务主要通过苏苏尔塔卫星地面接收站进行。1997 年，埃塞俄比亚按照其市场化改革战略，将兼具行政管理和业务经营职能的埃塞俄比亚电信局分为埃塞俄比亚电信局（Ethiopian Telecommunication Agency）和埃塞俄比亚电信公司（Ethiopia Telecommunications Corporation，ETC）。前者负责对国家电信业进行行业管理，电信公司则实现商业化和自主经营。政府对开放电信业持谨慎态度。1996 年第 37 号法律规定，不允许国内外私人资本介入电信业。1999 年，政府通过一项新法律，允许国内外私人投资者以与政府合资的方式投资电信业。

埃塞俄比亚政府提出了在 21 世纪初实现村村通电话的目标，但由于投入少以及管理不善，该国的电信服务仍处于较低的水平，发展速度很慢，总体水平落后于非洲其他国家。1975 年固定电话用户为 51200 户，1980 年增加到 64080 户，1990 年增加到 12.54 万户，1992 年为 12.7 万户，1999/2000 年增加到 23.8 万户。进入 21 世纪后，埃塞俄比亚固定电话业务进入快速发展阶段，2008/2009 年度用户增加到 91.5 万户，但此后随着无线通信业务的发展，固定电话用户 2011/2012 年度减少至 80.46 万户。

埃塞俄比亚于 1998/1999 年度首次开通移动电话业务，当年移动电话用户 6740 户，1999/2000 年度增加到 17757 户。进入 21 世纪后，埃塞俄比亚移动通信快速发展，移动电话用户 2008/2009 年度增加到 405 万户，2011/2012 年度增加至 1725 万户，2013/2014 年度达到 2830 万户。

埃塞俄比亚电信公司从 1997 年 1 月起提供互联网服务。1999 年互联网用户为 2250 户，1999 年底发展到 7200 户，2013/2014 年度达到 620 万户。

第五节　财政与金融

一　财政

20 世纪 90 年代初以来，埃塞俄比亚政府坚持实行谨慎的财政政策和稳健的货币政策，确保宏观经济平稳运行。在大多数年份，财经形势基本平稳，物价涨幅控制在一位数之内。随着近年来国民经济快速增长，税收体制改革的深入和税收基础的扩大，政府财政收入有较大幅度增加。

埃塞俄比亚实行联邦政府和各州政府分税的制度。各州要按规定将一定比例的税收上缴联邦政府。联邦政府根据各地区人口、经济现状及上缴税收的情况向各州进行转移支付。20 世纪 90 年代初以来，政府进行了一系列税收改革，旨在建立现代化的高效税收制度：一是扩大税收基础，同时降低税率；二是简化收入税稽征程序，查堵漏洞；三是完善税收奖励机制，提高国民及企业纳税意识；四是加强国内间接税稽征工作。政府于2003年开征增值税。

埃塞俄比亚政府财政支出政策的指导思想是：年度财政资金的使用重点应由非生产性的活动转移到经济及社会基础设施建设上，同时逐步完善财政管理机制，提高资金使用效率。近年来财政支出的主要特征是：资本支出的增长率大于经常性支出，大量财政用于道路、教育和卫生等方面的基础设施建设。与此同时，联邦政府体制改革和权力下放到位后，中央财政开始向地方增加转移支付，以加强各州财政配置资源的能力，改善各州财政基础薄弱状况。

由于上述政策的实施，埃塞俄比亚政府财政状况有了较大改善，收入逐年增加，支出趋于合理，对外国援助的依赖性降低，财政赤字有所降低。联邦政府财政总收入1994/1995年度为59.1亿比尔，2000/2001年度增加到128亿比尔（含外国捐赠），2012/2013年度达到1371.9亿比尔（含外国赠款），2014/2015年度增至1938.1亿比尔（含外国赠款）。国内税收收入、国内非税收收入和外国捐赠是联邦政府财政收入的三大来源，其中国内税收是最主要来源。20世纪90年代，国内税收占联邦政府财政收入的70%左右。2014/2015年度1938.1亿比尔的总收入中，国内税收收入为1582.4亿比尔，国内非税收收入为187.4亿比尔，外国赠款为168.3亿比尔。收入结构表明，联邦政府财政对外国援助的依赖已大幅度降低。

埃塞俄比亚政府执行谨慎的财政政策，既保证发展的需要，又控制通货膨胀。联邦政府财政总支出1994/1995年度为83.7亿比尔，2000/2001年度增加到157.9亿比尔。由于与厄立特里亚发生战争，20世纪90年代最后几年联邦政府财政支出大幅度增加，增加部分主要用于国防。国防开支由1996/1997年度的8.4亿比尔增至1997/1998年度的21.9亿比尔，1998/1999年度又增至43.4亿比尔，1999/2000年度达到68.4亿比尔。战争结束后国防支出有所下降，2000/2001年度为33.1亿比尔。国防支出的增加直接导致财政赤字直线上升，从1996/1997年度不到25亿比尔增至1999/2000年度的76.8亿比尔，赤字与国内生产总值的比例1999/2000年度达到12.3%。1998/1999年度国防支出几乎占财政总支出的30%，占国内生产总值的10%以上。

近年来，随着政府财政收入的大幅度增加，财政支出的能力不断增强。2012/2013年度为1539亿比尔，2013/2014年度增至1854.7亿比尔，2014/2015年度增至2297.4亿比尔。近年来财政支出的一个特点是发展与减贫支出增长幅度较大。政府文件显示，联邦财政总支出中，70%以上用于与发展和减贫相关的事业。2000/2001年度，政府财政支出中资本支出部分为50亿比尔，而经常性支出为107.9亿比尔；2009/2010年度财政支出中，资本支出为393.3亿比尔，而经常性支出为320亿比尔，资本支出超过经常性支出；2014/2015年度财政支出中，资本支出为1245.7亿比尔，经常性支出为1051.7亿比尔。经常性支出比例的下降和资本支出比例的上升，表明政府重视通过增加政府投资带动经济增长，是政府执行“发展型国家”政策的反映。近年来由于基础设施建设规模增大，政府财政赤字有所扩大，从2000/2001年度的29.9亿比尔增至2013/2014年度的274亿比尔和2014/2015年度的359.3亿比尔。赤字主要通过向外国借贷来弥补。

表4-7　近年来埃塞俄比亚联邦政府财政收支状况一览

单位：亿比尔

财政年度	2000/2001	2004/2005	2009/2010	2013/2014	2014/2015
总收入(含外国捐赠)	128	201.5	662.4	1580.7	1938.1
总支出	157.9	248	713.3	1854.7	2297.4
经常性支出	107.9	132.4	320	780.9	1051.7
资本支出	50	115.6	393.3	1073.8	1245.7
赤字	29.9	46.5	50.9	274	359.3

资料来源：根据埃塞俄比亚国家银行《2014/2014年度报告》及以前有关年度报告编制。

二　金融

埃塞俄比亚现代金融业兴起于20世纪初。1905年，埃塞俄比亚首家银行——阿比西尼亚银行在亚的斯亚贝巴成立，标志着埃塞俄比亚现代金融业的开始。成立之初，该银行的绝大多数股份控制在外国资本手中。1931 年，阿比西尼亚银行被收归国有，并改名为埃塞俄比亚银行，这也是非洲首家国有银行。20 世纪 30 年代后期意大利占领期间和第二次世界大战结束后，又有一批国营和私营金融机构成立。1943 年，埃塞俄比亚国家银行（State Bank of Ethiopia）成立。直至 1963 年，该银行一直起着中央银行的作用。1963 年，埃塞俄比亚国家银行被解散，在其基础上新成立埃塞俄比亚国家银行（National Bank of Ethiopia）和埃塞俄比亚商业银行（Commercial Bank of Ethiopia）。1974 年革命后，包括 3 家私营商业银行、13 家保险公司和 2 家非银行中介机构在内的所有私营金融和保险机构被收归国有。埃塞俄比亚国家银行继续作为中央银行，但在很大程度上失去了通常意义上的金融监管职能，而在一定程度上充当了中央政府的出纳机构，执行国家的经济计划，向国有企业提供财政支持。

1991 年埃塞俄比亚政权更迭后，新政府按照其新经济政策的原则，以渐进的方式对金融业进行市场化改革。1994 年，政府颁布两部规范银行与金融业务的法律，其中《货币与银行法》对埃塞俄比亚国家银行（即中央银行）的权利与义务做了规定，《银行业登记与监督法》对金融机构的成立和运作做出规定。根据这些法律，政府对国营金融机构进行了重组。埃塞俄比亚商业银行被重组为完全意义上的商业银行，该行接管了原埃塞俄比亚商业银行的权利与义务，其注册资本亦相应扩大。埃塞俄比亚住房与储蓄银行被改组为建设与商业银行（Construction and Business Bank），原农业与工业发展银行被改组为埃塞俄比亚发展银行（Development Bank of Ethiopia）。到 2014 年底，上述 3 家国有商业银行共设有分支机构 1003 个，总资本 118 亿比尔。同时，随着《银行业登记与监督法》的实施，一系列私营银行纷纷成立。截至 2014 年，全国共有 16 家私营银行，在全国设有分支机构 1200 多个，总资本 146 亿比尔。其中规模较大的私人银行有阿瓦什国际银行（Awash International Bank）、大生银行（Dashen Bank）、阿比西尼亚银行（Bank of Abyssinia）、韦加根银行（Wegagen Bank）、联合银行、NIB 国际银行、奥罗莫合作银行、狮子国际银行、奥罗莫国际银行、泽孟银行（Zemen Bank）、伯尔纳国际银行和伯尔罕国际银行（Berhan International Bank）。

除上述国有和私营银行外，埃塞俄比亚微型金融机构近年来也得到一定发展。据埃塞俄比亚国家银行统计数字，截至2013/2014年度末，全国共有微型金融机构31家，资本总额56亿比尔，总资产245亿比尔。截至2014年6月30日，上述微型金融机构吸储总额117.8亿比尔，放贷总额168.5亿比尔。

埃塞俄比亚的金融部门由中央银行、各商业和专业银行、保险公司、养老金和社会证券机构以及储蓄与信贷合作社等组成。埃塞俄比亚国家银行作为国家的中央银行，除了提供一定限度的商业金融服务如为政府部门开立账户、为进出口商业出具信用证、进行外汇买卖业务等外，主要职能是行使对银行业的监管，负责货币发行，制定和执行货币政策，管理国家的外汇储备等。

埃塞俄比亚实行自由利率制，各商业银行可自行决定存贷款利率，但近年来利率相对稳定。为保护存贷款者的利益，中央银行规定最低存款利率和最高贷款利率。中央银行可根据具体情况调整最低存款利率和最高贷款利率。

根据《银行业登记与监督法》，外国金融机构不允许在埃塞俄比亚境内设立分支机构。但近年来这一政策有所放松，伊斯兰银行和印度进出口银行已获得许可在埃塞俄比亚境内从事金融业务。

表4-8　近年来埃塞俄比亚国有商业银行分支机构及放贷情况

单位：个，亿比尔

	2009/2010		2013/2014		2014/2015	
	支行数量	贷款额	支行数量	贷款额	支行数量	贷款额
商业银行	209	50.37	856	90.45	977	107.16
建设和商业银行	32	2.15	115	6.42	120	7.31
发展银行	32	18.50	32	21.34	32	22.69
总计	273	71.02	1003	118.21	1129	137.16

资料来源：埃塞俄比亚国家银行《2014/2015年度报告》。

在保险业方面，1994 年颁布的《保险企业登记与监督法》对国营和私营保险公司的成立和运作做出了具体规定。该法规定，保险业的监管权由埃塞俄比亚国家银行即中央银行行使。随着该法的实施，私营保险企业纷纷成立。2014 年，埃塞俄比亚营业的保险公司共 17 家，总资本达到 20 亿比尔。其中规模较大的有埃塞俄比亚保险公司、尼亚拉保险公司（Nyala Insurance）、非洲保险公司（Africa Insurance Company）、联合保险公司（United Insurance Company）、阿瓦什保险公司（Awash Insurance Company）、利昂保险公司、埃塞俄比亚尼斯保险公司（Nice Insurance Company of Ethiopia）、尼罗河保险公司（Nile Insurance Company）等。埃塞俄比亚不允许外国资本进入本国的保险业。

埃塞俄比亚的货币名称为比尔（Birr）。比尔纸币由 1 比尔、5 比尔、10 比尔、50 比尔和 100 比尔等 5 种面值组成。1 比尔合 100 分，相应的硬币由 1 分、5 分、10 分、25 分和 50 分等 5 种面值组成。发行货币的权力由埃塞俄比亚国家银行行使。政府的目标是实现比尔的浮动汇率制，但 2001 年以前，比尔的汇率由埃塞俄比亚国家银行根据每周进行的外汇拍卖情况决定，每次拍卖的边际汇率即为下周公布汇率。2001 年 10 月，每周一次的外汇拍卖制度中止，埃塞俄比亚转而实行银行间市场汇率制度。比尔与美元可直接兑换，比尔与其他货币间通过与美元的汇率实现间接兑换。由于国际收支逆差大，埃塞俄比亚仍然实行一定程度的外汇管制，个人和企业汇入和汇出外汇受到一定限制。

埃塞俄比亚实行谨慎的货币政策，近年来政府将控制通货膨胀定为货币政策的首要考虑，提出将通胀率控制在一位数以内的目标。自 1996 年以来，广义货币供应量（M2）与国内生产总值保持同步增长。2013/2014 年度末，广义货币供应量（M2）为 2977 亿比尔，比上年末增长 26.5%；狭义货币（M1）供应量 1340 亿比尔，比上年度末增长 16.8%；准货币（Quasi Money）为 1637 亿比尔，比上年度末增长 35.8%。为控制通货膨胀，埃塞俄比亚国家银行增加了货币储备，2013/2014 年度末储备货币达到 890 亿比尔，同比增长 18.7%。

第六节 对外经济关系

外贸、外援和外国投资在埃塞俄比亚国民经济中具有重要地位。20世纪90年代末以前，政府财政对外援的依赖程度较大。其后随着政府财政收入增加，对外援的依赖程度降低。由于国内生产相对落后，几乎所有机械产品和大部分日用工业消费品均依靠进口，国际收支赤字巨大。外国投资对经济增长的贡献率不大，但近年来其重要性有所提高。

一 对外贸易

与其他许多非洲国家相比，埃塞俄比亚经济的对外依存度并不高。20世纪80年代对外依存度平均约为22%；进入90年代后，由于改革措施的实施和对外经济联系的扩大，对外依存度有所提高，到20世纪90年代后期提高到47%，但仍低于撒哈拉以南非洲61%的平均水平。1993/1994年度至1996/1997年度，出口值相当于国内生产总值的12%（平均值），1998/1999年度至1999/2000年度降至7.6%；进口值在20世纪80年代中期相当于国内生产总值的15%，80年代后期由于外汇短缺进口额减少，比重下降至不足10%。虽然历届政府均努力改善贸易平衡状况，但过去几十年来该国国际收支均有较大赤字，进口额大大多于出口额。

1975~1991年，埃塞俄比亚实行计划经济，外贸由政府垄断。带有行业垄断性质的国有公司负责收购和出口所有出口商品，收购价格由政府核定。政府不鼓励私营部门从事进出口业务。由于收购价格长期定得过低，国内生产者的生产和销售积极性受到打击，出口商品生产的萎缩和走私贸易猖獗。20世纪80年代中后期，出口额连年下滑，而进口需求却持续上升，造成国际收支赤字连年扩大。

1991年后，埃塞俄比亚政府开始对外贸体制进行市场化改革，出台一系列改革措施，主要有以下几个方面。

（1）国有部门完全退出零售业，逐渐减少乃至最后取消国有部门对批发业务的参与，让国内私人资本充分参与批发与零售业；国有部门的作用仅限于制定并执行相关法规，并为平抑物价而进行个别基本消费品的批发业务。

（2）取消国营贸易公司对外贸的垄断，允许国内私营进出口商从事进出口贸易，同时解散国有贸易垄断公司，将其拆分成较小的经济实体，在平等的基础上与私营公司竞争。

（3）取消对出口商品收购价格的限制，允许国内生产者自由出售产品。

（4）允许私营出口商保留外汇。1993 年以后，政府对外汇管理体制进行了改革，最终目标是实现本国货币与外国货币的自由兑换。

（5）货币贬值，以促进出口。如 2009/2010 年度政府实施 3 次大幅度货币贬值。

（6）降低海关关税，改革海关报关机制。取消除咖啡外所有商品的出口关税，鼓励出口商品的多样化。降低进口税，税率从以前的 0 至 200% 降为 0 至 60%，简单平均关税税率为 28.8%，加权平均关税税率为 24.8%。政府还计划在 21 世纪最初几年将最高税率降至 30%。实行海关自主经营，逐步引进现代化管理方式，简化报关手续。埃塞俄比亚已加入“国际海关合作理事会”，对进出口商品采用国际通行的协调编码制度。允许私人设立海关报关机构，以加快进出口物资的通关速度。

（7）制定“出口发展战略”。成立国家出口促进署，旨在为出口提供投资和贷款、土地租赁、信息咨询和人才培训等方面的服务，帮助出口商提高竞争能力。

随着改革措施的落实，加上国内生产的发展以及国际市场价格相对有利，20 世纪 90 年代初以来埃塞俄比亚进出口贸易有较大发展。进出口总额从 2000/2001 年度的 29 亿美元增加到 2014/2015 年度的约 194 亿美元。20 世纪 90 年代初，年出口额仅为 1.5 亿美元，到 90 年代中期增至每年约 5 亿美元，此后多年徘徊在 5 亿至 6 亿美元之间；到 2013/

2014年度，货物出口额增至约33亿美元。而进口则持续上升，从20世纪90年代初约10亿美元增至90年代末的约14亿美元。进入21世纪后，随着国内经济建设的加速，进口额一路攀升，2013/2014年度达到约137亿美元。2014/2015年度，由于出口商品价格下跌，埃塞俄比亚出口收入降至约30亿美元，而进口则升至约164亿美元，贸易赤字达到创纪录的约134亿美元。贸易赤字主要靠外国援助和外国直接投资弥补。

表4-9　近年来埃塞俄比亚货物进出口情况一览

单位：亿美元

	2012/2013	2013/2014	2014/2015
出口	31.15	33.00	30.19
进口	114.60	137.12	164.58
总额	145.75	170.12	194.77
逆差	83.45	104.12	134.39

资料来源：根据埃塞俄比亚国家银行《2014/2015年度报告》编制。

埃塞俄比亚的出口商品主要是农牧业产品，如咖啡、皮革、豆类、油籽、恰特、活畜、肉类、蔬菜、水果、鲜花。咖啡是埃塞俄比亚最主要的出口商品，1992/1993年度至1999/2000年度咖啡出口平均占出口总额的60.5%，其中1997/1998年度高达69.8%。其间，咖啡出口量维持在9.5万吨至12万吨之间，1996/1997年度一度达到12.3万吨。但由于国际市场咖啡价格波动较大以及国内气候条件变化，出口收入起伏较大。1997/1998年度，国际市场咖啡价格升至每吨3500美元，埃塞俄比亚咖啡出口收入达到创纪录的4.2亿美元；2000/2001年度，国际市场咖啡价格跌至每吨1820美元，埃塞俄比亚咖啡出口收入也随之减少到1.43亿美元，咖啡出口在出口总额中的比重亦随之降到不足40%。2010年以后，随着国际市场咖啡价格上升，咖啡出口收入增加。2013/2014年度，埃塞俄比亚出口咖啡18.9万吨，收入7.14亿美元。

表 4－10 近年来埃塞俄比亚出口商品及比重一览

单位：亿美元，%

	2012/2013		2013/2014		2014/2015	
	价值	比重	价值	比重	价值	比重
咖啡	7.47	24.0	7.14	21.6	7.81	25.8
油籽	4.44	14.2	6.52	19.8	5.10	16.9
皮革及皮革制品	1.21	3.9	1.30	3.9	1.32	4.4
豆类	2.33	7.5	2.51	7.6	2.20	7.3
肉类及制品	0.74	2.4	0.75	2.3	0.93	3.1
水果及蔬菜	0.44	1.4	0.46	1.4	0.48	1.6
活畜	1.66	5.3	1.87	5.7	1.49	4.9
恰特	2.71	8.7	2.97	9.0	2.72	9.0
黄金	5.79	18.6	4.56	13.8	3.19	10.6
鲜花	1.87	6.0	2.00	6.1	2.03	6.7
电力	0.35	1.1	0.45	1.4	0.43	1.4
其他	2.15	6.9	2.47	7.4	2.51	8.3
总计	31.16	100	33.00	100	30.21	100

资料来源：根据埃塞俄比亚国家银行《2014/2015 年度报告》编制。

埃塞俄比亚政府推行出口多样化战略，努力增加咖啡以外其他商品的出口，并注意开辟传统出口市场以外的新市场，特别是中东和东亚地区市场。咖啡以外的出口商品中，增幅最大的是恰特。恰特的出口市场主要是吉布提、索马里、也门和沙特阿拉伯。1999/2000 年度恰特出口值超过皮革，成为第二大出口商品，但次年皮革的出口值又超过恰特。由于恰特走私出口量较大，专家估计在一些年份恰特的出口实际上超过皮革出口，达到 3 亿美元左右。近年来埃塞俄比亚高原鲜花种植和出口发展较快，2013/2014 年度和 2014/2015 年度出口收入均超过 2 亿美元。工矿业及制成品出口数量较少，主要有黄金、糖、石油产品和纺织品等。其中黄金出口由 2009/2010 年度的 2.81 亿美元增加到 2011/2012 年度的约 6 亿美元。

1991 年以来，埃塞俄比亚进口商品的结构发生了一些变化。按最终用途划分，进口商品可分为原材料、半成品、燃料、资本物品和日用消费品五大类。1992/1993 年度至 1999/2000 年度最大宗的进口物品为资本物品，其次为日用消费品。1993/1994 年度前，燃料为第三大宗进口物品，此后半成品进口额超过燃料，成为第三大宗进口物品。原料进口在进口总额中平均不超过 2%。2011/2012 年度进口中，日用消费品成为最大宗物品，占总进口额 31.9%；资本物品退居第二，占进口总额的 26.8%；燃料为第三大宗物品，占进口总额的 19.2%。进口的资本物品中，主要为运输工具和工业机械。

表 4-11　近年来埃塞俄比亚进口商品价值及构成情况一览

单位：亿美元，%

	2012/2013		2013/2014		2014/2015	
	价值	比重	价值	比重	价值	比重
原材料	1.46	1.3	1.67	1.2	1.71	1.0
半成品	18.98	16.5	23.32	16.9	25.78	15.7
化肥	2.92	2.5	3.99	2.9	5.03	3.1
燃料	21.75	19.0	25.56	18.5	20.41	12.4
石油产品	21.28	18.6	24.95	18.1	19.67	11.9
其他	0.47	0.4	0.61	0.4	0.56	0.3
资本物品	38.26	33.4	48.45	35.1	68.82	41.8
运输工具	9.17	8.0	10.89	7.9	16.99	10.3
农业用具	1.33	1.2	1.69	1.2	0.72	0.4
工业机械	27.76	24.2	35.87	26.0	51.12	31.1
日用消费品	32.06	28.0	36.94	26.8	45.11	27.4
耐用品	8.04	7.0	11.76	8.5	16.08	9.8
非耐用品	24.02	21	25.18	18.3	29.03	17.6
其他	2.11	1.8	2.00	1.5	2.76	1.7
总计	114.62	100	137.94	100	164.59	100

资料来源：根据埃塞俄比亚国家银行《2014/2015 年度报告》编制。

1991 年以来，埃塞俄比亚的贸易伙伴发生了较大变化。20 世纪 90 年代，欧洲和北美是埃塞俄比亚的主要出口市场，其次为亚洲和非洲。2013/2014 年度，埃塞俄比亚的出口市场依次为欧洲（占 37.7%）、亚洲（占 34.5%）、非洲（占 22.6%）、美洲（占 4.6%）和大洋洲（占

0.6%）；而进口来源则依次为亚洲（占70.6%）、欧洲（占20.3%）、美洲（占6%）、非洲（占3%）和大洋洲（占0.1%）。

欧洲国家中，瑞士是埃塞俄比亚最大的出口市场，占出口总额的14.1%，主要出口产品为黄金和咖啡；荷兰是埃塞俄比亚在欧洲的第二大出口市场，占出口总额的6%，主要出口鲜花、油籽、咖啡、豆类和纺织品；对德国的出口占埃塞俄比亚出口总额的5.8%，主要出口产品为咖啡和黄金。

亚洲国家中，中国为最大出口市场，对中国的出口占出口总额的12.2%；其次为沙特阿拉伯，占5.7%；再次为以色列和阿拉伯联合酋长国，分别占3%和2.4%。对中国的出口商品主要有油籽、皮革、纺织材料、矿产、天然树胶和咖啡。对沙特阿拉伯的出口产品则主要为咖啡、肉类、活畜和鲜花。对以色列的出口主要为油籽、谷物、咖啡和蔬菜。阿拉伯联合酋长国主要从埃塞俄比亚进口肉类、咖啡、豆类、油籽、活畜、鲜花和食品。

埃塞俄比亚对非洲的出口对象主要是索马里、吉布提和苏丹等周边国家。对上述三国的出口占对非洲出口的82.2%。对索马里的出口产品主要有蔬菜、活畜、恰特、咖啡；对苏丹的出口产品主要有豆类、咖啡、香料、活畜和纺织品；对吉布提的出口产品则主要为咖啡、蔬菜、活畜、油籽、豆类和恰特。

埃塞俄比亚在美洲的出口市场主要为美国及加拿大，对两国的出口分别占对美洲出口总额的88.9%和6.6%。埃塞俄比亚对美国的出口产品主要为咖啡、皮革、油籽、鲜花和食品，对加拿大的出口则主要为咖啡。

埃塞俄比亚的传统进口来源地为欧洲和北美，但近年来亚洲已经取而代之。2013/2014年度，从亚洲国家的进口占进口总额的70.6%，其中中国占24.9%，沙特阿拉伯占8.9%，印度占7.4%，科威特占4.9%。从中国的进口产品主要有五金、机械和飞机材料、电子、道路机械、纺织服装和橡胶产品；从沙特阿拉伯的进口产品主要是石油产品。在欧洲的进口来源国主要有意大利（占17.9%）、土耳其（占16.2%）、德国（占12.3%）、乌克兰（占10.7%）和荷兰（占6.9%）。从意大利、土耳其、德国和荷兰主要进口机械设备、电子、电器、飞机材料、药品等产品，从乌克兰则主要进口五金、谷物和化肥。从美洲的进口中，94.1%来自美国和巴西。从美国的进口主要为机械设备、飞机及部件、谷物、食品、电子器材等，从巴西的进口则主要为机械设备、飞机及部件、交通工具等。在非洲的进口国主要为埃及（占30.3%）、南非（占29.3%）、苏丹（占12.7%）和摩洛哥（占10.3%）。

埃塞俄比亚从1992年起享受普惠制待遇，它还是东非政府间发展组织、东南非共同市场、非洲联盟等地区经贸组织的成员国，也是洛美协定的成员国，产品进入欧盟市场可享受一系列优惠待遇。此外，埃塞俄比亚还享受美国《非洲增长与机遇法案》规定的产品进入美国的贸易优惠。

二　外国投资

埃塞俄比亚把吸引外国直接投资作为促进其经济发展战略的重要组成部分，为此制定了相应的法律法规。该国宪法规定国家依法保护私有财产，除非为了公共利益并依据有关法律，不得将私有财产收归国有；如政府确有需要征收私有财产，必须依据当时市场行情给予相应赔偿。埃塞俄比亚是世界银行所属“多边投资保护机构”的成员国，签署了《解决投资纠纷公约》和其他国际协议，并与意大利、希腊、以色列、瑞士、中国、卡塔尔、日本、突尼斯、英国、印度、德国等签署了双边投资保护协定。

埃塞俄比亚现行的投资法于1992年颁布实施。由于该法是埃塞俄比亚历史上首部专门的投资法，加上当时埃塞俄比亚政府仍然主张发展混合经济，因此该法在原则上鼓励私人投资的同时，在投资领域和投资额等方面对国内外私人资本做了较多的限制。在投资领域方面，规定国防工业、大型发电与输电、邮电通信、大型航空、铁路和海运等领域为政府的专有投资领域，国内外私人资本不得投资。在投资额方面，规定任何外国投资，不论其投资于何种领域，是独资还是合资，最低投资额不得少于50万美元，且须将至少12.5万美元以现金的形式存入埃塞俄比亚银行，不得使用。1996年，埃塞俄比亚政府对投资法进行了首次修改，废除了外国投资者须将12.5万美元资本金存入埃塞俄比亚银行的规定，并将外国资本与埃塞俄比亚资本的合资企业的最低投资额从原来的50万美元降至30万美元；对工程和技术咨询领域的最低投资额降至10万美元。同时，取消对国内私人投资者投资小型发电、小型输电及小型航空的限制。1998年和1999年，埃塞俄比亚政府再次对投资法进行了修改和补充，进一步向国内外私人投资者开放原来保留给政府的一些投资领域，如国防工业、电信服务、水力发电等。1998年修改后的投资法规定，外国投资者可以投资水力发电，并且可以与政府合作在国防工业和电信服务领域进行投资。1999年的修改则废除了对外国投资者在工程技术、金属加工、制药、化学、石油化工和肥料等领域的合资企业投资额不得少于2000万美元的限制。2002年，政府又对投资法进行修改，规定仅将输电与邮政服务（快递服务除外）保留给政府，向国内外私人投资者开放其余一切投资领域；它还规定私人投资者可以与政府合资在武器与弹药生产、电信服务领域进行投资。这次修改还再次降低外国投资者的最低投资限额，规定单个投资项目的最低投资额为10万美元，如系合资企业，则为6万美元。外国私人资本如投资于工程技术、建筑设计、会计与审计服务、项目研究、商业和管理咨询、出版等行业，独资的最低投资额为5万美元，合资则为2.5万美元。

但修改后的投资法仍然在投资领域方面对外国投资者进行了一些限制。投资法规定下列行业是为埃塞俄比亚本国公民保留的，外国投资者不得进行投资：银行与保险、20座以上的航空客运、2700公斤以上的航空货运、海关报关服务、船运代理服务、广播和电视、博物馆与电影院、零售业与中介服务、除石油外的商品批发、印刷、除具有一级资质证书以外的建筑业、不具星级的旅馆、汽车旅馆、养老金管理、酒吧、夜总会、除提供外国饮食和特殊情况外的餐饮业、导游和旅行社、公路与水路运输、汽车出租、理发与美发、建筑物与汽车维修等。另外，在工程与冶金工业、制药、基础金属与农药生产、化肥生产等领域，外国投资者不能单独投资，而只能与埃塞俄比亚投资者建立合资企业，且当地投资者所占股份不得少于27%。投资法规定，国内外私人投资根据投资领域与地域的不同，可享受1~5年的免税期；如系利用利润或分红进行的再投资，还可享受另外1~2年的免税期。

2003年4月，埃塞俄比亚政府又对投资法进行了修改。这次修改一是放宽了对外国投资者在埃塞俄比亚国内投资领域的限制，将航空货运业务、液化石油气和沥青等产品的进口贸易向外资公司开放；二是加大了对外国投资的激励力度，将外资投资于出口型制造业、农业、农产品加工业的企业的免税期延长到5年，如果是在偏僻地区的投资，免税期还可延长至7年；三是将投资的审批权下放，今后凡是在首都亚的斯亚贝巴投资的外资企业的审批权及企业可享受的优惠待遇的审批，下放给亚的斯亚贝巴市政府。

埃塞俄比亚投资委员会（Ethiopian Investment Commission）是国内外投资的受理和审批机构。该机构为投资者提供一站式投资审批服务。

尽管埃塞俄比亚政府在吸引外国投资方面做出了较大努力，埃塞俄比亚的投资环境较十多年前也有一定改善，但20世纪90年代外国资本对埃塞俄比亚的直接投资并不十分踊跃。据埃塞俄比亚投资办公室资料，1992~2001年，埃塞俄比亚共批准了273个外国直接投资项目，协议投资额为138.5亿比尔。在21世纪第一个十年，外国投资者对埃塞俄比亚的投资活动趋于活跃。2009/2010年度，埃塞俄比亚投资管理部门共批准外国投资项目1413个，投资总额551亿比尔；2010/2011年度，批准的外国投资项目952个，投资总额533亿比尔；2011/2012年度，批准的投资项目604个，投资总额839亿比尔。新增外国投资主要来自沙特阿拉伯、印度、中国、苏丹和土耳其等国。

三　外国援助

作为最不发达国家之一，外国援助一度在埃塞俄比亚经济中发挥着重要作用，政府的国际收支赤字主要依靠国际社会的援助和优惠贷款来弥补。在20世纪80年代之前，美国等西方国家对埃塞俄比亚基本停止了除人道主义援助以外的其他援助。80年代中期以后，随着埃塞俄比亚政府对已没收的外国资产赔偿工作的进展，西方国家对埃塞俄比亚的援助有所增加。90年代，埃塞俄比亚接受的外国援助在数量与性质上与80年代相比都发生了重大变化。80年代，国际社会向埃塞俄比亚提供的主要是紧急援助，其中主要是紧急粮食援助。90年代，援助主要是在经济结构调整与改革框架内的发展援助。据国际货币基金组织资料，1991年埃塞俄比亚接受的各种外国援助为11亿美元，1992年为6.57亿美元，1993～1995年每年均超过10亿美元，1996年降至8.8亿美元，1997年又降至5.71亿美元，1998年为6.4亿美元。由于与厄立特里亚战争的爆发导致一些国家停止援助，1999年外援额降至5亿美元左右。进入21世纪以来，埃塞俄比亚接受的外援有所增加。2000～2007年，埃塞俄比亚接受的外援平均每年为12亿美元左右。据埃塞俄比亚政府公布的数字，2009/2010年度埃塞俄比亚共获得外国援助412亿比尔（约合30亿美元），2010/2011年度获得外国援助164.9亿比尔。另据联合国机构资料，2011/2012年度埃塞俄比亚接受的外国官方发展援助总额为26.18亿美元，人均31.5美元，低于撒哈拉以南非洲52.16美元的平均水平。

外援在埃塞俄比亚政府财政预算中长期占有重要位置，但近年来有所降低。1995/1996财政年度，外援占联邦政府财政预算的比重高达50%，1996/1997年度为41%，1997/1998年度为44%。近年来随着埃塞俄比亚国内财政收入增加，外援在政府财政预算中的比重下降，2010/2011年度为20%，2011/2012年度下降至11%。

埃塞俄比亚接受的外援中，大部分为多边援助。1996～1999年，多边援助占外援总额的59%，双边援助占41%。多边机构分为联合国系统和非联合国系统，联合国系统中世界银行和国际货币基金组织是埃塞俄比亚优惠贷款的主要来源，占外援总额的17%，联合国机构如世界粮食计划署（WFP）、联合国开发计划署（UNDP）、联合国难民事务署、联合国儿童基金会等提供的援助占外援总额的23%。非联合国系统中，欧盟和非洲开发银行提供的援助平均每年约占19%，近年来，非洲开发银行对埃塞俄比亚的贷款呈下降趋势，但欧盟的无偿援助增长迅速，埃塞俄比亚成为欧盟在非洲、加勒比海、太平洋国家和地区中的最大受援国。据埃塞俄比亚政府统计数字，外国对埃发展援助中，62%为无偿援助，其余为优惠贷款。

四　外债

埃塞俄比亚属于高负债贫穷国家。20 世纪 70 年代和 80 年代，埃塞俄比亚欠下苏联和东欧国家大量债务，其中大部分为军事债务。到了 90 年代，苏联解体和东欧剧变所带来的俄罗斯及东欧国家币值的变化，埃塞俄比亚欠这些国家的债务如何计算成为有争论的问题。埃塞俄比亚政府从 1990 年起停止偿还欠苏联和东欧国家的债务。据埃塞俄比亚财政部门公布的数字，埃塞俄比亚欠俄罗斯的债务为 32 亿卢布，其中 28 亿卢布为军事债务。如按举债时的汇率计算，应为 40 多亿美元，但若以 1998 年汇率计算，则不足 5 亿美元。另据埃塞俄比亚国家银行统计，1993/1994 年度埃塞俄比亚所欠的所有双边债务中，除欠俄罗斯的外，18% 为欠东欧国家的债务。欠东欧国家的债务中，大部分为欠原民主德国的债务。

据国际货币基金组织的资料，2000/2001 年度埃塞俄比亚外债总额为 53.57 亿美元，其中欠多边机构债务 30.72 亿美元，双边债务 22.22 亿美元，商业债务 6300 万美元。外债总额相当于当年国内生产总值的 86%。

20 世纪 90 年代中期以后，埃塞俄比亚政府与债权国和债权机构就债务减免问题进行了长期谈判。债权国和债权机构相继减免了埃塞俄比亚的部分债务。在双边减债方面，根据伦敦和那不勒斯条款，通过三个回合的巴黎俱乐部谈判，埃塞俄比亚共获得 9 亿多美元的债务减免和重新安排。第一回合始于 1992 年 12 月首次巴黎俱乐部协议。根据“伦敦条款精神”（也称为“强化的多伦多条款精神”），债务的净现值降低 50%。这一回合谈判中，埃塞俄比亚共获得约 3.73 亿美元的债务减免和重新安排，其中 1.1 亿美元的外债被取消，2.71 亿美元的债务被重新安排。第二回合谈判始于 1997 年 12 月。根据“那不勒斯条款精神”，在国际货币基金组织表示支持埃塞俄比亚的减贫战略之后，巴黎俱乐部宣布同意重新安排债务，允许债务的净现值降低 67%。这一回合的谈判结果中，埃塞俄比亚共获得 1.35 亿美元的债务减免和重新安排。第三回合谈判始于 2001 年 4

月。根据“那不勒斯条款精神”，巴黎俱乐部债权人于2003年4月6日与埃塞俄比亚签订协议，大幅度减免或重新安排了埃塞俄比亚2004年3月31日到期应偿还的约4亿美元债务。巴黎俱乐部还表示一旦国际货币基金组织和世界银行认可埃塞俄比亚履行债务减免协议的各项条款，它们将免除埃塞俄比亚90%以上的债务。

关于欠俄罗斯的债务，埃塞俄比亚与俄罗斯进行了多轮谈判。1997年俄罗斯加入经济合作与发展组织后，双方谈判进程加快。两国于2001年签署减债协议，俄罗斯免除埃塞俄比亚欠苏联80%约48亿美元的债务，剩余的20%根据巴黎俱乐部条款重新安排。埃塞俄比亚总理梅莱斯2001年底访问俄罗斯时表示，两国之间的债务问题已经解决。德国也与埃塞俄比亚达成减免并重新安排债务的协议，将埃塞俄比亚欠德国及原民主德国的债务由2400万美元减至约1100万美元，并对剩余债务进行了重新安排。

在多边减债方面，在世界银行的国际开发协会资助下，埃塞俄比亚以每美元8美分的价格赎买了约2.6亿的商业债务本金，3000万美元的利息也被取消。

2001年11月，埃塞俄比亚满足了国际货币基金组织和世界银行“重债穷国倡议”的条件，世界银行和国际货币基金组织对埃塞俄比亚的减贫战略和正在进行的经济改革计划表示满意，宣布2001～2021年将每年减免埃塞俄比亚约9600万美元的债务，减债总额可达19亿美元。2002年初，非洲开发银行宣布减免埃塞俄比亚欠其80%总计2.16亿美元的债务。

近年来由于埃塞俄比亚经济建设步伐加大，政府对外举债大幅增加，外债余额大幅上升。据政府公布的数字，2009/2010年度中央政府和政府担保债务余额约为43.6亿美元，2010/2011年度约为57.7亿美元，2011/2012年度约为67.8亿美元，2012/2013年度约为85.8亿美元。截至2013年12月31日，中央政府及政府担保债务余额约为94.2亿美元。虽然外债余额有较大幅度上升，但由于同期国民经济总量迅速扩大，外债与国内生产总值之比并不算高，政府的偿债负担控制在可承受范围内，2012/2013年度还本付息额约为5.67亿美元。

表 4-12　近年来埃塞俄比亚外债余额变动情况一览

单位：百万美元

	2009/2010	2010/2011	2011/2012	2012/2013	截至 2013 年 12 月 31 日
债务总额	5633.26	7807.6	8935.46	11203.41	12163.53
中央政府债务	3695.61	4724.98	5468.63	6814.22	7523.82
政府担保债务	662.02	1040.31	1312.55	1767.08	1898.42
非政府债务	1275.63	2042.31	2154.28	2622.11	2741.29
多边债务	2737.38	3589.94	4033.42	5011.48	5568.58
双边债务	1414.99	1854.71	2286.74	2993.25	3242.35
还本付息	111.28	241.88	403.02	567.30	303.50

资料来源：埃塞俄比亚财政与经济发展部《公共债务统计公报》（2014 年 3 月）。

五　与中国的经济关系

埃塞俄比亚与中国的经济联系日益密切，两国在贸易、工程承包、投融资、劳务等领域的合作规模不断扩大。中国已连续多年成为埃塞俄比亚最大的贸易伙伴、最大投资来源国和最大工程承包方。

埃中两国双边贸易始于 20 世纪 50 年代，其发展历程大致可分为三个阶段：第一阶段为 50 年代至 1970 年，双方只有零星的贸易往来；第二阶段为 1971 年两国建交后至 1990 年，双边贸易有所发展，但以政府间贸易为主；第三阶段为 1991 年至今，双边贸易进入快速发展时期，贸易主体从政府向私营部门扩展，并逐渐以民间为主。据中国商务部和海关统计，1956～1998 年，两国贸易额累计为 4.1 亿美元。1991～2001 年，双边贸易增长迅速。2000 年双边贸易额为 5857 万美元，2001 年达到 8057 万美元，2002 年首次突破 1 亿美元。据中国商务部资料，2004～2014 年，双边贸易平均以每年 20% 的速度增长，2009 年中国成为埃塞俄比亚最大贸易伙伴，2013 年双边贸易额达到 21.9 亿美元。中国对埃出口产品依次为轻工产品、五金建材、机电产品、医药化工产品、纺织服装，其中轻工产品占 50% 左右。中国主要从埃进口农矿产品及皮张等。

表 4-13 1956~2001 年埃塞俄比亚与中国贸易情况一览

单位：万美元

年份	贸易总额	出口	进口	额差	同比增长%		
					进出口	出口	进口
1956~1990	16098.5	6366.0	9732.5	3366.5	—	—	—
1991	420.0	0.0	420.0	420.0	—	—	—
1992	736.0	0.0	736.0	736.0	75.24	—	75.24
1993	2224.0	0.0	2224.0	2224.0	202.17	—	202.17
1994	1754.0	4.0	1750.0	1746.0	-21.13	—	-21.31
1995	3188.7	60.6	3128.1	3067.5	81.80	1415.00	78.75
1996	4139.0	21.0	4118.0	4097.0	29.80	-65.35	31.65
1997	5561.0	63.0	5498.0	5435.0	34.36	200.00	33.51
1998	6875.1	47.7	6827.4	6779.7	23.63	-24.29	24.18
1999	5421.7	77.0	5344.7	5267.7	-21.14	61.43	-21.72
2000	5857.0	287.0	5570.0	5283.0	8.03	272.73	4.22
2001	8057.0	177.0	7880.0	7703.0	37.56	-38.33	41.47

资料来源：中国海关总署。

中国公司从 1986 年起在埃塞俄比亚开展工程承包业务，但在 20 世纪 90 年代中期以前进展不大。1986~1996 年的 10 年中，中国公司签订工程承包合同额累计仅为 1500 万美元左右。1997 年以后，中国公司在开拓埃塞俄比亚承包工程业务中取得突破。截至 2002 年底，双方共签订工程承包合同额逾 6 亿美元，业务涉及公路、水电站、石油天然气开发、房屋建设、水利灌溉、打井供水等领域。据中国商务部统计，截至 2013 年底，中国企业在埃签订工程承包合同累计 224 亿美元，其中在建项目总额超过 150 亿美元。埃首个风力发电项目、首条高速公路、首条城市轻轨以及亚的斯亚贝巴至吉布提铁路均由中国公司承建。

中国对埃塞俄比亚的直接投资起步较晚，但近年来发展迅速。1998 年，江西国际公司与埃塞俄比亚工农业综合股份有限公司签署成立合资制药企业的备忘录，为中国第一起对埃直接投资。2009 年，两国政府新签避免双重征税协定，以鼓励相互投资。据中国商务部数据，中国对埃直接投资存量已从 2009 年底的 1.38 亿美元增至 2013 年底的 7.2 亿美元，投资领域涉及水泥、建材、汽车组装、装备制造、玻璃、制鞋、纺织服装、皮革加工、工程咨询等领域。中国政府资助的埃塞俄比亚东方工业园系中国对埃直接投资最大型项目。该工业园位于亚的斯亚贝巴 50 千米外的杜卡姆，占地面积 5 平方千米，截至 2014 年底已完成 2.33 平方千米的基础设施建设，带动 20 多家中国企业赴埃投资水泥生产、制鞋、汽车组装、钢材轧制、纺织服装等行业。2015 年 4 月，由中国华坚集团投资的埃塞俄比亚华坚国际轻工业园项目在亚的斯亚贝巴开工。该项目预计投资 4 亿美元，占地 137.4 公顷，预计 2020 年建成。

第七节　旅游业

埃塞俄比亚旅游资源较为丰富，但旅游业欠发达，旅游基础设施相对落后，旅游业收入在国民经济中的比重不高。

埃塞俄比亚在文化、历史、地理、民族、动植物等方面均极具多样性。该国有 9 处历史、自然和人文景观被联合国教科文组织列入《世界遗产名录》，是拥有世界遗产数量最多的撒哈拉以南非洲国家。这 9 处世界遗产分别是：阿克苏姆古城及考古遗址、贡德尔古皇宫（Fasil Ghebbi of Gondar）、提亚（Tiya）史前和考古遗址、哈拉尔古城（Harar Jugol）、拉利贝拉石凿教堂（Rock – Hewn Churches of Lalibela）、锡缅山国家公园（Semien Mountain National Park）、下奥莫河谷地（Lower Valley of the Omo）、下阿瓦什河谷地（Lower Valley of the Awash）和康索文化景观（Konso Cultural Landscape）。这些历史、自然和人文景观，是埃塞俄比亚不可多得的宝贵资源和旅游目的地，它们连同其他自然和人文景观，为埃塞俄比亚发展旅游业提供了良好的基础和条件。鉴于该国在旅游业方面具备的潜力和近年来旅游业取得的进步，2015 年欧洲旅游与贸易理事会（European Council on Tourism and Trade）授予埃塞俄比亚“2015 年度世界最佳旅游目的地”称号。

在自然景观方面，埃塞俄比亚具有大量可作为旅游景点加以开发的资源。它是尼罗河的主要发源地之一，一望无际的塔纳湖风光旖旎；尼罗河大峡谷山高谷深，气势磅礴；东非大裂谷从东北至西南斜穿埃塞俄比亚境内，将整个国家一分为二，一个个因火山喷发而形成的湖泊点缀其中，如翡翠般撒在这块非洲大地上。除列入《世界遗产名录》的锡缅山国家公园外，该国还有众多的国家公园，如阿瓦什国家公园（Awash National Park）、奥莫国家公园（Omo National Park）、马戈国家公园（Mago National Park）、甘贝拉国家公园（Gambela National Park）等。上述国家公园动植物资源均十分丰富。位于埃塞俄比亚北部的锡缅山国家公园有非洲第四高峰拉斯－达森峰，有埃塞俄比亚独有的瓦利亚野山羊（Walia Ibex）、盖拉达狒狒（Gelada Baboon）和锡缅狐。位于埃塞俄比亚中部阿瓦什河两岸的阿瓦什国家公园有阿瓦什瀑布、死火山和长角羚（Beisa Oryx）等独特资源。

在历史人文景观方面，埃塞俄比亚是人类的发源地。在下阿瓦什河谷和下奥莫河谷地发现了众多的古人类化石，被称为“人类夏娃”、距今320万年的类人猿化石“露西”就是在下阿瓦什河谷发现的。3000多年的文明史在埃塞俄比亚留下许多历史的积淀，使该国成为撒哈拉以南非洲历史遗迹最为丰富的国家。这里有阿克苏姆古城的石雕方尖碑，有拉利贝拉的石凿教堂群，有贡德尔气势恢宏的古城堡，有哈拉尔伊斯兰风格的古老城市建筑群和为数众多的清真寺和神龛。

埃塞俄比亚有众多民族，他们讲不同的语言，有不同的文化，信仰不同的宗教，有不同的风俗习惯。康索地区长达55千米的石砌梯田和城堡式民居群，构成独特的历史和人文景观，被列入《世界遗产名录》。

虽然旅游资源丰富，但与肯尼亚、南非等非洲国家相比，埃塞俄比亚旅游业比较落后。该国的旅游业起步于20世纪60年代。70年代中后期至80年代末门格斯图统治时期，该国旅游业呈萎缩态势。进入90年代以后，该国旅游业开始有所发展，但仍受到交通、旅馆等基础设施不足的限制。近年来，埃塞俄比亚政府加大了对发展旅游业的重视程度，采取诸多措施鼓励和促进旅游业发展。如政府把发展旅游业纳入国民经济与社会发展规划和国家减贫战略，投入更多资金发展道路、航空、旅店等旅游基础设施，加大力度保护和开发历史和人文景点，打击对野生动物的盗猎等。特别是埃塞俄比亚国内私营部门对旅馆、酒店、度假村等旅游设施的投入逐年加大。埃塞俄比亚政府还于2013年设立了“埃塞俄比亚旅游组织”(Ethiopian Tourism Organisation)，以促进旅游业发展；同时成立由政府总理领导的旅游转型委员会与旅游委员会，以监督埃塞俄比亚旅游组织的工作。

近年来，赴埃外国旅客数量呈逐年增长之势。据埃塞俄比亚旅游委员会统计，赴埃旅游外国游客数量1998年仅为9.08万人（其中真正度假的仅为2.93万人），2001年为14.6万人，2009年增至41万人，2012年为50万人。另据埃官方数据，2014年以前的10年间，赴埃塞俄比亚旅游的外国游客以每年12%的速度增加，2014年有60多万人次，旅游收入每年以20%的速度增长。据埃塞俄比亚政府文化与旅游部2016年公布的数据，2015/2016年度赴埃外国游客增至91万人次。埃塞俄比亚政府文化与旅游部制定的目标是，到2020年，赴埃外国游客数量将达到250万人。随着外国旅客数量的逐年增加，旅游创造的收入也相应增加。埃官方公布的数据显示，2009/2010财政年度旅游业创造的收入为2.11亿美元，2011/2012年度为7.73亿美元，2013/2014年度增至约20亿美元。世界银行数据显示，2014年旅游业对埃国内生产总值的贡献为4.5%，仍低于世界各国11%的平均水平。截至2015年，埃塞俄比亚全国共有99家旅行社。

第五章

军　　事

第一节　概述

一　建军简史

埃塞俄比亚现代军队起源于20世纪初。1917年，塔法里·马康南（即后来的海尔·塞拉西一世皇帝）任摄政王时期，埃塞俄比亚就开始派遣军官到法国接受专门培训。海尔·塞拉西一世登基后，埃塞俄比亚政府在瑞典政府的帮助下开办军事学校，培养掌握现代军事技术的军官队伍。第二次世界大战结束后，埃塞俄比亚为巩固国防，一度将国家财政预算的40%用于重建国防军，广聘瑞典、挪威、以色列、印度等国军事专家，建立起皇家陆军、海军、空军、伞兵、防暴部队等各军、兵种。因受西方国家的蛊惑，埃塞俄比亚曾于1951年派出一个营的兵力参加“联合国部队”赴朝鲜作战。20世纪60年代，埃塞俄比亚空军也参与了联合国部队在刚果民主共和国（原扎伊尔）的作战。

1974年革命后，由于苏、美在非洲之角展开激烈的争夺，来自索马里的领土扩张威胁日增，同时国内反政府武装迅猛发展，埃塞俄比亚军政权被迫进一步增加对国防建设的投入，军队不断得到扩充，总兵力由1974年的4.1万人发展到1977年的5万人和1979年6.5万人。

1991年埃塞俄比亚政权更替前，政府军队规模达到23万人。得益于苏联及古巴、民主德国、朝鲜等国的援助，埃塞俄比亚军队的武器装备也日益现代化，其陆军拥有1300多辆苏制T－54/55/62型坦克，约1100辆装甲运兵车，以及各种轻、中型火炮、榴弹炮、火箭发射器和重型迫击炮等。防空部队也装备有速射高炮和地空导弹。空军装备有150多架喷气式作战飞机，近80架直升机及少量运输机。海军规模相对较小，但也拥有26艘舰只，其中驱逐舰2艘，导弹驱逐舰8艘，鱼雷快艇和巡逻艇各6艘，以及登陆舰和支援舰各2艘。1991年，埃塞俄比亚政府军被以埃塞俄比亚人民革命民主阵线（埃革阵）军队为主的国内反政府武装打败。新政府上台后，解散了原政府军。

埃塞俄比亚武装力量全称为“埃塞俄比亚联邦民主共和国国防军”。它是在埃革阵军队的基础上组建起来的，而埃革阵武装又是由提格雷人民解放阵线、阿姆哈拉民族民主运动、奥罗莫人民民主组织等组织的武装组成，其中提格雷人民解放阵线的武装系其主力。1991年5月，以埃革阵武装为主的几支反政府武装经过多年的武装斗争，攻入首都亚的斯亚贝巴，推翻门格斯图政权，建立过渡政府。《过渡宪章》规定，拥有数十万兵力的埃革阵武装成为临时国防军，其他原反政府武装在指定地区集结。1995年埃塞俄比亚联邦民主共和国成立，临时国防军成为正式国防军。1993年以后，埃塞俄比亚政府对国防军进行了几次重大改组和整编。改组和整编主要朝两个方向进行：一是逐渐减少军队中提格雷族兵员的比例，扩大其他民族兵员的比例，使国防军逐步成为一支统一的、多民族的武装；二是加强军队的专业化建设，使之从一支游击队武装转变为专业化的正规部队。到20世纪90年代中期，埃塞俄比亚国防军总兵员裁减到10万人左右。

1998年5月，埃塞俄比亚与厄立特里亚发生边界冲突。埃塞俄比亚政府先后采取了一系列扩军备战措施，迅速进行全国总动员，招募新兵，重新召回前政府军的专业和技术军官，尤其是空军飞行员，并紧急向俄罗斯等国采购包括苏－27战机在内的武器装备。顶峰时期，埃塞俄比亚国防军总人数曾达30多万人，军费开支增至7亿～8亿美元。战争结束后，埃塞俄比亚政府再次削减了兵员，目前国防军总兵力在15万人左右，其中陆军14.5万人，空军约5000人。另外还有约2万人的安全部队和民兵。

二　国防体制

根据埃塞俄比亚现行宪法，埃塞俄比亚的武装力量由正规军、安全部队和民兵组成。自 1993 年埃塞俄比亚变成内陆国家后，海军编制被取消，但其海军舰只及维护人员仍旧驻扎在厄立特里亚的马萨瓦等港口。20 世纪 90 年代后期埃塞俄比亚与厄立特里亚关系恶化后，埃塞俄比亚海军舰只移驻吉布提。1996 年，埃塞俄比亚海军所有舰只全部出卖，海军编制不复存在。根据宪法，联邦政府总理为武装部队总司令，统帅全国武装力量。

国防体制分为军政、军令两个系统。

现行军政系统由国防部统辖。国防部既是联邦政府组成部门，也是全国最高军事行政机关，负责国防预算、军事财政、军事法律、宣传教育、国防动员、民兵和预备役部队的管理、武器采购、军事工业管理等方面工作。国防部长由文职官员担任，为最高军事行政首脑。2001 年 10 月改组的新一届政府中，国防部增设国务部长和副部长各一名。国防部下辖陆军司令部、空军司令部和各个军区司令部。陆、空军司令部及各军区司令部负责本军种和军区的作战、训练和行政管理等事宜。2001 年 7 月，陆军司令部被撤销，组建南、北两个协调司令部（相当于军区），分别统辖区内的 2～3 个军。

现行军令系统的最高军事指挥官为国防军参谋长，直接掌管全军的作战、情报、训练、通信、人事、外事和维和、后勤、工程、研究与计划开发等部门。参谋长下设办公室主任（亦称为助理），协助处理日常事务和协调所辖各部门的工作。

埃塞俄比亚国防军实行军衔制。目前最高军衔为中将。截至 2000 年，有现役中将 1 名（参谋长），少将 5 名，准将 12 名，上校 10 名，其余为中校以下的中低级军官。埃塞俄比亚国防军编制中军官数量不大，而士官则占有较大比重。

埃塞俄比亚国防军实行非政治化，军人不得加入任何政治派别。

2002 年 10 月，人民代表院批准成立国家安全委员会。该委员会由总理、副总理、外交部长、国防部长、国防军参谋长、联邦安全与移民事务局局长及总理办公室主任7人组成，由总理任委员会主席。国家安全委员会是埃塞俄比亚国防和安全事务的最高决策机构，直接掌控军队、警察、安全、情报等强力部门，行使相关重大事务决策权力。

三 国防预算

1998年埃塞俄比亚与厄立特里亚边界战争爆发前，埃塞俄比亚国防开支维持在较低的水平上。1995/1996年度国防预算为7.72亿比尔，1996/1997年度为8.4亿比尔，约占联邦政府财政支出的8.4%，占国内生产总值的2%。此后由于与厄立特里亚关系趋于紧张，国防预算迅速增加，1997/1998年度为21.9亿比尔，1998/1999年度为43.4亿比尔，1999/2000年度增至68.4亿比尔，分别占国内生产总值的3.4%、6.7%和8.4%。2000年随着战争的结束，国防开支开始大幅度降低，但仍大大高于战前水平。据国际货币基金组织估计，2000/2001年度国防开支为33.1亿比尔，占国内生产总值的7.5%。近年来，埃塞俄比亚国防开支保持在40亿比尔左右，占国内生产总值的比重下降至1%左右。2010/2011年度国防开支45亿比尔（约合2.67亿美元），相当于国内生产总值的1%。

四 国防工业

埃塞俄比亚国防工业规模较小、水平落后。2010年以前，全国仅有10家军工企业，生产枪支、枪炮弹、军服、军用食品等军用物资。军工企业均设有董事会，主席由军方高层人士兼任，厂长、经理向董事会负责。2010年，埃塞俄比亚对军工企业管理体制进行大规模改革，整合原属军方的多家工程公司和军工企业，成立“金属工程公司”（METEC），统筹国家的军工生产、工程施工和军事物资采购工作。据估计，“金属工程公司”员工总数在1.2万人左右。

第二节 军种与兵种

一 陆军

埃塞俄比亚陆军总兵力约为14.5万人，编成北部、西部、中部和东南部4个军区，共20个步兵师、3个机械化师、1人独立装甲师和1个中央警卫师。陆军由步兵、炮兵、装甲兵、工程兵、防化兵等兵种和专业分队组成，其中步兵师又分为甲种和乙种两个类型。甲种师每师编制约8000名兵员，装备完好，训练充分；乙种师每师编制4000~5000名兵员，装备程度较差。

埃塞俄比亚军队的装备基本延续了原苏式武器系统。埃革阵执政以来，由于得不到足够的军费支持，大部分武器装备从门格斯图政权中接收后未能得到更新和补充，亦缺乏零配件进行维修保养，因此部分装备处于老旧甚至瘫痪状态。埃厄战争前，埃军主要装备有T-54/55/62型坦克650多辆，装甲车170辆，自行火箭炮60门，榴弹炮50门，加农炮250门，火箭炮100门。埃厄战争爆发后，埃塞俄比亚大幅度增加了从国外的军事采购，其中从乌克兰购进200辆T-62坦克，从保加利亚购置了100辆T-55型坦克。

目前，埃塞俄比亚国防军装备有T-54/55/62等类型坦克约250辆，BRDM、BMP、BTR-60、BTR-152型装甲车400余辆，BM-21自行火箭炮50余门，各类火炮460余门。

二 空军

1998年埃厄战争爆发前，埃塞俄比亚空军约有兵员5000人。空军司令部位于首都亚的斯亚贝巴东南45千米处的德卜勒泽特（Debre Zeit），下辖德卜勒泽特、甘贝拉、巴赫达尔、默克雷、迪雷达瓦等5个基地。空军编成2个战斗机、1个直升机和1个运输机联队。按机型下辖若干飞行中队，装备有米格-21、米格-23战斗机70多架，米-24/35型武装直升机 20 多架，安 - 12/32 型运输机若干架，C - 130 型运输机 2 架，米 - 8/17 运输直升机近 20 架，教练机 30 多架。

埃塞俄比亚军队没有专门的防空部队编制。各空军基地和战略要点配置雷达 24 部，有地对空导弹 500 余枚及少量高炮。

1998 年埃厄边界战争爆发后，埃塞俄比亚政府紧急征集大批新兵并召回一些前政府时期的飞行员和专业技术军官、军士。同时，向俄罗斯和一些东欧国家紧急采购了一些武器弹药，包括战斗机、坦克和地空导弹。目前，埃塞俄比亚空军装备有各种类型飞机 130 多架，其中战斗机约 60 架（主要有苏 - 27、米格 - 25、苏 - 25T/UB、米格 - 23BN/27 等）、运输机 23 架（主要有安 - 12、C130、DHC - 6、Y - 12 等）、直升机 37 架、教练机 16 架、防空雷达 24 部、萨姆 - 2 防空导弹发射器 32 套、萨姆 - 3 防空导弹发射器 20 套，萨姆 - 7 防空导弹发射器 250 套，此外还有数十门防空火炮。

三　准军事部队

埃塞俄比亚的民兵组织属地方武装的重要组成部分，在配合正规部队进行作战防卫、维护社会稳定和安宁方面发挥着重要作用。2003 年 6 月，埃塞俄比亚政府决定成立国民后备部队（National Reserve Army），该部队由国防部直接掌管，以退役的官兵为骨干，吸收 18 ~ 50 岁的公民自愿参加。

四　警察

埃塞俄比亚警察系统分联邦警察署和州（市）警察署两个部分。两者之间既有工作上的配合、协调关系，又自成领导指挥体系和业务管辖范围。

联邦警察署主要分管全国性公共安全事务和刑事侦查，而地方警察署主要负责本地区的社会治安、交通管理、安全警卫等方面工作。埃塞俄比亚警察的主要警种有治安警、交通警、刑警、法警、狱警、消防警等，另有一定规模的防暴、边界警卫和应急机动特警部队。2001 年上半年亚的斯亚贝巴等地区发生骚乱后，警方加强了防暴和应急机动警察部队的建设。

埃塞俄比亚在亚的斯亚贝巴东北30千米的森达法设有一所警察学院，全国的警官都经由这所学校培训。

埃塞俄比亚警官授予警衔，衔级与军衔相同，即少尉、中尉、上尉、少校等，但衔级较低。亚的斯亚贝巴市警察总监仅为少校警衔。一般从警校毕业后的警官被授予少尉警衔。

第三节 军事训练和兵役制度

一 军事训练

埃塞俄比亚正规的军事训练始于1919年。当时摄政王塔法里·马康南邀请一些俄罗斯军事教官和曾经在英国皇家非洲步枪队服役的埃塞俄比亚军人训练埃塞俄比亚军队。后来，一些埃塞俄比亚军官被派到法国圣西尔军校接受训练。1929~1935年，一个比利时军事使团在埃塞俄比亚帮助该国训练军队。1934年，一个由4名教官组成的瑞典军事专家团帮助埃塞俄比亚在霍列塔开办海尔·塞拉西一世军事训练中心。1941年埃塞俄比亚从意大利殖民占领下解放后，英国与埃塞俄比亚签订了一项为期十年的军事训练协定，规定主要由英国教官训练埃塞俄比亚军队。为了抵消英国的影响，埃塞俄比亚政府分别于1946年和1953年邀请瑞典和美国军官赴埃塞俄比亚帮助训练军队。1957年，埃塞俄比亚又邀请印度军官帮助在哈拉尔建立海尔·塞拉西一世军事学院，由印度军官进行管理。

1974年埃塞俄比亚革命后，随着该国的外交向苏联和东欧倾斜，苏联及东欧国家向埃塞俄比亚派出大批军事顾问，帮助埃塞俄比亚训练军队。

20世纪80年代末，埃塞俄比亚主要有6所军事学院，即哈拉尔军事学院、霍列塔军事训练中心、德卜勒泽特空军训练中心、阿斯马拉海军学院以及亚的斯亚贝巴武装部队参谋学院。

1991年埃塞俄比亚政权发生更迭后，新政府对原有的军事院校和军事训练体制进行了较大规模的调整。目前埃塞俄比亚军事院校分为指挥和技术院校两大类。指挥院校有亚的斯亚贝巴参谋学院、空军飞行学校、霍列塔中级军官学校和赫尔索步兵学校。技术性院校有国防大学、装甲兵学校、炮兵学校、通信兵学校和空降兵学校。

亚的斯亚贝巴参谋学院（即前武装部队参谋学院）主要对各兵种的高级军官进行培训，学制一年。

国防大学原名国防工程学院，位于首都东南45千米的德卜勒泽特，始建于1996年，2000年7月改现名，归总参谋部直接领导，是埃塞俄比亚国防军目前最大的一所综合性技术院校。建院的宗旨是为国防军培养高级工程技术人员。该院现有学术、行政和后勤三大部，设有机械、技术和基础教育三个系，以及坦克维修、火炮维修、雷达、通信电子和计算机等7个专业。学制5年，其中最后一年为实习期。学员毕业后可获学士学位。该学院师资力量较雄厚，有教授、讲师等100多人。

普通士兵的训练由设在全国各地的6个军营负责，它们是：戈贾姆的比尔（Birr）军营、绍阿的托莱（Tolay）军营、哈拉尔盖的赫尔索（Hursso）军营、南方州的布拉特（Blatte）军营、沃累加的德德萨（Dedessa）军营和塔提克（Tatek）军营。

二　兵役制度

1996年颁布的《国防法》规定，埃塞俄比亚实行非义务兵役制。该法第4条第2款规定，国防部根据其颁布的标准招募“适合和愿意服役的公民”加入国防军。招募标准一般为年满18岁的公民，必要时可征召15岁以上的公民服役。国防部发布的标准还包括招募对象的身高必须在160厘米以上，体重超过50公斤。为使国防军反映全国各民族之间的平衡，还规定甘贝拉、阿法尔、索马里和贝尼山古尔等少数民族聚居区的青年只需完成8年学习就可入伍，其他地区青年则需要完成12年学业。

第四节 对外军事关系

埃塞俄比亚国防军重视发展与外国军队的关系，学习和借鉴外国军事经验，争取外国军事援助。从 20 世纪 90 年代后期起，埃塞俄比亚积极参与联合国或非洲联盟主导的维和行动。

一 与美国的军事关系

20 世纪 70 年代中期前的海尔·塞拉西一世皇帝统治时期，埃塞俄比亚与美国的军事关系密切。美国把埃塞俄比亚当作其在东非地区抵制“共产主义威胁”的主要盟友，向埃塞俄比亚提供大量军事援助，并在厄立特里亚等地设立军事监听和通信基地。1974 年埃塞俄比亚革命后，埃塞俄比亚与苏联关系发展迅速，与美国关系恶化。美国转而支持与埃塞俄比亚敌对的索马里，并支持埃塞俄比亚的反政府武装。1991 年埃塞俄比亚政权发生更迭，美国把埃塞俄比亚新政权视为东非地区“政治民主、经济自由化的样板”和遏制苏丹宗教激进势力扩张的主要前线，美、埃两军关系发展迅速。美国向埃塞俄比亚提供较多的军事援助，其中主要为一些“非致命武器”及后勤物资，包括两架二手的 C－130 运输机。两军签有军事交流与合作协定，美军在排雷、人道主义救援、维和行动、专业化军事教育和军事司法等方面向埃塞俄比亚国防军提供帮助。双方每年举行小规模的联合军事演习。美国还积极为埃塞俄比亚提供维和方面的训练帮助。埃塞俄比亚与厄立特里亚边界战争期间，美国带头对交战双方实行武器禁运，引起埃塞俄比亚的不满。战争结束后两国军事交往恢复，美国向埃塞俄比亚派遣扫雷技术人员。2001 年 4 月，美国参谋长联席会议副主席理查德·迈尔斯上将访问埃塞俄比亚。同年 7 月，美国中央司令部司令托尼·弗兰克斯上将访问埃塞俄比亚。

2001 年美国“9·11”恐怖袭击事件发生后，美国更加重视埃塞俄比亚在国际反恐方面的地位，埃塞俄比亚也对美国反恐战略予以积极配合，两国加强了在反恐方面的军事与情报合作。埃塞俄比亚协助美国军队和情报人员对索马里进行侦察，向美国提供在索马里活动的伊斯兰极端组织的情报。美军与埃塞俄比亚军队共同在埃塞俄比亚-索马里边界巡逻，以监控恐怖分子的活动。2002 年 3 月，美中央司令部司令弗兰克斯上将再次访问埃塞俄比亚，双方商讨了反恐合作问题，包括情报交换和反恐战术培训。埃军情报部长、行政部长等高级将领也先后访美。美国还分批培训埃军扫雷队员，向埃提供扫雷器材和资金。2002 年 12 月，美国国防部长拉姆斯菲尔德访问埃塞俄比亚，与埃塞俄比亚领导人商讨反恐问题。2003 年美国对伊拉克战争期间，埃塞俄比亚公开支持美国，向美国军队开放其领空，成为美国少数公开的“盟友”之一，美国因而加大了对埃塞俄比亚的经济和军事援助。2006 年埃塞俄比亚派军队进入索马里打击伊斯兰法院联盟武装时，美国向埃军行动提供情报支持，据称美军驻吉布提空军还以秘密方式配合埃军行动。2009 年和 2010 年，美军非洲司令部司令沃德上将两次访埃，与埃方商谈反恐军事合作事宜。

二　与英国的军事关系

1991 年以后，埃塞俄比亚国防军与英国军队的关系有所发展。英国向埃塞俄比亚提供了一定数量的军事援助，派多批空军专家顾问小组到埃塞俄比亚活动。两军在军官培训、通信、飞行安全与飞机维修、飞行管理等方面进行着合作。2000 年 10 月，英国通过其非政府组织向埃塞俄比亚提供了 50 万美元的扫雷资金援助。2001 年以来，特别是“9·11”事件后，英国国防部官员多次访问埃塞俄比亚。同时，埃塞俄比亚国防部行政部副部长、国防大学校长等军方高层人士也先后对英国进行工作访问。

三　与法国的军事关系

埃塞俄比亚与法国的军事关系近年来亦有一些发展。法国有意加强与埃塞俄比亚的军事关系，双方开展了军官培训等方面的合作，尤其是为埃塞俄比亚军队开设法语培训班，以提高埃塞俄比亚军队参与非洲维和的能力。埃军还派军官赴塞内加尔参加法国为非洲国家举办的维和军事训练班。2002 年 3 月，法国国防部的国际合作部长访问埃塞俄比亚，探讨双边军事合作的新领域。

四 与德国的军事关系

多年来埃塞俄比亚与德国在军事后勤和军工方面保持着合作关系。德方为埃塞俄比亚培训军医并提供医疗器材。埃塞俄比亚军工企业的不少机器设备系从德国获得。埃厄边界战争后，德国向埃塞俄比亚提供了相当数量的扫雷资金援助。

五 与俄罗斯及东欧国家的军事关系

20 世纪 90 年代以前，埃塞俄比亚与苏联保持着十分密切的军事关系，苏联向埃塞俄比亚提供了大量军事援助，埃军几乎所有的武器装备均由苏联提供。1991 年埃塞俄比亚政权发生更迭后，埃塞俄比亚国防军与苏联及东欧国家的军事关系迅速冷却，埃塞俄比亚与俄罗斯之间还存在前门格斯图政权欠苏联约 50 亿美元的军事债务问题。20 世纪 90 年代后期，该军事债务在巴黎俱乐部框架内基本得到解决。埃塞俄比亚国防军仍主要使用苏式装备，因此埃塞俄比亚仍向俄罗斯及东欧国家采购武器装备，特别是埃塞俄比亚与厄立特里亚的战争爆发后，从俄罗斯及东欧国家的军事采购大幅度增加。俄罗斯、保加利亚和乌克兰等国在埃厄战争期间向埃塞俄比亚出售了数亿美元的武器弹药，并向埃派遣大批军事专家和工程技术人员，促进了彼此军事关系和军事合作。2000 年 12 月埃塞俄比亚国防部行政部长阿拉迈什特少将率团访问俄罗斯和乌克兰。2001 年，埃国防部长和空军司令随同梅莱斯总理访俄。2008 年，埃军总参谋长萨莫拉上将访俄。

六 与厄立特里亚的军事关系

埃塞俄比亚与厄立特里亚的军事关系在两国边界战争爆发前十分密切。1991 年推翻门格斯图政权以前，埃革阵军队与厄立特里亚人民解放阵线军队并肩作战，互相配合。厄立特里亚独立后，两军高层互访和合作十分频繁和密切。1997 年 11 月以后，由于两国矛盾和争端加剧，两军关系随之冷却。1998 年 5 月，两军在两国交界地区有争议的巴德梅（Badme）村发生武装冲突，厄立特里亚军队占领巴德梅村和希拉罗村。5 月至 6 月，厄立特里亚在一系列战斗中扩大了其占领区。1999 年 2 月至 3 月，两军大规模战斗再次爆发，埃军夺回巴德梅一带地区。2000 年 5 月至 6 月，埃军发动全面反攻，夺回 1998 年中以来被厄军占领的全部地区，并占领厄中西部大片领土。2000 年边界战争结束后，联合国向两国边境地区派维和特派团。2007 年 12 月，联合国维和特派团使命结束。埃、厄军队继续在两国边境地区对峙，关系紧张，维持“不战不和”局面。

七 与索马里的军事关系

1991 年以前，埃塞俄比亚与索马里长期不和，两国围绕欧加登问题发生过大规模战争。1992 年索马里陷入无政府状态后，埃塞俄比亚出于国土安全考虑，积极介入调解索马里问题，对索国内局势保持一定程度上的军事介入，向对埃友好的索武装派别提供武器装备和人员培训。2007 年，埃以自身安全受到威胁为由出兵索马里，帮助索过渡政府清剿伊斯兰法院联盟武装人员，行动结束后在索驻军 3500 人。2009 年，埃完成从索撤军。

八 与其他邻国的军事关系

埃塞俄比亚与吉布提和肯尼亚一直保持着良好的传统友好关系，双方在维护边界安全和稳定方面建立了高层磋商机制，协商处理边境部落冲突和边民纠纷问题，联合打击偷渡、非法越境、走私等活动。埃、厄冲突期间，吉政府还允许埃军队进入境内维护铁路运输线的畅通。2000 年 11 月，肯尼亚武装部队总参谋长率团访问埃塞俄比亚，两军高层互访开始启动。次年 2 月，埃国防军参谋长泽德甘中将对肯进行回访，双方达成由肯尼亚为埃方培训军官的协议。

随着埃塞俄比亚与苏丹政府关系的改善和发展，两军关系也在逐步密切。2001 年 2 月，埃塞俄比亚国防军参谋长泽德甘中将首次对苏丹进行访问。同年 10 月，苏丹武装部队参谋长阿卜德勒・阿拉比上将回访埃塞俄比亚。双方达成了开展边界安全合作的协议，同时恢复互派武官。

第六章

社　　会

第一节　国民生活

一　就业与收入

由于经济发展水平较低，加上人口基数大，埃塞俄比亚总体就业情况不佳。据埃塞俄比亚中央统计局公布的数字，近年来全国失业率有所下降，从2009年5月的20.4%降至2014年4月的17.4%，其中15~29岁青年失业率为22.8%。该统计局数字还显示，2011/2012年度全国非农业就业总人数为576.6万人，其中政府部门就业人数为87.6万人（占15.2%），政府发展部门就业人数为29.6万人，私营部门就业人数129.8万人（占22.5%），非政府组织就业人数为6.9万人，家政服务人员26.9万人，其他雇员6.6万人，合作社成员5万人，个体经营户221.6万人（占38.4%），无薪家政服务人员52.8万人，雇主3.94万人，学徒1.09万人。另据中央统计局抽样调查，2014年4月全国城镇就业总人数为678.9万人，占城镇总人口的52.6%。调查显示，第三产业就业人数占总就业人数的48%，工业部门占23.1%，批发和零售业占20.3%，商业化农业和渔业部门占8.7%。

埃塞俄比亚国民收入水平总体较低。国家未设定最低工资标准，但一些政府机构和公有企业设定本部门和企业的最低工资。据美国国务院公布的《2014年埃塞俄比亚国别人权情况报告》，埃塞俄比亚公共部门就业人员最低月工资仅为420比尔（约相当于21美元），银行与保险业就业人员最低月工资为336比尔（约18美元）。

埃塞俄比亚国民生活水平总体较低。但1991年以来特别是进入21世纪以来，埃塞俄比亚各项人类发展指标均有较大改善。据联合国开发计划署《2012年人类发展报告》，在列入统计的169个国家和地区中，埃塞俄比亚的人类发展指数（HDI）居第157位，列倒数第13位（2002年为倒数第6位）。联合国有关机构收集的统计数字显示，埃塞俄比亚在实现联合国千年发展目标方面进展势头良好，8项指标中有6项有望如期实现。

在消除贫困与饥饿方面，据埃塞俄比亚政府公布的数字，虽然人口有了很大增长，但生活在贫困线下的人口比例已从1995/1996年度的45.5%降至2011/2012年度的27.8%。埃塞俄比亚的贫富分化程度较小，2012年基尼统合系数为0.30，其中城镇为0.371，农村为0.274。饥饿指数（由营养不良率、儿童体重不达标率和儿童死亡率构成）从1990年的43.2%降至2010/2011年度的28.7%。5岁以下儿童发育不良率由2000/2001年度的57.8%降至2010/2011年度的44.4%。

在实现普遍初级教育方面，1~4年级入学率由2004/2005年度的77.5%增加到2011/2012年度的92.2%，5~8年级入学率由37.6%增加到48.1%。中学入学率为28%，大学入学率为17%。全国成年人识字率为36%，其中男性50%，妇女为23%。

近年来埃塞俄比亚在降低儿童死亡率方面也取得较大进展，1~5岁儿童死亡率由2004/2005年度的123‰降至2010/2011年度的88‰。2010年儿童全面疫苗接种率为66%。孕产妇死亡率从2000/2001年度的每10万名产妇死亡871例降至2010/2011年度的每10万名产妇死亡676例。

在基础医疗卫生方面，2010/2011年度成人艾滋病感染率为1.5%，2011/2012年度结核病检测率和治疗率分别达到63%和88%。2011/2012年度能够享受清洁饮用水的家庭达到58.25%，比5年前增加了一倍。2011/2012年度全国卫生设施覆盖率为67%，其中城镇为86%，农村为64%。2012年，埃塞俄比亚国民平均预期寿命63岁（联合国开发计划署《2013年人类发展报告》中的这一数字为59.7岁）。

二 消费与物价

埃塞俄比亚属于中低收入国家，居民消费水平普遍较低。

埃塞俄比亚物价总体上看处于较低水平。近年来，由于政府执行扩张性财政政策，大幅度增加基础设施建设投入，物价上涨较快，通货膨胀率较高，2007/2008 年度达到 25.3%，2008/2009 年度达到 36.4%，2009/2010 年度回落到 2.8%，2011/2012 年度又攀升至 34.3%，2012/2013 年度降至 9% 左右。高通胀使老百姓的生活受到较大影响。据埃塞俄比亚中央统计局数据，以 2006 年物价指数 100 为基数，2010/2011 年度总体物价指数为 210.2，其中食品价格指数为 216.6，非食品物价指数为 201.7。非食品物价指数中，饮料价格指数为 207.9，卷烟价格指数为 222，衣服和鞋类价格指数为 242.2，房租、建筑材料、水和燃料价格指数为 191.1，家具和装饰品价格指数为 234.6，医疗保健价格指数为 167.2，交通运输价格指数为 171，休闲、娱乐和教育价格指数为 179.6，个人护理和美容价格指数为 234.6，其他杂项商品价格指数为 136.7。2010/2011 年度以来，埃塞俄比亚消费品价格总体继续呈上升之势。据中央统计局公布的数字，2012/2013 年度居民消费价格指数（CPI）上涨 13.8%，其中食品价格上涨 13.2%，非食品价格上涨 15%。另据中央统计局每月公布的物价抽样调查结果，2015 年 2 月总体物价比上年同期上涨 8.2%，几乎所有食品价格指数都有不同程度上涨。

三 住房与社会福利

由于经济发展水平低，埃塞俄比亚住房状况普遍较差。据埃塞俄比亚中央统计局 2007 年抽样调查，全国共有住房 1510.3 万套（栋），平均每套（栋）有房间 1.8 间。全国住房中，城镇住房 289.7 万套（栋），农村住房 1220.6 万套（栋）。从墙体建筑材料角度看，全国住房总数中，泥木结构住房数量为 1116.1 万套（栋），木结构住房 196 万套（栋），土石结构住房 107.9 万套（栋），石头与水泥结构住房 13.57 万套（栋），空心砖结构住房 19.9 万套（栋），砖结构住房 2 万套（栋），瓦楞铁结构住房5.9万套（栋），竹子结构住房37.8万套（栋），泥砖结构住房4.6万套（栋），其他材料结构住房6.5万套（栋）。

从住房设施看，全国住房中，室内通自来水的住房仅14.4万套（栋），院内有专用自来水水源的住房为46.5万套，院内有共用自来水水源的住房为82万套，院外有共用自来水水源的住房为290万套，其余住房依靠水井和河溪取水。1050万套住房无冲水厕所，有冲水厕所的住房仅24.4万套。

从住房产权角度看，全国住房中，居住者拥有的住房为1230万套（栋），其余为出租房。

2006年以来，埃塞俄比亚政府为城市建设的拆迁需要以及解决广大低收入群体住房需求，开始在城市地区大规模建设经济适用型的保障性住房。这类住房由政府规划建设，资金由政府拨付，多为连片多层建筑，供电、供水排水、通信、学校、诊所、幼儿园、学校、商店等配套设施较为齐全。此类住房一般以租赁或出售的方式分配给无房居民。从首都亚的斯亚贝巴等城市的实践看，政府规定一定的条件，符合条件的无房居民均可报名参与住房的配租或配售。由于供不应求，政府通过摇号的方式决定入住权。租赁者只需付很少的租金，并在支付一定年限后可取得房屋的所有权。据政府公布的数字，2006~2012年，政府出资建造了约20万套低造价住房，其中10万套建在亚的斯亚贝巴市，有效缓解了低收入居民的住房紧张状况。

埃塞俄比亚的其他社会保障与社会福利水平较低。埃塞俄比亚现行宪法规定，国家的社会目标是使埃塞俄比亚公民在国家资源的允许范围内有权享有公共卫生与教育、干净的饮用水、居所、食品与社会保障。政府设立了劳工与社会事务部及社会保障署，负责社会保障方面的政策制定，监督社会保障政策的实施。养老金方面，政府为公务员、军警人员分别建立了养老基金，基金由个人和国家共同缴纳。公务员养老基金由个人缴纳工资收入的4%，国家缴纳相当于工资收入的6%。军警人员养老金由个人缴纳工资收入的4%，雇主缴纳相当于工资收入的16%。基金统一由社会保障署管理。据2003年颁布实施的《公务员养老金条例》规定，公务员养老金最低缴费年限为10年，一般情况下，公务员年满60周岁退休可领取养老金，如服务期超过25年可在年满55周岁退休并领取养老金；军警人员退休年龄由军警根据军警种情况自行决定。教育方面，政府实行免费义务教育。医疗保健方面，政府为公职人员（包括政府公务员、教师、军人、警察）等提供免费医疗。

第二节　社会管理

一　社会制度与社会结构

埃塞俄比亚的社会制度从本质上说属于资本主义范畴，但与西方资本主义国家的社会制度又有一定的区别，可以说是一种混合型的制度。一方面，1991年政权更替后，由执政党主导制定的新宪法条文中，几乎一半条文为公民权利保护。宪法规定国家充分尊重和保护公民和民族的民主权利，实行多党制，尊重和保护宗教自由、信仰自由和思想自由。另一方面，在实践中，为维护国家统一和民族团结，防止国内敌对势力和境外特别是西方敌对势力的干扰破坏，政府在执法过程中又对公民行使权利施加一定的限制。执政党提出“革命民主”思想，以区别西方的“自由民主”思想，在对公民基本权利的保护中，更加重视对发展权、生存权的保护，认为只有生存与发展问题解决了，才能为保护公民其他权利提供保障。经济制度方面，埃塞俄比亚实行基于自由市场经济原则的混合制经济制度，执政党提出建设“发展型国家”的理念，注重发挥国家（政府）在经济发展中的作用，特别是在基础设施建设和人力资源开发领域。在宗教信仰方面，实行世俗制，不设国教，公民有信仰自由，各宗教平等，禁止宗教歧视。宪法还规定国家应根据资源和财力情况建立社会保障体系，为全体公民提供基本的社会福利，使公民享受国家资源带来的财富。

当前埃塞俄比亚社会阶级分化尚不明显。在1975年以前封建统治时期，埃塞俄比亚社会分层较为明显。王公贵族为社会最高阶层，埃塞俄比亚正教的高层教职人员亦可划入该阶层；其次为政府官员，包括军官、法官等；再次为普通劳动者；最底层为奴隶或农奴。1975年，即在埃塞俄比亚革命后，实行社会主义制度，废除王公贵族和宗教教士特权，社会分层与社会结构相对简单。1991年埃塞俄比亚政权更迭以来，随着经济改革与自由化进程的推进，社会分层日益明显，层次更加多样化，但还未达到有明确阶级划分与出现严重阶级对立的程度。埃塞俄比亚执政党埃革阵自称为代表工人、农民、小资产阶级和中产阶级的政党，这表明埃塞俄比亚社会已经有比较明显的社会分层。在当今埃塞俄比亚，占有财富多少是社会分层的主要因素。在农村地区，社会分层主要标志是收获粮食的多少、拥有牲畜数量等。在城市地区，社会分层的主要标志除了拥有财富的多寡外，还与接受教育的水平、居住社区的档次、工作类型等有关。

与阶级分化状况相适应，埃塞俄比亚政党的意识形态也没有十分清晰的界线，未形成左、中、右泾渭分明的格局。执政党埃革阵大致可划为中左范围，其盟党亦大致如此。反对派中，不少政党主张实行更大程度的自由化，属于中右范畴。

二 社区建设

埃塞俄比亚最基层的社会组织为居民委员会（Kebele），大致相当于中国城市的居民委员会或农村的村民委员会，系居民（村民）自治机构。埃塞俄比亚居民委员会这一组织形式于1975年由军政权创建，1991年埃塞俄比亚政权更迭后保留了这一组织形式。在城市地区，每一居民委员会至少有500户家庭，有3500～4000人。在农村地区，居民委员会的农户和人口不一，主要依据自然村情况而定。埃塞俄比亚现政府重视居民委员会的建设，将其作为加强社会管理和社区建设的主要抓手。一是加强基层民主政治建设。居民委员会由全体居民选举产生，实行民主监督。二是赋予居民委员会更多社区服务和管理职能，如社会福利的计划与发放、救济物资的发放、基本医疗服务、基础教育服务等。在农村地区，居民委员会还负责发放政府提供的良种、化肥等物资，协助组织农业技术推广服务。在亚的斯亚贝巴等大中城市，一些居民委员会还设立就业办公室，帮助无业青年寻找就业机会，或提供技能培训服务。一些居民委员会还设立民兵组织，负责维护当地社区治安，一些还设有居民法庭，负责调解或裁决居民间小纠纷或轻微治安案件。

三 社会组织的管理

近年来埃塞俄比亚各种社会组织大量出现。据埃塞俄比亚官方数据，2010 年在埃塞俄比亚境内活动的本土和外国非政府组织的数量超过 5000 个。据分析，埃塞俄比亚社会组织大致可分为三类：第一类是隶属于执政党的群众团体或慈善及发展机构，如埃革阵的青年组织、妇女组织及提格雷发展协会、阿姆哈拉发展协会、奥罗莫发展协会、南埃塞俄比亚发展协会等。这类组织与执政党和政府关系密切，执行执政党和国家的发展政策。第二类为体制内的社会组织，如埃塞俄比亚红十字会、复兴发展协会、共同视界发展协会、埃塞俄比亚全国残疾人协会、儿童精神问题福音教会服务中心、合作社联盟等。这类社会组织与政府关系较密切，规模较大，活动资金较充裕，有配合政府执行发展政策的功能。第三类为体制外的社会组织。此类组织数量众多，大多专业性较强，与国外联系较密切，不少对政府持批评态度。

埃塞俄比亚政府注意对社会组织的规范与管理。2009 年，埃塞俄比亚人民代表院通过《慈善组织与社会团体登记与管理法》。该法对埃塞俄比亚国内和在埃活动的各种类型慈善组织和社会组织的登记、运作与管理做出全面的规定。该法将埃慈善机构与社团分为四类：第一类为埃塞俄比亚慈善机构与社团（Ethiopian Charities and Ethiopian Societies），指成员全部为埃塞俄比亚公民、根据埃塞俄比亚法律成立、活动经费 90% 以上在埃塞俄比亚境内产生的机构或社团。第二类为埃塞俄比亚常驻慈善机构与社团（Ethiopian Residents Charities and Ethiopian Residents Societies），是指根据埃塞俄比亚法律成立、其成员在埃塞俄比亚境内居住、活动经费 10% 以上来自国外的机构和社团。第三类是外国慈善机构（Foreign Charities），是指根据外国法律设立、其成员为外国人、由外国人控制、活动经费来自外国的慈善机构。第四类为群众团体（Mass - Based Societies），是指各类专业协会、妇女协会、青年协会和其他类似的埃塞俄比亚社团。

该法规定，在一个州以上活动或其成员来自一个州以上的埃塞俄比亚慈善机构与社团、所有常驻慈善机构与社团、所有外国慈善机构以及在亚的斯亚贝巴市及迪雷达瓦市活动的慈善机构与社团，均应遵守该法，但宗教机构和根据政府间协议在埃塞俄比亚活动的外国或国际机构不受该法约束。

该法规定，在司法部下设立“慈善机构与社会团体署”，作为慈善机构与社会团体的管理与监督机构，负责慈善机构与社会团体的成立申请、登记、许可证发放与监督工作。

该法还对外国慈善机构在埃塞俄比亚境内的活动与管理做出详细规定，严格限制它们的活动范围，确保它们的活动符合埃塞俄比亚的发展规划与发展目标。据埃塞俄比亚外交部根据该法制定的《操作规程》，任何外国慈善机构（国际组织和根据政府间协议在埃塞俄比亚活动的慈善机构除外）均应向其总部所在国的埃塞俄比亚使馆或外交代表机构提出书面申请并提供系列证明文件，包括登记证、活动领域证明、在埃塞俄比亚开展活动意向书、所在国外交部或非政府组织主管部门意见书、拟在埃塞俄比亚开展活动计划及财务计划、活动预算证明（用于项目本身的经费不得少于70%，用于行政的经费不得多于30%）、拟派往埃塞俄比亚的代表的授权书以及该代表的个人资料（履历、学位证书等）。《操作规程》规定，外国慈善机构可以从事下列活动：减贫与防灾救灾，促进经济社会发展与环境保护，促进动物保护，促进教育，促进保健与挽救生命，促进艺术、文化、遗产与科学，促进业余体育与青年福利，救助年龄、残疾和经济等导致的生活困难者。外国慈善机构不得从事下列活动：促进民主与人权，促进民族、性别、宗教间平等，促进残疾人与儿童权利，促进解决冲突与和解，促进司法与执法效率。

埃塞俄比亚政府对国内和外国非政府组织开展活动的规范与管理受到西方国家的非议。一些西方国家和机构认为，《慈善组织与社会团体登记与管理法》有关规定过于严苛，限制了非政府组织与公民社会的活动空间，是“不民主”的表现，为其他国家管控非政府组织带来了不好的先例。但埃塞俄比亚政府坚持原则立场，对境内非政府组织严格管理。

第三节 医疗卫生

埃塞俄比亚医疗卫生面临的主要挑战仍然是可预防的传染性疾病和营养不平衡。由于经济落后，人口居住分散，缺乏医疗卫生基础设施以及不良的生活习惯，埃塞俄比亚医疗卫生保健水平长期相对较低，现有医疗卫生资源在城乡之间的分布也极不平衡。从衡量一国卫生保健水平的主要指标来看，埃塞俄比亚均排在世界大多数国家之后。

联邦政府设卫生部，是联邦医疗卫生行政主管机构。各州政府设卫生局，为州政府医疗卫生行政主管机构。区政府亦设卫生局，小区政府设卫生办公室。卫生部和州卫生局主要负责医疗卫生政策事务，区卫生局和小区卫生办公室主要负责辖区内医疗卫生事务的具体协调管理工作。埃塞俄比亚的公立医疗卫生体系分为三级，即初级医院（Primary Hospital）、综合医院（General Hospital）和专业医院（Specialized Hospital）。初级医疗体系由小区（Woreda）医院、医疗中心和医疗站组成。小区医院以行政小区为服务单元，服务人口为6万至10万；每个小区医院下设若干个医疗中心，服务人口1.5万至2.5万；每个医疗中心下设5个医疗站，每个医疗站服务人口为3000人至5000人。医疗站、医疗中心和初级医院形成一个接诊和转诊体系。综合医院服务人口为100万至150万。专业医院的服务人口则为350万至500万。在公立医院卫生体系之外，营利性私立医院和非政府医院为国家医疗卫生体系提供补充。

为改善民众的卫生保健状况，1991年上台的埃塞俄比亚政府重视改变国家落后的医疗卫生状况，出台新的卫生保健政策，自1996年以来先后制定并实施了三个《卫生领域发展五年规划》，目标是到三个五年规划实施结束时，全体人民可以享受到普遍的基础卫生保健服务。如《1996/1997～2001/2002年度规划》提出在五年内将卫生保健的覆盖率从1996/1997年度的48.5%提高到60%；通过培训和加大必要的投入提高卫生保健服务的质量；加强联邦和各州的卫生保健管理水平；创造必要条件以鼓励私营部门和非政府组织提供卫生保健服务；扩大预防性基本卫生保健服务；改善基本药品的供应。

埃塞俄比亚医疗保健经费来源途径主要有联邦和州政府拨款、外国双边和多边援助、非政府组织捐赠和私人投入。自实施卫生领域发展规划以来，埃塞俄比亚对卫生保健的资金投入逐年增加。据政府公布的数字，全国卫生保健支出从2004/2005年度的45亿比尔增加到2007/2008年度的111亿比尔，人均医疗保健支出相应地从2004/2005年度的7.14美元增加到2007/2008年度的16.09美元。2007/2008年度医疗卫生经费支出中，40%来自国际捐赠，37%来自家庭支出，21%来自联邦和州政府，其余来自各类医疗保险和私人渠道。

埃塞俄比亚政府卫生部评估报告显示，自1996/1997年度实施第一个《卫生领域发展五年规划》以来，埃塞俄比亚的医疗卫生状况取得明显进展。在医疗卫生基础设施建设方面，医疗站的数量由1996/1997年度的76个增加到2010年的14416个，医疗中心的数量从1996/1997年度的412个增加到2010年的2689个，医院数量由1996/1997年度的87家增加到2010年的195家。

培训各类医务人员也是三个五年规划的重点之一，其中的重点是培训社区及基层医务人员。据埃塞俄比亚政府卫生部统计的数字，这三期规划实施的十五年间，全国各类医务工作人员的数量也有较大幅度增长，共培训31831名社区和基层医务工作者。2005年，政府开始实施“卫生官员加速培训计划”，截至2010年已培训5000余人。截至2010年，埃塞俄比亚全国共有各类医师2152名，专家1151名，全科医生1001名，护士20109名，药剂师661名，实验室技术员及技师2989名，高级助产士1379名。

表6－1　埃塞俄比亚医务人员人数变动情况

医务人员类别	1994年	与人口比例	2010年	与人口比例
各类医师	1888	1:35063	2152	1:34986
专家	652	1:103908	1151	1:62783
全科医生	1236	1:54385	1001	1:76302
公共卫生官员	484	1:138884	3760	1:20638

续表

医务人员类别	1994 年	与人口比例	2010 年	与人口比例
护士(不含助产士)	11976	1:5613	20109	1:4895
助产士(高级)	862	1:77981	1379	1:57354
药剂师	118	1:569661	661	1:117397
实验室技术员及技师	1695	1:39657	2989	1:25961
健康推广工作者	—	—	31831	1:2437

资料来源：埃塞俄比亚政府卫生部《卫生领域发展规划》（2010/2011 ~ 2014/2015 年度）。

在母婴保健方面，据联合国开发计划署《1997 年人类发展报告》，埃塞俄比亚 5 岁以下儿童死亡率为 161‰，居世界最高。计划生育普及率仅为 2%，只有不到 16% 的产妇可以享受到产前医疗服务，产妇死亡率为 10‰。近年来上述情况有所改善。根据埃塞俄比亚卫生部 2010 年的数据，全国孕妇产前医疗服务覆盖率增至 68%，产后医疗服务覆盖率为 34%，计划生育覆盖率为 56.2%，由专业医护人员协助的生产覆盖率达到 18.4%。另据卫生部 2005 年抽样调查，5 岁以下儿童死亡率由 1990 年的 166‰降至 2005 年的 123‰。儿童免疫接种率 2010 年达到 82%，小儿麻痹症免疫接种率达到 76.6%。

据埃塞俄比亚卫生部估计，该国 60% ~80% 的健康问题都与传染性疾病和营养不良有关。该国发病率最高的疾病有四种，即艾滋病、疟疾、结核病和霍乱。

埃塞俄比亚于 20 世纪 80 年代发现首例艾滋病病例，现已成为该国威胁最大的疾病。由于埃塞俄比亚对艾滋病的监测机制很不完善，有关感染率和患病人数的数据缺乏，且不同机构有不同估计。据埃塞俄比亚卫生部 2003 年估计，截至 2002 年，全国死于艾滋病及并发症的人数约 170 万。另据西方非政府机构估计，1999 年全国感染 HIV 病毒者为 320 万人，占全国成年人的 10.6%，1997 ~1999 年共有 100 万人死于艾滋病。埃塞俄比亚卫生部数据显示，2009 年全国 HIV 病毒感染率为 2.3%，其中男性为 1.8%，女性为 2.8%；同年，全国 15 ~49 岁成年人中 HIV 病毒感染率为 0.28%，艾滋病死亡病例 44751 例。艾滋病正导致死亡率上升、人均寿命缩短。大量有劳动能力的人口（15~42 周岁）因艾滋病死亡或失去劳动能力，给政府的经济及社会发展战略带来巨大压力，给传统的社会和家庭结构带来灾难性后果。埃塞俄比亚政府于 1998 年发布全国艾滋病防控政策，2000 年成立全国艾滋病预防与控制委员会。

疟疾主要在海拔 2000 米以下的地区存在。估计全国 75% 左右的人口受疟疾的威胁。每年发病次数在 400 万至 500 万人次之间。疟疾发病率占全部发病率的 10% 以上。经过努力，埃塞俄比亚全国蚊帐使用量 2008/2009 年度已达 2220 万顶。政府卫生部的数据显示，2001~2004 年，全国疟疾发病率和死亡率分别下降了 54% 和 55%，其中 5 岁以下儿童患疟疾死亡率为 3.3%，5 岁以上患疟疾死亡率为 4.5%。

结核病也是发病率很高的疾病之一，且有日益升高之势。据埃塞俄比亚卫生部估计，全国成年人中约有一半人处于结核病潜伏期。另据世界卫生组织统计数字，2009 年埃塞俄比亚全国各类结核病发病率为每 10 万人 379 例，死亡率为 10 万分之 92。近年来随着艾滋病感染者不断增加，人体免疫能力下降，结核病的发病率有上升之势。

麻风病亦为埃塞俄比亚主要传染病之一。据世界卫生组织统计数字，2005/2006 年度全国麻风病发病率为 10 万分之 6，每年报告病例5000~6000 例。

国民营养失衡的现象仍很普遍。1992 年进行的一次营养状况普查显示，全国 5 岁以下儿童中，有一半以上营养不良，84% 以上的儿童发育迟缓。2005 年的另一项调查显示，5 岁以下儿童发育不良率仍高达 47%，11% 体重不达标，38% 身高不达标。

根据《卫生领域发展规划》，埃塞俄比亚对国家药政体系进行了改革，在原有药政体系的基础上成立药品基金与供应署（Pharmaceutical Fund and Supply Agency）。该署建立了国家基本药品清单。

20 世纪 90 年代中期以前，埃塞俄比亚药品生产、进口和经销主要由政府垄断。据埃塞俄比亚投资办公室资料，该国原有两家国营医药企业，分别是药品和医疗设备进口与批发企业和埃塞俄比亚制药厂。前者成立于 1994 年，注册资本 1900 万比尔。该公司主要经营药品进口与批发，同时担负着平抑国内基本药品市场价格的行政职能，下设 8 个地区分支机构，负责向各医院和卫生保健单位供应药品。目前该公司采购和供应的药品占全国市场份额的 50% ~60%，年营业额在 2.5 亿比尔左右。埃塞俄比亚制药厂创立于 1964 年，原是埃塞俄比亚与英国公司的合资企业，20 世纪 70 年代产权易手，一家以色列公司介入，1976 年收归国有。公司总部设在亚的斯亚贝巴，在亚的斯亚贝巴设有两个生产基地。目前该公司生产 42 个品种的基本药品，包括片剂、大针剂、小针剂、软膏、糖浆、清洗液等。20 世纪 90 年代中期以后，政府放松了医药管理的限制，允许私营部门从事药品的进口与销售。据埃塞俄比亚政府的统计数字，截至 2011/2012 年度，全国共有 3487 家药店，其中综合药店（Pharmacy）254 家，小型药店（Drug Shop）2056 家，农村药店 1777 家，全国药品进口和批发商 246 家，药品生产企业 12 家。

第七章

教育、科学与文化

第一节　教育

一　简史

19 世纪末以前，埃塞俄比亚的正规教育仅限于埃塞俄比亚正教会提供的教会教育。教会学校的主要任务是培养教士和其他神职人员，同时也为一些贵族子弟提供宗教教育，服务对象主要是居住在埃塞俄比亚中央高原的阿姆哈拉人和提格雷人。教会学校从教授学生识字开始，到教授《圣经》、宗教诗篇、宗教音乐、宗教用品的制作等。19 世纪末，孟尼利克二世皇帝开始准许欧洲传教士在埃塞俄比亚开办教会学校，这是埃塞俄比亚西式现代教育的开始。同时，伊斯兰学校也为该国的一些穆斯林子弟提供有限的教育。

20 世纪初，由于传统的宗教教育已经无法满足国家建设与发展的需要，政府开始发展世俗教育。1907 年，在亚的斯亚贝巴设立了第一所公立学校。一年后，又在哈拉尔开办了一所公立学校。这两所学校用法语教授基础数学、基础科学、外国语言等课程。1925 年，埃塞俄比亚政府制订了一个扩大世俗教育的计划，但进展缓慢。10 年后，埃塞俄比亚的公立学校仅增加到 20 所，在校学生 8000 人。在此期间，政府还选派一批学生赴西方国家留学。1936 ~ 1941 年意大利占领期间，埃塞俄比亚的所有公立学校被迫关闭。1941 年复国后，公立学校重新开学，但面临严重的教师、教材和设备短缺问题。政府开始从国外招聘教师。至1952年，埃塞俄比亚全国有400所小学、11所中学和3所高等学校，在校学生约6万人。除公立学校外，埃塞俄比亚还有教会学校和私立学校。20世纪60年代，教会学校和私立学校的数量增至310所，在校学生约5.2万人。

1961年5月，埃塞俄比亚主办了联合国发起的“非洲国家教育发展会议”。会后，埃塞俄比亚教育部制定了教育政策。新政策强调发展技术培训学校，修改教材，把阿姆哈拉语定为全国小学的授课语言。同年成立亚的斯亚贝巴大学。另外，在厄立特里亚也成立了私立的阿斯马拉大学。1961~1971年，政府将公立学校的规模扩大了四倍，并宣布长远目标是普及初等教育。到1971年，全国的公立小学和中学的数量达到1300所，有教师1.3万人，在校学生达到60万人。政府用于教育的财政支出也从1968年占政府财政支出的10%增至20世纪70年代初的20%。

1974年革命后，埃塞俄比亚的教育制度发生了深刻的变化。1975年，政府关闭了亚的斯亚贝巴大学以及所有的高中，将6万名学生派往农村，协助政府进行革命政策宣传和土地改革。同年，政府将所有私立学校收归国有。同时，政府公布了新的教育政策，强调重点发展农村地区的教育，实行8年基础教育制度，编写新教材，允许不同地区的学校使用不同的语言进行授课。学校的数量大幅增加，其中小学的数量从1974/1975年度的3196所增至1985/1986年度的7900所，平均每年增加428所。小学在校学生也相应地从96万人增至245万人。1978/1979年度至1988/1989年度间，小学入学率以每年8%的速度增长，远高于2.9%的人口增长率。

新政府在高等教育方面也取得较大进展。1977年，政府成立高等教育委员会。1985年成立阿勒马耶农业学院。此外，还成立了许多中等专业学校，如教师教育学院、初等商业学院、首都技术学院等。到20世纪90年代初，全国共有约12所学院和大学，高等学校在校学生从1970年的4500人增至1986/1987年的18400人。选送到国外留学的学生也从1969~1973年平均每年433人增至1978~1982年平均每年1200人。

为消灭文盲，政府还于1975年发动大规模的扫盲运动，1979年成立全国扫盲工作协调委员会。扫盲运动共进行了12期，共有6万多名学生和教师被派往农村地区进行为期两年的扫盲工作，1700万人接受了识字教育，1200万人通过了扫盲考试。成人识字率从20世纪70年代以前的不足10%提高到80年代中期的63%。但到20世纪80年代末，埃塞俄比亚教育状况与其他非洲国家相比还相对落后。小学入学率低于撒哈拉以南非洲的56.2%的平均水平。政府用于教育的开支在70年代后半期虽有大幅度增加，但到80年代中期后又开始减少，1987~1989年，教育支出仅占政府财政支出的9%，教育规模和质量开始滑坡，学校过于拥挤、缺乏教材和教学用具等现象十分突出。

二　教育体制及教育现状

1991年埃塞俄比亚政权发生更迭后，新政府重视教育事业，把教育作为最优先工作来抓，致力于提供公平、有针对性和高质量教育，全面提高国民文化素质，为国家各领域的建设提供人才保障。政府对原来的教育制度进行了较彻底的改革，于1994年颁布新的《教育部门发展战略》和《教育与培训政策》等政策文件，规定了教育部门发展的目标和新的教育体制。此后政府制定的数个国家发展规划，教育均作为重点领域得到强调。

新教育政策的主要内容是：（1）全面发展教育，但重点是发展基础教育。（2）按照各民族平等的原则，允许各民族使用自己的语言进行教学，规定英语、阿姆哈拉语及本民族语言同为正规教学语言，但小学教育将使用本民族语言作为教学语言。（3）改革教材，使之适应现代化需要和埃塞俄比亚实际情况。加强教材中的科学、数学和语言成分，并使社会科学的内容与埃塞俄比亚社会实际更紧密地结合起来。（4）扩大教育规模，鼓励私人、非政府组织、社会团体和外国人在埃塞俄比亚办学。（5）将教育权力下放地方，鼓励各地区积极办学。（6）扩大职业教育和电视教育。（7）增加教育投入。政府对教育的拨款重点用于初等教育和中等教育，高等教育的费用将由政府与高等教育的受益者共同分担。

根据1994年埃塞俄比亚公布的教育政策，政府的目标是在2015年前实现100%的儿童入学率。为此，政府制定了阶段性目标，增加教育经费，发展教育基础设施。

埃塞俄比亚实行联邦制，教育事业由中央政府和组成联邦的各州政府共同负责。中央政府设教育部。教育部长是最高教育行政长官。各州政府亦设教育局，负责该州教育的行政管理。各州教育部门既对州政府负责，也对中央政府教育部负责。

埃塞俄比亚的学制历经调整。1996/1997学年以前，埃塞俄比亚的学制为：小学（Primary）6年（1~6年级），初中（Junior Secondary）2年（7~8年级）和高中（Senior Secondary）4年（9~12年级）。1994年，政府对教育结构进行改革，并从1997/1998学年开始实施。新学制从低至高依次为：

（1）幼儿教育。为4~6岁的幼儿提供全面的教育，为进入基础教育阶段作准备。

（2）小学教育。为8年，其中1~4年级为基础教育，5~8年级为普通教育。

（3）中等教育。为4年，其中前2年（9~10年级）为普通中等教育，向学生传授普通的、基本的知识，让学生可以找到自己的兴趣，为将来进一步的教育打下基础。后2年（11~12年级）系为进入高等教育阶段作准备，同时在这一阶段开展职业技能教育，为不能升入高等教育机构的学生就业作准备。

（4）高等教育。分为大专教育、本科教育和研究生教育三个阶段，其中大专教育1~2年；大学本科3~5年。

此外，还发展成人教育、技术培训、特殊教育和远程教育。

20世纪90年代以来，政府用于教育的财政支出逐年增长。1990/1991年度，教育支出占政府财政支出的9%，2000/2001年提高到12.77%。据埃塞俄比亚教育部2010年的统计数字，全国教育经费从2005/2006年度的59.9亿比尔增加到2009/2010年度的157.2亿比尔，年均增长27.3%（政府财政支出增长率为年均16.5%），占政府财政总支出的比例相应地由17.8%提高到25.4%。2008/2009年度教育财政支出中，

66.6%用于基础教育，6.9%用于职业技术教育，22.6%用于高等教育。教育经费占国内生产总值的比重2005/2006年度为4.8%，2006/2007年度为4.9%。

进入21世纪以来，得益于政府的重视，埃塞俄比亚的初等及中等教育事业得到明显发展。小学入学率由1990/1991年度的32%提高到2006/2007年度的91%和2008/2009年度的94.4%，中学入学率由2004/2005年度的15.6%提高到2008/2009年度的22.6%。2000/2001年度，埃塞俄比亚全国共有各类中小学12204所，其中初等小学11780所，中学424所，在校学生总数为1482.8万人；初等教育入学率57.4%，中等教育入学率13%。经过数年努力，到2010/2011年度，全国各类中小学校数量增加到32491所，其中政府学校30118所，非政府组织开办的学校2373所；全国有教师35.34万人。

埃塞俄比亚中小学教育基本实现了性别平衡。2011/2012年度全体在校小学生中，女生占比47.3%。2010/2011年度1~8年级在校生中，男生852.6万人，女生772万人；9~10年级在校生中，男生79.83万人，女生64.3万人；11~12年级在校生中，男生16.79万人，女生11.76万人。

表7-1 埃塞俄比亚中小学教育情况一览

	2004/2005		2008/2009	
	学校数量	在校学生(万)	学校数量	在校学生(万)
小学	16513	1144.8	25212	1555.3
中学	706	95.32	1197	158.7

资料来源：埃塞俄比亚教育部《年度教育统计摘要》，2000年、2001年和2009年。

近年来埃塞俄比亚的中等职业技术教育和高等教育也得到迅速发展。中等职业技术教育机构由2004/2005年度的199所增加到2008/2009年度的458所，在校学生相应地由2004/2005年度的10.63万人增加到2008/2009年度的30.85万人，年均增长30.5%；教师数量亦由不足5000人增加到9052人。高等教育机构从2004/2005年度的23所增加到2008/2009年度的72所，在校学生（包括本科生和研究生）由2004/2005年度的14.17万人增加到2008/2009年度的31.92万人和2009/2010年度的37万人，高教全职教师也由2004/2005年度的4847人增加到2008/2009年度的11028人。

表7-2　近年来埃塞俄比亚高等教育情况

	1995/1996	1999/2000	2000/2001	2004/2005	2008/2009
在校学生	35027	67682	87431	141763	319217
毕业生	5394	11627	17969	12661	59327
教师	1657	2497	3232	4847	11028

资料来源：埃塞俄比亚教育部《年度教育统计摘要》，2000年、2001年和2009年。

三　师资力量

教师数量的不足和素质普遍不高是制约埃塞俄比亚教育事业发展的重要因素之一。得益于政府的重视，近年来埃塞俄比亚各类教师数量有较大幅度增加。2000/2001年度，全国共有各类教师约13.83万人，其中中小学教师13.51万人，高等院校教师3232人。2008/2009年度，全国教师数量增加到约34.18万人，其中幼儿园教师13763人，小学教师270594人，中学教师37333人，职业技术学校教师9052人，高等学校教师11028人。20世纪90年代中期以来全国教师数量虽有所增加，但仍难以满足教育发展的需求，学生与教师之比仍然过大，而且随着学生入学人数的增加，这一比例仍在扩大。1996/1997年度，小学学生与教师的比例为42:1，到2000/2001年度扩大到60:1，超过50:1的国际标准。到2008/2009年度，小学（1~8年级）学生与教师的比例缩小至54:1，中学（9~12年级）学生与教师比例为41:1。另外，现有中小学教师缺乏正规训练也是制约教育发展的一个重要因素。按照埃塞俄比亚国家标准，1~4年级的教师必须取得教师培训机构的证书，5~8年级的教师必须取得师范学院的毕业证书，高中教师必须取得大学本科毕业证书。而现有教师的实际情况是，具有相应证书的 1～4 年级小学教师占 96.6%，5～8 年级教师仅占 23.9%，高中教师占 36.5%。

表 7-3　近年来埃塞俄比亚师资力量增长情况一览

	2004/2005	2008/2009	年均增长率(%)
小学教师	171079	270594	12.1
中学教师	17641	37333	20.6
职业技术学校教师	4957	9052	16.2
高等学校教师	4847	11028	22.8

资料来源：埃塞俄比亚教育部《年度教育统计摘要》，2009 年。

四　教育国际交流

过去半个多世纪以来，埃塞俄比亚教育国际交流发生了很大变化。20 世纪 70 年代中期以前，即埃塞俄比亚处于封建帝制时期时，该国的教育国际交流主要与美国和西欧进行，埃塞俄比亚教育部门聘请美国、西欧教师来本国任教，派出的留学生也主要前往美国和西欧国家。1974 年埃塞俄比亚政权发生更迭后，教育国际交流的方向亦发生相应变化，与美国和西方国家的教育交流减少，与苏联和东欧国家的交流大幅度增加。苏联、东欧国家向埃塞俄比亚提供了大量的留学生名额，并派教师前往埃塞俄比亚教育机构任教。1991 年埃塞俄比亚政权再次发生更迭后，教育国际交流的重心又随之转向西方。2008/2009 年度，共有 146 名外籍教师在埃塞俄比亚大专院校执教。

第二节　科学技术

一　自然科学

总的来说，埃塞俄比亚的科学技术处于极低的水平。生产技术和设备主要依靠进口，国内研发力量相当薄弱。在工业方面，国内仅有少数独立的研发中心，主要科学技术研究都由生产部门直接承担，研究与开发的力量非常有限。在农业方面，全国大部分地区仍然主要使用手工具和畜力工具。

1993 年，埃塞俄比亚过渡政府制定并颁布了埃塞俄比亚《科学与技术政策》。该政策文件的中心内容是：加强国家的科学技术能力，尤其是加强国家在研究、选择、引进、开发、传播科学技术方面的能力；提高埃塞俄比亚人民的科学技术意识；鼓励私营部门参与科学技术研究与开发；向本国科学家提供各种形式的帮助；促进将科研成果转化为生产力。考虑到国家目前现实需要和科研力量现状，该政策文件将农业、自然资源开发与环境保护、水资源开发、能源、工业、建筑、运输与交通、矿产资源、卫生保健与计划生育、教育、新技术等领域定为国家科学技术的优先领域。政策规定，每年用于科学研究与开发的资金不少于同年国民生产总值的 1.5% 。

埃塞俄比亚科技体制的组织和结构分为 4 个层次，即国家科学与技术委员会、国家科学与技术委员会咨询委员会、埃塞俄比亚科学与技术委员会和各科学技术研究所及研究中心。

国家科学与技术委员会是负责国家科学技术政策和行动计划制订的最高决策机构。委员会主席由政府总理担任，埃塞俄比亚科学与技术委员会主任以及计划与经济发展部长、对外经济合作部长、卫生部长、自然资源开发与环境保护部长、工业部长、矿产与能源部长、总理办公室地区事务部长、总理办公室妇女事务部长均为委员会成员。另外，总理可任命三名专家为委员会成员。委员会至少每三个月开会一次。

国家科学与技术委员会咨询委员会是国家科学与技术委员会的咨询机构，由各个领域的专家学者组成，负责为国家科学与技术委员会提供专业意见，主席由埃塞俄比亚科学与技术委员会主任担任。

埃塞俄比亚科学与技术委员会是国家科学与技术委员会的秘书处。它直接对总理负责，负责计划、促进、协调与监督全国的科学技术活动；就科学与技术事务向政府提供意见，实施政府的科学技术政策。委员会下设

6个司，即农业与环境司、卫生司、工业司、矿业司、水利与能源司、专利技术转让与发展司，同时还设各领域专业科学技术委员会，负责本领域的科学技术工作。

最后一个层次是分布于全国各地的各科学技术研究部门。

二　社会科学

埃塞俄比亚历届政府较为重视社会科学的发展。现政府于1997年颁布的《文化政策》中，对社会科学的发展做出了规定。《文化政策》规定，政府将与民间机构和人民携手合作，为民族语言、民族遗产、历史、手工艺、美术、口头文学、民间传说、信仰及其他文化领域开展科学研究创造条件，确保上述文化事业繁荣发展，增强其在国家发展中的作用。各级政府依法并在财力许可的条件下鼓励并资助文化工作者的科研与创作活动。

埃塞俄比亚社会科学研究的领域较广，在国际上有一定知名度的领域有文物和文化遗产、民族语言研究、埃塞俄比亚历史等。

在民族语言研究方面，埃塞俄比亚政府《文化政策》要求有关部门与国际社会合作，绘制全国民族语言分布图；为尚未形成书面文字的语言创造相应字母，并根据操相关语言民族的实际需要进行书面文字创作工作；采取相应措施，按照正字学原则和方法，解决书面语言的拼写问题；为促进各民族人民使用文字创造有利条件，用不同民族语言编撰辞典、百科全书和语法书；为各族人民提供专业协助，以便联邦、州、地区乃至区有关当局决定教学、交流和官方语言；适当引入科技术语，扩充本民族语言词汇量；大力加强外文翻译工作，学习和借鉴世界其他国家的经验和知识。

埃塞俄比亚研究学会是埃塞俄比亚最具影响力的非官方文化学术机构。该学会于1963年由英国籍埃塞俄比亚历史学家理查德·潘克赫斯特博士（Dr. Richard Pankhurst）发起成立。总部设在亚的斯亚贝巴大学。该学会的宗旨是：促进和协调有关埃塞俄比亚的各种研究和出版活动，特别是有关人文学科和文化研究；通过博物馆对埃塞俄比亚文化遗产进行收集、分类、编撰目录、保护和展示活动。该学会经常举办各种会议、讲学、出版等学术活动。目前，学会拥有图书馆和博物馆各一个。图书馆藏有各种有关埃塞俄比亚的书籍、期刊、文章以及珍贵的手稿、档案、胶片和图片。博物馆拥有独特的人类学展品、艺术品、钱币、十字架、乐器及传统日常生活用品。

文化遗产研究保护局是埃塞俄比亚负责文物和文化遗产的保护与研究的权威部门。该局前身是文化遗产研究保护中心，2000 年更名，隶属于青年体育文化部。该局的职能是：对文化遗产进行科学的登记和监管；保护历史文化遗产免遭人为和自然破坏；促使历史文化遗产在国家经济、社会发展中的地位及作用；发掘并研究历史文化遗产。

第三节　文学艺术

一　文学

与其他许多国家一样，埃塞俄比亚的早期文学艺术，是与宗教密切结合在一起的。据著名英国籍埃塞俄比亚历史学家潘克赫斯特研究，在埃塞俄比亚漫长的历史阶段，教堂是埃塞俄比亚文学艺术的唯一庇护者，教堂是所有绘画、图书制作的场所。在上千年的时间里，埃塞俄比亚艺术本质上是基督教艺术，埃塞俄比亚文学本质上是基督教文学。埃塞俄比亚最早的语言是几埃兹语（Geez）。埃塞俄比亚正教的著作，都是用几埃兹语书写。埃塞俄比亚文学就是萌芽于宗教著作中。宗教学者们用几埃兹语撰写了大量的宗教作品。13 世纪被认为是几埃兹语创作的黄金时代。在这个时期，最著名的一部著作是《国王的光荣》（*Kibranagast*）。该书第一次完整地叙述了埃塞俄比亚历代国王的历史，也叙述了埃塞俄比亚的历史、传统和秩序。在这个时期，埃塞俄比亚学者们还翻译了许多阿拉伯和希腊的宗教作品。

在中世纪，埃塞俄比亚与外界相对隔绝，成为“被伊斯兰世界包围的一个孤岛”，这在一定程度上影响了它与外部世界在文学艺术方面的交流。但由于埃塞俄比亚大主教是由亚历山大总主教委派的，每次大主教就任，都能给埃塞俄比亚带来不少外部世界出版的书籍。

除了与宗教有关的文学艺术作品外，埃塞俄比亚历史上还留下了大量通俗文学作品。这些作品中有不少是以口头方式流传下来的。同时用阿姆哈拉语和其他民族语言创作的文学作品也出现了。这些早期的通俗文学作品反映了当时埃塞俄比亚的社会经济状况，揭示了社会分为僧侣、封建贵族和老百姓的情况。一些作品则包含一定的爱国主义热情。如一部口头流传的题为《金色的土地》的作品讲了这样一个故事：国王派一位向导送几位欧洲旅行家离开埃塞俄比亚，到了边境后，这位向导要求几位欧洲人脱下他们的鞋，洗涮干净，并向他们解释说，国王和人民很乐意向欧洲人提供帮助，但不愿意他们带走埃塞俄比亚的一粒土。

19 世纪末，统治埃塞俄比亚的提沃德罗斯二世皇帝鼓励文学创作，力图通过文学作品来增强埃塞俄比亚各民族的凝聚力。

20 世纪初，埃塞俄比亚文学创作进入一个新的阶段，即真正的文学阶段。人们开始把宗教与小说结合起来，产生了一批宗教小说作品。第一部此类作品是 1908 年出版的《心血凝成的历史》（*Labb Woled Tarik*）。该书的作者是埃塞俄比亚驻意大利大使阿费沃克·加布雷·伊雅苏（Afework Gabre Iyesus）。这是一部用阿姆哈拉语撰写的作品，首先在罗马出版，对后来阿姆哈拉小说创作具有深刻的影响。1909 年，阿费沃克又出版另一部文学作品《孟尼利克的一生》。20 世纪 20～30 年代阿姆哈拉文学的代表人物是布拉坦·盖塔·赫瑞·沃尔德－塞拉西（Blaten Geta Heruy Wolde－Selassie）。他撰写了约翰五世的传记以及其他许多传记作品、政治评论和宗教小说。代表作有《我的心与我的朋友》（*Wadaje Lebbe*）、《新世界》（*Addis Alem*）等。他的作品贯穿着基督教人道主义的思想和宗教在人的生活中所起作用的思想。

1935 年意大利入侵使埃塞俄比亚文学中断。1941 年从意大利殖民统治中解放出来后，埃塞俄比亚的文学创作进入一个繁荣时期。当时围绕海尔·塞拉西一世皇帝归国，埃塞俄比亚艺术家们创作了许多文艺作品。这些作品后来结集出版，题为《新时代之音》（*Hymn of the new era*）。其中有三位作家的作品对后来阿姆哈拉文学艺术产生了深刻的影响，这三位作家是马康南·恩达尔卡丘（Mekonen Indalkachew）、格尔马丘·哈瓦里亚特（Girmachew T. Hawariyat）和科贝德·米海尔（Kebede Mikael）。

马康南的代表作是短篇小说《不，我没有牺牲》（1945年），后来被收进他的《请原谅我的错误吧》的作品集里。马康南的作品还有《人和他的良心》、《穷人之城》、《卡恩的宝石》、《想望》等。

格尔马丘·哈瓦里亚特是政府高级官员，1948年，他出版长篇小说《阿拉亚》，一年后又创作话剧《提沃德罗斯》。《阿拉亚》被认为是阿姆哈拉文学走向成熟的一个里程碑。

科贝德·米海尔可以说是埃塞俄比亚话剧的奠基人，也是著名的诗人。1938年他创作话剧 *Yetnbit Ketero*。战后他又创作了大量话剧作品。1954年，他出版诗集《理智之光》。

塔德塞·李本（Tadese Liben）是埃塞俄比亚短篇小说的奠基人，他出版了短篇小说集《九月》（*Meskerem*），但他在1952年出版第二部短篇小说集《另一条路》（*Lelaw Menged*）后，再未出版任何作品。

门格斯图·雷玛（Mengistu Lema）可以说是埃塞俄比亚喜剧创作的奠基人。1955年他出版喜剧《不平等的婚姻》（*Yaleacha Gabicha*），在埃塞俄比亚引起较大反响。此前他还创作了喜剧《诱拐进我的口袋里》（*Telfo Bakise*）。

1959年是阿姆哈拉语小说创作的一个高产的年份。这一年哈迪斯·阿莱马耶胡（Haddis Alemayehu）出版了长篇小说《相爱终生》（*Fekir Eske Mekabir*），另一位作家阿贝·古巴那（Abe Gubagna）于1962年出版了埃塞俄比亚历史上篇幅最长（共602页）的长篇小说《他母亲的独生子》（*Ande lenatu*）。这是一部描写提沃德罗斯皇帝的历史题材的小说。

阿姆哈拉语诗歌创作没有取得很大的进展。门格斯图·雷玛曾于1950年创作出版了《诗圣》（*Yegitim Gubaye*），这是一部把埃塞俄比亚传统诗歌与现代西方诗歌创作艺术结合起来的作品。后来几次重印，在埃塞俄比亚具有一定的知名度。但门格斯图·雷玛本人后来再未从事诗歌创作。1963年，诗人所罗门·德雷萨（Solomon Deresa）出版《童年》（*Leginet*）一书，他被认为是埃塞俄比亚现代诗歌的始祖。

埃塞俄比亚有作家协会。2002 年任主席的是作家马莫·伍德内赫（Mammo Wudneh）。

二　戏剧电影

当代埃塞俄比亚有许多杰出的剧作家，其中在国际上较有声誉的一位是特斯盖耶·加布雷－梅德茵（Tsegaye Gabre－Medhin）。他既是剧作家，同时又是诗人、散文家、政论家、历史学家、和平活动人士和导演。他生于 20 世纪 30 年代意大利占领时期。1949 年他创作第一部话剧《迪翁尼苏斯王和他的两个兄弟的故事》（*The Story of King Dionysus and of the Two Brothers*）。50 年代，他到美国求学，后来又广泛游历英国、法国、意大利等国。60 年代，他主持埃塞俄比亚国家剧院的工作，其间创作了大量戏剧作品，同时用阿姆哈拉语改编了莎士比亚的许多作品。他创作的话剧 *Oda Oak Oracle* 在非洲、欧洲和北美许多国家上演，但许多作品在埃塞俄比亚被禁止出版或上演。1966 年，他获得海尔·塞拉西一世阿姆哈拉文学奖。在政局动荡的 70 年代，他又创作了许多高水平的作品，并一度出任政府文化和体育部副部长，并创办了亚的斯亚贝巴大学舞台艺术系。80 年代，他创作了许多以提沃德罗斯、孟尼利克等历史人物为题材的历史剧。90 年代，特斯盖耶继续他的创作活动，撰写了《ABC 还是 XYZ》等脍炙人口的作品。

目前，埃塞俄比亚全国共有 8 个专业舞蹈团和 4 个专业话剧团，都集中在首都，分属于 4 家大剧院，其中国家剧院规模最大。国家剧院（National Theatre of Ethiopia）成立于 1955 年，当时正值海尔·塞拉西一世皇帝加冕 25 周年，故命名为海尔·塞拉西一世剧院。国家剧院拥有 1400 个座位，是全国水平最高的古典和现代戏剧创作基地。同时，剧院还汇集了全国 85 个民族中 25 个民族的民族音乐和舞蹈。剧院现下设 2 个话剧团，民乐、弦乐、爵士乐和流行乐等 4 个乐团，民族舞和现代舞 2 个舞蹈团。

电影最初于 19 世纪末孟尼利克时代传入埃塞俄比亚。1898 年，一位法国人在亚的斯亚贝巴建立第一座电影院，但埃塞俄比亚人把他的电影院视为“撒旦的房子”而加以抵制，因而电影院很快倒闭。1909 年，另两位外国人在亚的斯亚贝巴又开设一家电影院，不久后也倒闭。直至 20 世纪二三十年代，电影才被埃塞俄比亚人接受。目前埃塞俄比亚还没有一家正式的音像公司或电影制片厂。埃塞俄比亚电视台（Ethiopian Television，ETV）是全国唯一的电视台，仅开播一套节目，平均每天播 6～7 小时。每年只有私人公司生产电视片 5～6 部，因此需购买或租用大量外国故事片，其中西方影片占 70% 以上。目前，全国共有 40 家电影院。

三　音乐舞蹈

1. 音乐

与文学艺术一样，埃塞俄比亚的音乐最初也是伴随着宗教而产生、流传和发展起来的。公元 6 世纪的圣人雅利得（Saint Yared）被认为是埃塞俄比亚正教“泽马”（Zema）音乐的始祖。根据埃塞俄比亚传说，圣人雅利得创造了一整套宗教礼拜音乐，并创造了埃塞俄比亚式的记谱法。圣人雅利得创造的音乐记谱法经过后人的完善，形成一套完整的埃塞俄比亚独有的记谱法。该记谱法共有 10 个记谱符号。

据埃塞俄比亚学者研究，埃塞俄比亚世俗音乐的起源呈现出多样性与多源性。今天埃塞俄比亚人民吟唱的赞美歌仍然保留着希伯来赞歌的曲调，说明在所罗门王统治的时代，埃塞俄比亚世俗音乐就受到了古代犹太人国家的影响。后来，从阿拉伯半岛渡过红海迁移到埃塞俄比亚的哈米特人和闪米特人也带来了他们的世俗音乐，他们的音乐与当地土著人的音乐结合在一起，产生了独特的埃塞俄比亚世俗音乐。另外，埃塞俄比亚的宗教音乐也对世俗音乐的发展产生了深刻的影响。

世俗音乐是人们日常生活与生产活动的直接反映。埃塞俄比亚的世俗歌曲多种多样，有劳动歌曲、爱情歌曲、叙事歌曲等，表达人们的喜、怒、哀、乐以及对大自然的赞美。埃塞俄比亚学者把该国的世俗歌曲分为下列几大类，即：

（1）扎凡（Zefan）歌曲。是一种表达高兴、喜乐的歌曲，一般在定婚、结婚、生日、节庆等喜庆的场合演唱。这类歌曲一般都由多人合唱，人们以拍手、击鼓或跳舞的方式为其伴奏。歌词较随意，往往是即兴吟唱，但一般都很合韵。

（2）叶－阿兹马里－扎风歌曲（Ye Azmari Zefen）。是一种赞美歌曲，由专业的歌唱家在重要的喜庆场合演唱。歌词往往由演唱者根据不同场合、不同背景而即兴创作。

（3）因古尔古罗（Ingurguro）歌曲。是一种对别人表达不满情绪的歌曲，往往伴有拍手和击鼓伴奏。

（4）希列达和福克拉（Shilela and Fukera）歌曲。是一种歌颂爱国主义英雄的歌曲。在这类歌曲里，往往把英雄神化，并对敌人进行嘲讽。

（5）莱克索歌曲（Lekso）。是一种葬礼歌曲。

2. 舞蹈

埃塞俄比亚人民能歌善舞，在宗教仪式、世俗节日、结婚仪式等场合，人们都要载歌载舞。今天在许多旅游饭店、文化设施都有固定的舞蹈演出，供人们欣赏。在马斯卡尔节（发现真正十字架节）等重大节日，舞蹈往往是节庆活动的最重要内容，也是活动的高潮。人们聚集在一起，又唱又跳，极具感染力。民间舞蹈多姿多彩，动作灵活多样，跺脚、跳跃、蹦步、滑步、转身、弯腰等动作巧妙地结合在一起。但各民族的舞蹈方式略有不同。例如，古拉格人舞蹈最突出的特征体现在其足部动作上，相比之下，南方的沃莱塔人的舞蹈则更多注重腿部的动作，另一些民族的舞蹈则更多地注重肩部动作、头部动作或颈部动作。

四　美术

埃塞俄比亚人民有崇尚工艺美术的传统。其原始绘画、木雕、陶器制作、编织、珠宝制作等在非洲享有较高的声誉。埃塞俄比亚艺术家和手工艺人善于利用当地材料，把传统工艺与现代工艺结合起来，创造出许多既具有实用价值又有较高艺术水准的工艺美术品。

绘画在埃塞俄比亚具有悠久的历史，但正如著名英籍埃塞俄比亚历史学家潘克赫斯特所指出的，埃塞俄比亚艺术在本质上是基督教艺术。在很长的时间里，绘画是与宗教活动结合在一起的。许多教堂的内部都用大量的绘画装饰。人们因此认为埃塞俄比亚早期的绘画受到拜占庭艺术的影响。在漫长的封建时代，教会是埃塞俄比亚绘画的主要传承者。皇帝、王公贵族都在其内庭或家中供养画家。现存最早的埃塞俄比亚绘画是一幅13世纪的作品。从15世纪起，埃塞俄比亚宗教绘画开始受到西欧现实主义画派的影响，当时皇室、教会雇用了一些来自欧洲的艺术家。他们带来了西欧的绘画风格和工艺。

现代绘画是随着20世纪20年代埃塞俄比亚现代教育制度的建立而兴起的。那时一些新式学校开设现代绘画课程，教授国外现代绘画艺术。自那时以来，埃塞俄比亚出现了许多不仅享誉埃塞俄比亚，而且享誉世界的一流画家。其中一位是阿格尼胡·恩根达（Agegnehu Engeda）。他于20世纪20年代留学法国，回国后受雇于政府，负责国会大厦和塞拉西教堂（圣三一教堂）的壁画绘制工作。另一位著名画家是阿费沃克·特克勒（Afework Tekle）。他被称为埃塞俄比亚"现代现实主义画派"的主要代表，他的绘画作品既具有现实主义的风格，又融入了抽象的几何图形。他于1954年在亚的斯亚贝巴首次举办个人画展，一炮走红。圣乔治大教堂的壁画和著名的联合国非洲经济委员会非洲大厅走廊里150平方米的巨幅玻璃画都出自他手。阿费沃克的代表作是油画《埃塞俄比亚母亲》。他的画大多描述自然风光、历史事件和宗教仪式。1964年，他被授予国家艺术奖，是得到此项奖励的第一位埃塞俄比亚艺术家。另一位享誉世界的埃塞俄比亚画家是沃塞尼·科斯洛夫（Wosene Kosrof），他的画作被美国史密森博物馆永久收藏。另一位著名画家泽里洪·叶特姆盖塔（Zerihun Yetmgeta）被认为是埃塞俄比亚现代派画家的代表。他生于1941年，创作的高峰年代是20世纪80年代和90年代，曾数十次在埃塞俄比亚国内和国外举行画展。

草编（主要是篮子编织）在哈拉尔地区最为发达。这与当地的风俗习惯有关。当地少女在出嫁前，都要学会编织篮子，并要编织出一定数量的篮子。编织篮子的主要原料是草，有的地方也有用芦苇、竹子和西沙尔麻作原料的。篮子的最主要用途是盛食物。

南方地区居民主要以木雕见长，其中季马被称为埃塞俄比亚的木雕艺术中心。木雕作品既有实用的家具，也有纯欣赏艺术品。既有由单独一根（一块）木头雕刻的，也有由几块或多块木头拼接而成的。季马和沃累加地区的凳子、椅子、圆桌等家具大多由一根木头雕刻而成，造型独特，腿和靠背的雕工均十分精细。

埃塞俄比亚的手工纺织和刺绣也颇有特色。在阿姆哈拉地区，人们特别是妇女喜欢穿一种叫"沙玛"（Shammas）的民族服装，这种服装的裙边均绣着美丽的花纹。

埃塞俄比亚的十字架和珠宝首饰制作也具有相当高的工艺水平。在整个基督教世界，十字架的制作可分为5大类120个小类，其中埃塞俄比亚就独占了2大类和60个小类，这对世界基督教文化是个杰出的贡献。埃塞俄比亚人制作十字架的原料很多，既有金质的十字架，也有银质的、铜质的、铁质的和木质的十字架。阿杜瓦、阿克苏姆和贡德尔是埃塞俄比亚传统珠宝制作业的中心。埃塞俄比亚珠宝制作可分为两大类：基督教特色的珠宝和穆斯林特色珠宝。

第四节　体育

埃塞俄比亚有着重视体育运动的传统。早在封建统治时代，政府就曾组织过一系列体育比赛。近年来，由于国家经济困难，全国体育运动水平总体来说不高，但埃塞俄比亚运动员还是在一系列国际比赛中取得较好成绩，尤其是其长跑运动成绩在世界上令人瞩目。

埃塞俄比亚实行国家体育运动委员会领导下的各专业运动联合会和俱乐部负责的体育制度。体育运动委员会是埃塞俄比亚副部级的国家机构，负责管理全国的体育事务，制定体育政策。各州政府亦设有相应体育运动委员会。国家的体育政策是大力鼓励全民参与体育运动，同时兼顾优秀运动员的培养与选拔。各级体育运动委员会的经费由政府财政负担，各专业运动联合会享受政府补贴，但各体育运动俱乐部的活动经费自筹。政府还设立奖励基金，对取得杰出成绩的优秀运动员进行奖励。

埃塞俄比亚体育运动委员会下设体育运动联合会。联合会共有21个成员组织，它们分别是：

(1) 传统运动联合会（Traditional Sport Federation）;

(2) 拳击联合会（Boxing Federation）;

(3) 乒乓球联合会（Table Tennis Federation）;

(4) 举重联合会（Weight Lifting Federation）;

(5) 保龄球协会（Bowling Association）;

(6) 网球联合会（Ground Tennis Federation）;

(7) 标枪运动联合会（Dart Federation）;

(8) 足球运动联合会（Football Federation）;

(9) 篮球运动联合会（Basketball Federation）;

(10) 自行车运动联合会（Bicycle Federation）;

(11) 武术运动联合会（Martial Arts Federation）;

(12) 摩托车运动联合会（Motor Federation）;

(13) 残疾人运动联合会（Disabled Federation）;

(14) 羽毛球运动联合会（Badminton Federation）;

(15) 手球运动联合会（Hand Ball Federation）;

(16) 游泳运动联合会（Swimming Federation）;

(17) 田径运动联合会（Athletics Federation）;

(18) 排球运动联合会（Volleyball Federation）;

(19) 体操运动联合会（Gymnastic Federation）;

(20) 赛马运动联合会（Horse Race Association）;

(21) 棋类运动联合会（Chess Sport Federation）。

埃塞俄比亚奥林匹克委员会成立于1968年。

埃塞俄比亚有许多体育运动俱乐部，从事运动员的挑选和培养、比赛的组织和管理等工作。据统计，2008/2009年度全国有5599个体育运动俱乐部或运动队，2009/2010年度登记在册的专业或半专业体育运动人员44000多人。主要体育运动俱乐部有：

1. 监狱管理局俱乐部（Prisoner Administration Club）

成立于1983年，2000年有3名教练和113名运动员。该俱乐部以培养长跑运动员著称。有9名运动员参加了2000年悉尼奥运会。1992年巴塞罗那奥运会女子10000米金牌获得者德拉尔图·图卢（Derartu Tulu）来自该俱乐部。

2. 欧梅尔达体育俱乐部（Omedla Sports Club）

成立于1948年，原为警官协会俱乐部。有10名教练，3名按摩师，1名医生和79名运动员。79名运动员中，27名为马拉松运动员，33名为5000~10000米长跑运动员。世界冠军海尔·格布雷·塞拉西和盖特·瓦米就是该俱乐部成员。

3. 穆格田径运动俱乐部（Muger Athletics Club）

成立于1994年，目前有24名运动员。

4. 埃塞俄比亚咖啡足球俱乐部（Ethiopian Coffee Football Club）

原为“咖啡市场运动俱乐部”，成立于1976年。现为该国最大的足球俱乐部，有300多名球员。曾派团参加一系列非洲俱乐部杯比赛。

5. 圣乔治足球俱乐部（Saint George Football Club）

成立于1935年，以亚的斯亚贝巴著名的圣乔治大教堂命名，是埃塞俄比亚历史最悠久的足球俱乐部。该俱乐部曾16次赢得埃塞俄比亚全国联赛冠军，7次赢得埃塞俄比亚杯冠军，7次赢得超级埃塞俄比亚杯冠军。

6. 银行足球俱乐部（Banks Football Club）

成立于1983年，由埃塞俄比亚国家银行、埃塞俄比亚商业银行、埃塞俄比亚发展银行和埃塞俄比亚抵押银行出资组建。除足球外，该俱乐部还设有田径、排球和乒乓球运动项目。该足球运动队有71名运动员。

7. 埃塞俄比亚保险足球俱乐部（The Ethiopian Insurance Football Club）

成立于1982年，由保险业从业人员组成，曾组队参加过一系列国内和国际比赛。

埃塞俄比亚运动员于1956年第一次参加在澳大利亚墨尔本举行的奥运会。当时埃塞俄比亚代表队只参加了自行车和田径两项比赛。此后举行的奥运会埃塞俄比亚在多数情况下均派运动员参加。有 11 名埃塞俄比亚选手参加了 1960 年的罗马奥运会，光脚长跑选手阿贝贝·比基拉（Abebe Bikila）以 2 小时 15 分 16 秒的成绩打破马拉松世界纪录。这是埃塞俄比亚在奥运会上获得的首枚金牌。在 1964 年的东京奥运会上，阿贝贝·比基拉再次获得马拉松冠军。在 1968 年墨西哥奥运会上，另一名长跑选手马莫·沃尔德（Mamo Wolde）夺得男子马拉松冠军，他同时还取得 10000 米银牌。在 1972 年慕尼黑奥运会上，埃塞俄比亚运动员获得两枚奖牌。埃塞俄比亚出于政治原因，抵制了 1976 年在蒙特利尔举行的奥运会。埃塞俄比亚派出 45 名选手参加了 1980 年的莫斯科奥运会，米卢齐·伊夫特（Mirutse Yifter）摘取男子 10000 米和 5000 米长跑两枚金牌。另两名运动员分别获得男子 10000 米铜牌和 3000 米越野赛铜牌。埃塞俄比亚出于政治原因抵制了 1984 年和 1988 年的洛杉矶奥运会和汉城奥运会。

在 1992 年巴塞罗那奥运会上，埃塞俄比亚选手再次取得好成绩，德拉尔图·图卢获得女子 10000 米金牌，费塔·巴伊萨（Fita Bayissa）获得男子 5000 米冠军，另一名选手亚的斯·阿贝贝（Addis Abebe）获得男子 10000 米铜牌。

在 1996 年美国亚特兰大奥运会上，海尔·格布雷·塞拉西（Haile G. Selassie）夺得男子 10000 米金牌，法杜玛·罗巴（Fatuma Roba）获得女子马拉松冠军，另一名女选手盖特·瓦米（Gete Wami）获得女子 10000 米铜牌。

在 2000 年悉尼奥运会上，埃塞俄比亚运动队再次获得惊人好成绩，共夺得 4 枚金牌，1 枚银牌和 3 枚铜牌，奖牌总数居非洲第 1 位，世界第 20 位。海尔·格布雷·塞拉西再次获得男子 10000 米冠军，法杜玛·罗巴和盖特·瓦米分别摘取女子 10000 米金牌和银牌。盖特·瓦米还同时夺得女子 5000 米亚军。米伦·沃尔德（Million Wolde）获得男子 5000 米冠军。格扎尼·阿贝拉（Gezahgne Abera）获得女子 5000 米冠军。为表彰在本届奥运会上取得好成绩的长跑运动员海尔·格布雷·塞拉西，埃塞俄比亚政府决定将首都的一条主要街道改名为海尔·格布雷·塞拉西路。

在 2004 年雅典奥运会上，埃塞俄比亚运动员再次在赛跑比赛各项目取得好成绩，共获得2枚金牌、3枚银牌和2枚铜牌。科奈内萨·贝克勒（Kenenisa Bekele）获得男子5000米银牌和男子10000米金牌，迈赛莱特·德法尔（Meseret Defar）摘取女子5000米金牌，斯莱西·斯海恩（Sileshi Sihine）获得男子10000米银牌，埃杰盖耶胡·迪巴巴（Ejegayehu Dibaba）获得女子10000米银牌，提鲁内什·迪巴巴（Tirunesh Dibaba）获得女子5000米铜牌，德拉图·图鲁获得女子10000米铜牌。

在2008年北京奥运会上，科奈内萨·贝克勒夺得男子5000米和10000米金牌，提鲁内什·迪巴巴获得女子5000米和10000米金牌，斯莱西·斯海恩获得男子10000米银牌，茨加耶·科贝德（Tsegaye Kebede）获得男子马拉松铜牌，迈赛莱特·德法尔获得女子5000米铜牌。

在2012年伦敦奥运会上，迈赛莱特·德法尔获得女子5000米金牌，提鲁内什·迪巴巴获得女子10000米金牌，提吉·格拉纳（Tiki Gelana）获得女子马拉松金牌，德津·格布雷梅斯克尔（Dejen Gebremeskel）获得男子5000米银牌，塔里库·贝克勒（Tariku Bekele）获得男子10000米铜牌，索菲亚·阿赛法（Sofia Assefa）获得女子3000米障碍赛铜牌，T. 迪巴巴（Tirunesh Dibaba）获得女子5000米铜牌。

除国际标准的体育活动外，埃塞俄比亚还开展众多传统文化体育运动。据统计，此类文化体育运动约有200种，其中6种作为体育竞赛在全国或大部分地区流传。它们是：格贝塔（Gebeta）、赛马（Horse Racing）、摔跤（Wrestling）、飞标击圈（Corbo）、根纳（Genna）和格格斯（Gugs）。

第五节 新闻出版

一 报刊与通讯社

1. 报纸

埃塞俄比亚首份报纸 *La Se-maine d'Ethiopie* 于1890年用法语出版，系方济各教会传教士在哈拉尔城编印。1905 年，该报改名为 *Le Semeur d'Ethiopie*。第一份用阿姆哈拉语出版的报纸为 1895 年的 *Aemero*。20 世纪初，埃塞俄比亚又出现了数家报纸，但影响不大。1941 年和 1943 年，埃塞俄比亚政府分别出版阿姆哈拉语的报纸 *Addis Zemen*（意为"新时代"）和英文报纸《埃塞俄比亚先驱报》（*Ethiopian Herald*）。在很长时间里，《新时代》和《埃塞俄比亚先驱报》是该国的主要报纸。1965 年，埃塞俄比亚成立首家出版社——国营的伯哈内纳 - 塞拉姆印务公司（Berhanena Selam Printing Press）。1974 年埃塞俄比亚革命后，军政府及后来成立的埃塞俄比亚工人党设立了数家报社，如 *Meskerem*（意为"九月"）、*Serto Ader*（意为"工人"）、*Yezareyitu Ethiopia*（意为"今日埃塞俄比亚"）。同时《新时代》和《埃塞俄比亚先驱报》作为政府报纸也继续出版发行。

20 世纪 90 年代以后，随着政治空间的开放和多党制的实行，加上 1992 年《新闻自由法》（the Press Freedom Bill）的制定和颁布，埃塞俄比亚新闻出版空前活跃起来，各种报纸、刊物大量出现。据政府公布的数字，1992 年 10 月至 1997 年 7 月共有 385 种新报刊出版发行，其中 265 种为报纸，120 种为刊物。但出于各种原因，许多报刊后来关闭。据不完全统计，2012 年埃塞俄比亚全国出版发行的报刊有 140 多种，用阿姆哈拉语、英语、法语、阿拉伯语和埃塞俄比亚其他民族语言出版。

发行量较大的英文报纸有 *Ethiopian Herald*（日报）、*Addis Tribune*、*Addis Fortune*（商业周刊）、*The Reporter*、*Capital*、*Daily Monitor* 等。发行量较大的阿姆哈拉语报纸有 *Addis Zemen*、*Addis Tribune*、*Reporter*、*Addis Admass*（民营周报）。

较有影响的网络新闻媒体主要有：*New Business Ethiopia*、*Walta Information Center*、*Ze Habesha*、*Amharic News*、*Awramba News*、*Cyber Ethiopia*、*Cyber Zena*、*ECADF*、*Ethio Media*、*Ethio News Direct*、*Ethiopia Forum*、*Ethiopian Media Forum*、*Ethiopian News*、*Ethiopian Observer*、*Ethiopian Review*、*Ethiopianism*、*Ezega*、*Maleda Times*、*Media Ethiopia*、

Nazret 等。

2. 通讯社

埃塞俄比亚现有两家通讯社，即国营的埃塞俄比亚通讯社（Ethiopian News Agency，ENA）和私营的瓦尔塔新闻中心（Walta Information Center）。埃塞俄比亚通讯社成立于1942年，每天用英语、阿姆哈拉语对外发布新闻及其他资讯。瓦尔塔新闻中心成立于1995年，是埃塞俄比亚第一家也是唯一一家私营通讯社。该通讯社与执政党埃革阵关系密切，中心总部设在亚的斯亚贝巴，在埃塞俄比亚各州设有记者站，每天用阿姆哈拉语和英语编发新闻。

另外，有20多家外国新闻机构在埃塞俄比亚派驻记者，其中包括新华社、路透社、法新社、美联社、安莎社、德通社、西班牙通讯社、英国广播公司、《华盛顿邮报》、印度报业托拉斯、美国之音、美国全国公共广播电台、埃及中东通讯社等。

二 广播与电视

1. 广播

通过收音机收听广播是多数埃塞俄比亚人特别是农村地区居民接收外界信息的主要渠道之一。埃塞俄比亚的无线电广播从1943年开始。在20世纪60年代中期以前，无线电广播的覆盖范围仅限于亚的斯亚贝巴及其周围地区。现在中波和调频信号已覆盖埃塞俄比亚各主要城市和城镇，短波信号可覆盖全国大部分地区。截至2015年，埃塞俄比亚共有11家广播电台，其中中波电台8家，短波电台2家，调频台1家。上述广播电台大多为政府开办，用包括英语、法语和阿拉伯语在内的十多种语言广播。主要广播电台有埃塞俄比亚广播电台（Radio Ethiopia）、芳纳（意为“火炬”）广播电台（Radio Fana）、莱吉达迪广播电台（Radio Legedadi）、亚的斯调频台（FM Addis 97.1）、自由埃塞俄比亚之声（Radio Voice of One Free Ethiopia）、提格雷革命之声（Voice of the Revolution of Tigray）等。埃塞俄比亚广播电台（Radio Ethiopia）为政府广播电台，用中波和短波广播，除国内广播外，还进行对外广播，并在国内设地区性广播分台，信号可覆盖全国。芳纳广播电台系执政党埃革阵开办，用阿姆哈拉语、阿法尔语和奥罗莫语广播。亚的斯调频台为亚的斯亚贝巴市政府开办。提格雷革命之声则为提格雷州政府所办。莱吉达迪广播电台则为教育台，由教育部主办。

2. 电视

隶属于政府的埃塞俄比亚广播公司（Ethiopian Broadcasting Corporation，EBC）是埃塞俄比亚唯一的电视节目播出机构。该公司最早历史可追溯至1963年。该年非洲统一组织（今天非洲联盟的前身）在亚的斯亚贝巴成立。为让更多的人目睹这一历史盛况，在举行会议的“非洲厅”的走廊和大厅前的广场里安装了有线闭路电视。这是电视首次传入埃塞俄比亚。次年11月，为迎接非洲统一组织领导人会议，埃政府成立了埃塞俄比亚电视台（ETV），开始无线电视广播。电视台由英国的汤姆逊国际电视公司提供技术支持并实际管理。1968年，埃塞俄比亚政府成立埃塞俄比亚广播公司，负责全国的电视与无线电广播业务。1982年，为庆祝埃塞俄比亚工人党成立，埃塞俄比电视台开始播出彩色电视信号。

目前，埃塞俄比亚广播公司每天用阿姆哈拉语、奥罗莫语、索马里语、阿法尔语、提格雷语和英语等语言进行广播，共有4个频道，即EBC1、EBC2、EBC3和Ethiopian News TV频道。除全国总台外，该公司还设立了3个地区分台，分别是Addis TV、TV Oromiyaa和Dire TV。

根据埃塞俄比亚法律，电视接收机的拥有者需要注册并缴纳一定注册费。

第八章

外　交

第一节　外交政策

埃塞俄比亚的近代外交始于19世纪中叶。那时西方列强开始对非洲进行殖民征服。埃塞俄比亚面临意大利、英国、法国等西方列强的侵略与蚕食。在此历史背景下，提沃德罗斯二世皇帝（1855～1868年在位）试图与外部强国特别是欧洲列强建立联系，引进西方的技术、装备和人才，以维护国家的独立。但英国殖民军队于1868年打败提沃德罗斯二世的军队，提沃德罗斯二世皇帝自杀。此后，约翰尼斯四世皇帝（1874～1889年在位）和孟尼利克二世皇帝（1889～1913年在位）等埃塞俄比亚统治者试图通过外交手段维护埃塞俄比亚的独立和领土完整。1896年，埃塞俄比亚军队在阿杜瓦击败意大利殖民侵略军，迫使意大利签订和约，承认埃塞俄比亚的主权和独立。接着埃塞俄比亚又与英国、法国签订条约，确保了国家的独立。到19世纪末20世纪初，埃塞俄比亚与包括意大利、英国、法国、德国、俄国在内的十多个欧洲国家建立了外交关系。1903年，埃塞俄比亚与美国签订建立商业关系的条约。1916年塔法里·马康南公爵成为摄政王后（1930年登基成为海尔·塞拉西一世皇帝），力图把埃塞俄比亚建设成为现代化的强国，发展对外关系是他实现这一目标的重要手段之一。1923年，国际联盟正式接纳埃塞俄比亚，这被认为是埃塞俄比亚外交的一大突破。次年，塔法里·马康南摄政王访问耶路撒冷、埃及、法国、意大利、比利时、卢森堡、瑞士、瑞典、英国和希腊。但在1935

年意大利法西斯军队占领埃塞俄比亚前，埃塞俄比亚在国际政治中总的来说处于相对孤立的状态。因此当意大利军队占领埃塞俄比亚时，没有哪个国家愿意或敢于站出来为埃塞俄比亚主持正义。

1941 年在英国军队帮助下得到解放的埃塞俄比亚积极参加了二战后国际秩序的构建，并开始在非洲和世界事务中扮演积极的角色。埃塞俄比亚是联合国的创始成员国，它追随美国派兵参加了朝鲜战争，参加了 20 世纪 60 年代初由美国主导的刚果维和行动，以及后来联合国在卢旺达、布隆迪、利比里亚和苏丹的维和行动。海尔·塞拉西一世皇帝是非洲统一组织（今非洲联盟）的创始人。埃塞俄比亚首都亚的斯亚贝巴被誉为非洲的“外交首都”，是非洲统一组织和联合国非洲经济委员会的总部所在地，许多国家和国际组织在这里设立使馆或代表机构。

1974 年埃塞俄比亚革命后，门格斯图政权表面上继续奉行不结盟外交政策，但实质上执行向苏联及其盟友一边倒的政策，与华沙条约国家保持密切的政治、经济和军事关系，支持华沙条约国家的外交立场。

1991 年埃塞俄比亚人民革命民主阵线上台执政，埃塞俄比亚开始执行一条既重视西方，同时又注意东西方平衡的全方位外交政策。

1995 年颁布实施的《埃塞俄比亚联邦民主共和国宪法》对埃塞俄比亚的外交政策原则作了如下规定：（1）外交政策的基础是保卫国家利益和维护国家主权；（2）促进相互尊重国家主权和平等，不干涉别国内部事务；（3）互利互惠；（4）遵守一切有利于确保埃塞俄比亚的主权得到尊重、不违背埃塞俄比亚人民利益的国际协定；（5）与邻国和其他非洲国家建立经济联盟和兄弟关系；（6）争取国外援助；（7）推动和平解决一切国际争端。

1996 年底，埃塞俄比亚政府发布外交政策白皮书，全面阐述了政府外交政策原则、目标和面临的挑战。白皮书强调保障国家主权、维护和平稳定、促进民主自由，同时明确提出外交活动应为国内经济建设和社会发展服务，为此要积极参与地区和国际合作。

2002 年 11 月，埃塞俄比亚政府公布《埃塞俄比亚联邦民主共和国外交与国家安全政策与战略》的政策文件。该文件是 1991 年埃革阵上台以来埃塞俄比亚政府最全面、最完整的外交政策文件，全面阐述了埃塞俄比亚外交政策的理念、原则、目标和政策。该文件认为，埃塞俄比亚国家生存面临的最大挑战主要有两方面：一是经济落后；二是人民的普遍贫穷以及人民对民主与良政的渴望。埃塞俄比亚发展以及同任何外国和国际组织的关系需要服从和服务于国家解决上述挑战。文件认为，埃塞俄比亚作为一个经济落后、对外援依赖严重的国家，外交活动应围绕促进国内经济发展和民主建设来进行。为实现这一目标，外交需要服务于开发市场、吸引投资、寻求援助和最大限度地利用一切可能的机会；外交政策还必须把最大限度地减少外部安全威胁作为目标之一；同时，外交政策还要为消除全球化带来的不良影响服务。文件认为，埃塞俄比亚外交政策应建立在三个基础之上：一是建立和发展民主制度；二是维护民族尊严和民族自豪感；三是迎接全球化挑战。

近年来，埃塞俄比亚的外交活动大体上按下列几个层次和优先顺序展开。（1）把周边外交作为外交工作的重点。进一步改善和深化同苏丹的关系，加强两国在各个领域的合作；同吉布提保持密切关系，确保埃塞俄比亚进出口运输通道的畅通；加强同肯尼亚多层次的磋商，保证两国边界地区的和平与安全；支持索马里和平进程，力争主导索马里和平进程；保持对厄立特里亚的压力，争取对自己有利的解决方案；注意与索马里的“两兰”（即索马里兰和蓬特兰）发展实质性关系，实现出海通道的多样化。（2）把发展同西方国家的关系、争取它们的援助作为外交工作的重心，强调外交为国家发展战略服务。主要西方大国在人权等问题上虽然对埃塞俄比亚一直有微词，但肯定埃塞俄比亚的民主进程，鼓励其经济私有化政策和市场化改革，因此对埃塞俄比亚“诱导”多于施压。埃塞俄比亚在与西方国家的交往中，注意坚持原则，保持独立性，同时又策略灵活，以尽可能多地争取实惠。（3）充分发挥亚的斯亚贝巴作为非洲“外交首都”的优势地位，积极开展对非外交，在非洲一体化、解决非洲热点问题方面发挥积极作用。（4）积极推进全方位外交，加强与亚洲、中东、拉美等发展中国家的关系。（5）在加强政府外交的同时，发挥民间外交的作用，积极开展“第二管道”外交，推动包括宗教界、非政府组织、科研机构及其他社会团体在促进国家对外关系和经贸发展方面发挥更大作用。

第二节　与周边国家的关系

埃塞俄比亚现政府奉行睦邻友好政策，但在20世纪90年代与周边一些国家的关系不时出现紧张，甚至发生武装冲突。进入21世纪后，除与厄立特里亚关系依旧紧张外，与其他周边国家的关系基本趋于正常。2002年11月埃塞俄比亚政府《外交与国家安全政策与战略》文件认为，埃塞俄比亚周边外交的主要目的是确保埃塞俄比亚出海通道的安全。文件认为，一些国家出于政治分歧或冲突原因而拒绝埃塞俄比亚使用其港口的可能性仍然存在。

1. 与厄立特里亚的关系

与北方邻国厄立特里亚的关系在20世纪最后10年间经历了从密友到敌人的转变。1952年根据联合国大会决议，厄立特里亚与埃塞俄比亚结成联邦。1962年，埃塞俄比亚政府将厄立特里亚地位变更为国家的一个省，此后厄立特里亚出现要求独立的武装反政府活动。1975~1991年，厄立特里亚人民解放阵线与埃塞俄比亚主要反政府武装提格雷人民解放阵线在反对门格斯图政权的斗争中并肩作战。1991年厄立特里亚获得事实上的独立。1993年5月，厄立特里亚经过全民公决正式脱离埃塞俄比亚而独立。厄立特里亚独立后，与埃塞俄比亚关系十分密切，两国签署《友好合作协定》，高层往来频繁。但两国在经济等领域仍存在一些悬而未决的问题，边界亦未最后划定。两国结成货币联盟，厄立特里亚继续使用埃塞俄比亚货币比尔。但不久后两国在货币政策上发生分歧，埃塞俄比亚指责厄立特里亚不履行承诺，执行不同于埃塞俄比亚的货币政策，尤其是利用两国物价差别，用比尔在埃塞俄比亚购买大量物资出口到第三国赚取外汇，造成埃塞俄比亚市场物资短缺。厄立特里亚则指责埃塞俄比亚政府在货币政策上过于专断，要求自己也拥有发行货币的权利。1997年，厄立特里亚发行本国货币纳克法，两国在货币兑换机制和双边贸易等问题上的争端日益激烈，加上两国均有极强的民族自尊心，两国关系迅速恶化，最终导致两国走向战争。

1998年5月，厄立特里亚军队占领两国有争议的巴德梅（Badme）地区400多平方千米土地。在随后5~6月的战斗中，厄军进一步占领了更多埃塞俄比亚领土。厄埃边界战争爆发。1998年6月至1999年1月，国际社会对两国争端进行了多轮调解，但无成效。非洲统一组织在联合国的支持下提出一项临时解决方案，埃塞俄比亚表示接受，但遭到厄立特里亚的拒绝。其间两国还大规模驱逐对方侨民。1999年2~3月，埃塞俄比亚军队经过一系列战斗夺回巴德梅地区。2000年5月，埃塞俄比亚军队向厄立特里亚发起大规模反攻，不仅夺回1998年5月以来被厄军占领的全部土地，而且占领厄立特里亚中部和西部大片领土。厄立特里亚同意停火。在国际社会特别是非洲统一组织的一再斡旋下，埃、厄两国于2000年6月18日在阿尔及尔签署《终止敌对协议》，开始就边界划分和战争赔偿等问题进行谈判。2000年12月，两国在阿尔及利亚签署《全面和平协议》。协议规定两国全面停火，在边境地区厄立特里亚一侧25千米范围内建立由国际维和部队驻守的“临时安全区”，两国再行谈判，最后划定边界。随后，联合国安理会先后通过1312号和1320号决议，决定建立“联合国埃塞俄比亚－厄立特里亚特派团”，帮助两国实施《终止敌对协议》。据外界估计，双方在这场战争中死伤达数十万人。2000~2002年，两国间未再发生武装冲突，但彼此互相攻讦不断。2000年4月，由海牙国际法院成立的独立边界委员会宣布划定埃、厄边界，两国均宣布接受，双方关系有所改善。但具体划界工作从2003年年中开始后，埃塞俄比亚又宣布不接受边界委员会决定，导致埃厄关系再度紧张。2004年1月，埃塞俄比亚提出和平倡议，但厄方反应冷淡。2007年11月，边界委员会在完成“图上标界”后解散。厄方认为边界已经划定，但埃方不予接受。2008年7月，由于厄方对联合国埃厄特派团的活动实施限制，联合国决定终止特派团工作。埃塞俄比亚指责厄立特里亚支持埃国内反政府武装，破坏地区和平稳定，厄予以否认，并指责埃支持厄反政府武装。2009年12月，在埃塞俄比亚的推动下，联合国安理会通过1907号决定，对厄实施制裁。2012年3月，埃塞俄比亚派军队进入厄境内打击据称为埃反政府武装训练营地。

埃塞俄比亚政府《外交与国家安全政策与战略》文件认为，埃塞俄比亚应尽一切努力，避免与厄立特里亚再次发生战争。但又认为，两国关系紧张的根源是厄立特里亚的当权者，只要厄立特里亚政权不发生根本变化，两国关系就不可能实现正常化。埃塞俄比亚应加强国防建设，增强国力，让厄立特里亚当局不敢轻举妄动。埃塞俄比亚仍然希望两国关系正常化后使用厄立特里亚的港口，但认为港口使用权不但要通过两国协定来确定，而且要得到国际保证。

2. 与吉布提的关系

埃塞俄比亚与东部邻国吉布提保持着友好关系，两国官方往来频繁，经贸联系密切，有铁路和公路相通，共同经营埃塞俄比亚－吉布提铁路，吉布提港是埃塞俄比亚主要出海通道。埃塞俄比亚政府重视同吉布提的关系，把确保埃塞俄比亚以合理的条件使用吉布提港作为外交的优先方向。20世纪90年代后半期，吉布提总统多次访问埃塞俄比亚。埃塞俄比亚总理梅莱斯亦于1994年、1996年和1998年访吉。1993年两国在安全、贸易、航空、通信、道路建设、难民、信息与广播、投资、旅游、教育、文化和体育等领域签署合作协定。两国同意加强对埃塞俄比亚－吉布提铁路的维修，开辟两国间的公路运输。1994年两国又签订16项涉及农业、工业、边境检查、引渡、港口使用、投资、旅游、商品流通的协定。20世纪90年代后期埃塞俄比亚与厄立特里亚关系恶化后，埃塞俄比亚与吉布提的关系升温。埃塞俄比亚放弃使用厄立特里亚的阿萨布港，转而使用吉布提港作为埃塞俄比亚的主要出海通道。埃塞俄比亚70%以上的进出口物资通过吉布提港运输。埃塞俄比亚在吉布提港设立了海关、财务及咨询等服务机构。两国间的公路交通全面开通。两国成立边防委员会，共同打击走私行为。在埃塞俄比亚与厄立特里亚冲突初期，吉布提支持埃塞俄比亚的立场，与厄立特里亚断绝外交关系。埃、厄冲突后期，吉布提立场转向中立，恢复与厄立特里亚的外交关系。

近年来，埃吉两国高层往来频繁。2000年2月，吉布提外长访埃。2001年6月，吉布提总理迪莱塔访埃。2002年7月，吉布提总统盖莱访埃。2004年，埃总理梅莱斯访吉，两国召开第8次部长级混合委员会会议。

2011 年 5 月，梅莱斯再度赴吉出席吉总统盖莱就职典礼。2011 年 10 月，梅莱斯总理赴吉布提与吉总统盖莱共同出席两国电网工程落成典礼。2013 年 12 月，埃塞俄比亚总理海尔马里亚姆访吉，出席吉布提新港开工仪式。2013 年 12 月，吉总统盖莱访埃，出席埃“国家、民族与人民日”活动。此外，吉领导人赴埃出席国际会议期间，多次与埃领导人举行双边会晤。

埃吉经济联系密切。但埃塞俄比亚与吉布提在港口使用费、海关报关等具体事务方面仍存在一些争议。埃塞俄比亚政府认为这是吉布提有关机构和官员出于眼前利益考虑，故意刁难埃塞俄比亚。为此，埃塞俄比亚正在探讨利用苏丹、索马里和肯尼亚等国港口的可能性，以免过度依赖吉布提港。此外，两国在如何解决索马里问题上也有不同意见。

3. 与肯尼亚的关系

埃塞俄比亚与南方邻国肯尼亚多年来保持睦邻友好关系。两国于 1961 年建交。20 世纪 60 ~70 年代，索马里实行的“大索马里主义”对两国构成共同威胁，两国协调立场，并于 1970 年签署《防务协定》，承诺相互支持。1975 年埃塞俄比亚宣布实行社会主义后，两国关系由于意识形态不同而有所冷淡。1991 年埃塞俄比亚政权发生更迭后，两国关系快速发展。埃塞俄比亚政府认为，与肯尼亚保持友好合作关系对埃塞俄比亚十分重要，有利于埃塞俄比亚南部边界地区的和平与稳定，有利于埃塞俄比亚利用肯尼亚的潜在市场，也可为埃塞俄比亚使用肯尼亚的港口创造条件。

两国高层往来增多。1991 年肯尼亚总统莫伊访问埃塞俄比亚，两国签署《友好合作协定》。1993 ~2000 年，埃塞俄比亚总理梅莱斯 4 次访问肯尼亚。2005 年，肯总统齐贝吉访埃。2007 年，埃总理梅莱斯访肯。2012 年，埃总理梅莱斯赴肯出席拉穆港 - 南苏丹 - 埃塞俄比亚交通走廊项目奠基仪式。2013 年，埃总理海尔马里亚姆赴肯尼亚出席肯雅塔总统就职仪式。肯总统多次赴亚的斯亚贝巴出席国际会议并与埃领导人会晤。

两国签有多项合作协定，在政治、经济、军事、文化、边境管理等领域开展全方位合作。1992 年，两国签署关于打击走私和越境犯罪的协定。两国领导人决定两国加强政治和经济合作，定期召开部长级混合委员会会议和边境地区行政长官混合咨询委员会会议。1997 年 7 月，两国召开第

31 次部长级混合委员会会议，决定共同打击边境地区犯罪，促进边境地区的安全与贸易。双方同意加强在农业、牧业、环境保护及能源等方面的合作。

两国均为解决苏丹问题四国委员会成员。在 1998 ~ 2000 年埃塞俄比亚与厄立特里亚边境战争中，肯尼亚保持中立，积极居间调解。2013 年国际刑事法院对肯尼亚总统肯雅塔和副总统鲁托提出指控，埃塞俄比亚政府明确表示反对。

4. 与苏丹的关系

埃塞俄比亚与西部邻国苏丹的关系时好时坏。埃塞俄比亚政府认为，造成两国关系这一状况的主要原因是苏丹的宗教极端主义和尼罗河水利用问题。20 世纪 70 年代后半期至 90 年代初，即门格斯图执政时期，埃塞俄比亚与苏丹全面交恶。两国互相支持对方的反政府武装。埃塞俄比亚人民革命民主阵线在从事反对门格斯图政权的斗争中，曾得到苏丹政府的支持。同样，埃塞俄比亚政府亦支持苏丹南部的反政府武装。1991 年埃塞俄比亚政权发生更迭后，两国关系迎来转折期。埃塞俄比亚认为，苏丹的和平与稳定可以为埃塞俄比亚提供一个良好的周边环境，有利于埃塞俄比亚利用苏丹资源与市场，并为埃塞俄比亚利用苏丹港口提供条件。两国于 1991 年签订《友好合作协定》，并在政治、经济、外交、国防与安全、水电工程、交通运输、情报与广播、旅游、难民遣返等领域签订一系列合作协定。中断 11 年的两国部长级混委会亦得到恢复，至 1995 年已分别在亚的斯亚贝巴和喀土穆召开四次会议。1993 年在东非“政府间发展组织”（IGAD，“伊加特”）首脑会议上，埃塞俄比亚倡议与肯尼亚、乌干达和厄立特里亚一道成立解决苏丹问题的“四国委员会”。1995 年，在亚的斯亚贝巴发生刺杀埃及总统穆巴拉克的事件，埃塞俄比亚政府认为苏丹政府卷入了该事件，并认为苏丹企图向埃塞俄比亚输出宗教极端主义，两国关系迅速恶化。埃塞俄比亚采取断绝与苏丹空中交通等制裁措施，两国又开始相互支持对方的反政府武装。1996 年在雅温得非洲统一组织首脑会议上，埃塞俄比亚总理梅莱斯与苏丹总统巴希尔举行会晤，两国关系有所缓和。1997 年 11 月在“伊加特”的推动下，苏丹政府与反对派打破僵局，在内罗毕重开和谈，四国委员会外长均与会参与调解，但由于在国家政体、宗教及民族自决等问题上的分歧无法弥合，谈判无果而终。1998 年埃塞俄比亚与厄立特里亚冲突发生后，苏丹支持埃塞俄比亚，两国关系明显改善。两国表示要停止支持对方的反政府武装，埃塞俄比亚航空公司恢复了亚的斯亚贝巴至喀土穆航线。埃塞俄比亚有意将苏丹港作为其进出口通道之一，并计划从苏丹进口石油和石油制品，为此两国政府商定修复两国间的公路。埃塞俄比亚还计划向苏丹输送电力。2000 年底，两国政府达成协议，决定在两国间修建铁路，并为此成立联合技术委员会。但埃塞俄比亚仍然担心苏丹向其输出宗教极端主义，因此在与苏丹发展关系时持谨慎的态度。

5. 与南苏丹的关系

埃塞俄比亚注意平衡发展与苏丹和南苏丹的关系。埃塞俄比亚关注苏丹与南苏丹局势，致力于维护两国及地区和平与稳定，欢迎南苏丹通过公民投票实现独立。南苏丹独立后，埃塞俄比亚政府立即予以承认，并与其建立外交关系。2011 年 7 月，埃总理梅莱斯赴南苏丹出席南苏丹独立典礼。同年 11 月，南苏丹总统基尔访埃，与梅莱斯总理就双边关系和地区和平安全问题等举行会谈。埃方承诺支持南苏丹的能力建设，致力于苏丹和南苏丹的和平与繁荣。建交后，两国高层往来频繁，双方成立了部长级联合委员会，确立了战略伙伴关系，在交通运输、贸易、通信、教育、能力建设、安全等领域加强合作。2012 年 12 月，埃总理海尔马里亚姆访问南苏丹，就南苏丹与苏丹争端做工作。2013 年 1 月在海尔马里亚姆总理和非洲联盟苏丹问题高级别执行小组主席、南非前总统姆贝基的共同推动下，苏丹总统巴希尔、南苏丹总统基尔在亚的斯亚贝巴举行会晤。根据联合国安理会的授权，埃向苏丹与南苏丹有争议的阿布耶伊地区派遣维和部队。两国经贸关系紧密，近年来埃开始从南苏丹进口原油。2013 年 12 月，南苏丹发生内部冲突，埃塞俄比亚以“伊加特”轮值主席身份积极斡旋。

6. 与索马里的关系

埃塞俄比亚与其东部邻国索马里的关系总体欠佳。两国曾因欧加登地区归属问题的争端而长期不和。1964年和1977年，两国发生大规模边界战争，并于1977年断交。1988年4月，两国达成协议，允许在边界地区实施非军事化，停止支持对方的反政府武装，两国关系实现正常化。埃塞俄比亚政府认为，索马里人一直存在着的“大索马里主义”情结，是造成索马里与其邻国关系紧张的根源。20世纪90年代初，索马里陷入无政府状态，埃塞俄比亚认为“大索马里主义”对埃塞俄比亚国家安全的威胁已不复存在，但一个分裂的索马里亦不符合埃塞俄比亚的利益。因此，埃塞俄比亚积极参与索马里派别冲突的政治解决。非洲统一组织和“伊加特”授权埃塞俄比亚总理梅莱斯调解索马里冲突。1995年4月，埃塞俄比亚因其驻索马里外交官遭到绑架而关闭其驻索马里使馆。1996年11月，埃塞俄比亚邀请索马里26个政治派别的领导人在埃塞俄比亚度假胜地索德雷开会。1997年1月，会议达成协议并成立“全国拯救委员会”。针对一些宗教极端分子利用索马里的无政府状态通过索马里向埃塞俄比亚渗透，并在埃塞俄比亚境内制造爆炸事件，埃塞俄比亚于1996年和1997年三次派军队进入索马里捣毁伊斯兰团结党的训练营地。埃塞俄比亚政府认为，索马里是个“失败的国家”，索马里不存在中央政府不符合埃塞俄比亚的利益，因为一个混乱的索马里已成为滋生恐怖主义和宗教极端主义的温床，进而影响到埃塞俄比亚的安全，各种反和平分子利用索马里领土作为威胁埃塞俄比亚安全的基地和通道；埃塞俄比亚不希望索马里的无政府状态永远持续下去，希望索马里实现和平与民主，为此埃塞俄比亚将与国际社会一道推动索马里的和平进程；但鉴于索马里在近中期内尚无恢复和平与民主的希望，埃塞俄比亚将执行一条“控制损害”的政策，将索马里局势对埃塞俄比亚的消极影响控制在最小范围和程度内。为达到这一目的，埃塞俄比亚政府将帮助索马里相对稳定、不支持恐怖主义和宗教极端主义的地区，如索马里兰和蓬特兰，与这些地区发展贸易、运输等联系，但不承认这些地区的独立地位；坚决打击极端主义、恐怖主义和其他源于索马里的反和平势力。2006年，埃塞俄比亚再次出兵索马里打击伊斯兰法院联盟武装。2009年，埃塞俄比亚宣布使命完成并从索撤军。此后，埃塞俄比亚继续支持并配合非洲联盟驻索特派团、索过渡政府安全部队打击沙巴布组织武装。2010年，埃塞俄比亚促成索过渡政府与索逊尼派联盟在亚的斯亚贝巴签署《合作框架协议》。2012年9月，埃总理海尔马里亚姆出席索新任总统马哈茂德就职仪式。同年11月，马哈茂德对埃进行国事访问，双方同意建立联合部长委员会。2013年4月，索总理阿卜迪·希尔敦访埃。

7. 与埃及的关系

埃塞俄比亚与其北方近邻埃及的关系长期处于微妙状态，但近年来朝正常方向发展。两国关系中的主要问题是尼罗河水使用问题。埃塞俄比亚是尼罗河的两大支流之一青尼罗河的发源地，流到埃及的尼罗河水85%来自埃塞俄比亚。1959年，埃及避开埃塞俄比亚，与苏丹就尼罗河水的分配问题达成协议，剥夺了埃塞俄比亚对河水的使用权，对此埃塞俄比亚历届政府未予承认。埃塞俄比亚与埃及的关系由此受到影响。埃塞俄比亚认为，埃及长期以来外交活动的主要目的之一就是阻止埃塞俄比亚使用尼罗河水，特别是用于农业灌溉。由于埃及是阿拉伯世界的领袖，埃塞俄比亚与其他阿拉伯国家的关系亦受到埃及立场的影响。埃塞俄比亚还认为，埃及长期以来执行一条破坏东非地区稳定的外交政策，并从中渔利，埃及还从军事上威胁埃塞俄比亚。埃塞俄比亚的外交政策是通过和平的外交努力，确保埃塞俄比亚有公平使用尼罗河水资源的权利，同时照顾流域国家的利益。1991年埃塞俄比亚政权发生更迭后，两国关系有所改善。1992年埃及总统和外长访问埃塞俄比亚，两国决定恢复部长级混合委员会，建立定期互访和磋商制度，埃及还同意在技术领域帮助埃塞俄比亚。1993年，埃塞俄比亚过渡政府总统梅莱斯访问埃及，两国就尼罗河水使用问题达成原则协议，埃及首次承认埃塞俄比亚有使用尼罗河水的权利，两国保证不在尼罗河水利用问题上从事有损于对方利益的活动，同意按照国际法就河水分配问题继续进行磋商。1992年，埃塞俄比亚与埃及、苏丹等尼罗河流域6国发起“尼罗河流域倡议”（NBI）。1999年，流域9个国家正式成立“尼罗河流域倡议组织”。经过几年的努力，该组织于2006年提出《尼罗河流域合作框架协议》的最终文本，并呼吁苏丹、埃及顺应合作潮流，尽快签署协议，共同推进流域的合作开发。埃塞俄比亚于2011年在境内青尼罗河上开工建设复兴大坝。2012年5月，来自埃塞俄比亚、苏丹和埃及的水资源专家成立了"三方委员会"，以评估修建复兴大坝对尼罗河流域国家的影响。11月，三国在亚的斯亚贝巴签署协议，建立长期合作机制，就更好地共同利用、开发和保护尼罗河水资源进行友好协商与合作，在尼罗河水资源的分配、利用和水利项目上进行友好协商与合作。但随着埃塞俄比亚政府2013年6月开始实施青尼罗河改道工程，尼罗河水资源争端再度激化。针对埃及的谴责和威胁，埃塞俄比亚强调尼罗河水位不会受大坝影响，拒绝放弃大坝建设并采取强硬态度。

8. 与乌干达的关系

埃塞俄比亚与其西南近邻乌干达的关系一度因1993年埃塞俄比亚驱逐一名乌干达外交官而受到影响，但不久后两国关系恢复正常。埃、乌两国在维护地区和平与稳定及防止宗教极端势力在本地区渗透方面有着共同利益。两国同为"伊加特"成员国和解决苏丹问题"四国委员会"成员。近年来，两国关系发展势头良好。两国在地区事务上保持良好沟通和协调，为维护地区和平稳定发挥了重要作用。两国同为尼罗河上游国家，在平等利用尼罗河水资源上拥有共同立场，乌支持埃在尼罗河上兴建复兴大坝，认为大坝建设有利于包括乌在内的区域国家解决电力短缺问题。1993年11月，埃塞俄比亚过渡政府总统梅莱斯访问乌干达，两国签署《友好合作协定》，决定成立部长级混委会咨询委员会，加强两国在农业、畜牧、资源、交通运输、环保、文化等领域的合作。双方还同意在尼罗河水资源利用问题上协调立场。1995年，埃总理梅莱斯再次访问乌干达，出席乌干达独立33周年庆典。乌干达总统穆塞韦尼于1997年和1998年两度访问埃塞俄比亚。2000年后，两国高层往来有所减少。2010年11月，乌总统穆塞韦尼赴埃出席"伊加特"第16次特别首脑会议。2011年，埃总理梅莱斯赴乌出席穆塞韦尼总统就职典礼。2012年10月埃总理海尔马里亚姆率代表团赴乌出席乌独立50周年庆典。

第三节　与中东及海湾国家的关系

埃塞俄比亚与中东地区有着悠久的历史联系和密切的语言、宗教和文化联系。但在20世纪后半期较长一段时间内，由于尼罗河水使用问题，加上埃及是阿拉伯国家的领袖，埃塞俄比亚与中东海湾国家关系发展并不顺利。1991年上台的埃革阵政府认为，中东海湾国家对埃塞俄比亚的国家安全和经济发展有着重要的影响，因而应从外交上加以重视。发展与中东及海湾国家的友好合作关系可以扩大埃塞俄比亚经济援助和投资来源，开发新的商品出口市场和劳务输出市场。在发展同中东海湾国家关系时，埃塞俄比亚注意在阿拉伯国家与以色列之间、温和阿拉伯国家与较激进阿拉伯国家之间保持平衡。

在阿拉伯海湾国家中，也门与埃塞俄比亚关系最为紧密。两国在历史上联系密切。也门曾是古阿克苏姆王国的一部分。1992年，埃塞俄比亚过渡政府总理塔米拉特访问也门，两国签订旅游、教育、能源、矿产等多项合作协议。

埃塞俄比亚与沙特阿拉伯的关系也较为密切。两国于1948年建交，但双边关系受到两国国内政治环境变化的影响。埃塞俄比亚在门格斯图执政时期，与沙特关系陷入低谷。1991年埃革阵上台后，重视与沙特的关系，两国关系稳步发展。1994年，埃外长塞尤姆访问沙特，两国签订一系列合作协定；同年两国外交关系由代办级升为大使级。2001年，梅莱斯总理对沙特进行工作访问。2009年，两国在利雅得召开第一届联合经济委员会会议。2011年6月，埃副总理兼外长海尔马里亚姆访问沙特，两国签署畜牧业和农业推广、投资促进及保护、避免双重征税三项协议。2013年3月，沙特财政大臣阿齐兹·阿萨夫访埃，两国签署避免双重征税协定。两国贸易和投资关系密切，沙特向埃提供财政和技术援助。2010年双边贸易额约120亿比尔。2006~2010年沙特累计向埃投资500亿比尔。

埃塞俄比亚与海湾国家关系建立较晚，彼此缺乏了解。埃塞俄比亚认为，海湾国家是重要产油国，拥有丰富资源和雄厚资金，市场广阔，与它们发展关系有助于扩大埃塞俄比亚的投资来源和出口市场。1993 年，塔米拉特总理出访阿拉伯联合酋长国，两国正式建交，并签订多项合作协定。阿联酋同意为埃塞俄比亚重建与复兴提供物质及财政援助，还允诺鼓励本国私人企业家赴埃塞俄比亚投资。1995 年，埃塞俄比亚外长塞尤姆访问科威特和卡塔尔，埃塞俄比亚与卡塔尔建立外交关系。1996 年，卡塔尔副外长访问埃塞俄比亚，两国签署《促进投资谅解备忘录》，两国同意避免双重征税。同年，埃塞俄比亚总理梅莱斯访问科威特，双方签署加强贸易、投资和科技合作的协定。1997 年，科威特议会代表团访问埃塞俄比亚，双方签署经济合作协定，同意开通亚的斯亚贝巴至科威特航线，科威特向亚的斯亚贝巴机场扩建工程提供 2500 万美元贷款。2009 年 7 月，科威特总理谢赫·纳西尔访埃。2011 年 6 月，埃副总理兼外长海尔马里亚姆访问科威特。2013 年 5 月，埃总理海尔马里亚姆访问科威特。2013 年 11 月，埃总理海尔马里亚姆赴科威特出席主题为“发展与投资伙伴”的第三届非洲 - 阿拉伯峰会。

埃塞俄比亚与以色列的关系总体上呈健康发展势头。1991 年上台的埃革阵政府重视发展与以色列的关系，认为这一关系符合埃塞俄比亚的国家利益，以色列拥有先进的技术，可以助力埃塞俄比亚的发展和国家安全。过去埃、以关系曾受埃塞俄比亚与阿拉伯国家关系的影响，埃塞俄比亚应尽力消除这一影响，埃塞俄比亚在阿以冲突中应执行不偏袒任何一方的政策。1995 年，塔米拉特总理访问以色列，两国签订《技术和科学合作协定》和《建立混合委员会协议》。以色列允诺向埃塞俄比亚提供技术援助并在埃塞俄比亚援建一个农业示范中心。1997 年，埃塞俄比亚政府又允许 3000 名埃塞俄比亚犹太人（“法拉萨人”）移居以色列，使 1991 年以后移居以色列的“法拉萨人”增至 6 万人。2002 年，又有 3000 名埃塞俄比亚犹太人移居以色列，至此埃塞俄比亚犹太人问题基本得到解决。2002 年 5 月，埃塞俄比亚农业部长穆拉图访问以色列，与以方讨论技术援助和合作事宜。同年，埃塞俄比亚国防军总参谋长访问以色列，商讨进一步加强两国军事合作。埃塞俄比亚每年派 60 人赴以参加畜牧业、灌溉、水资源管理等领域的技术培训。2004 年 1 月，以色列外长沙洛姆访问埃塞俄比亚。从20世纪90年代初至2003年底，埃塞俄比亚外长三次访问以色列。

第四节 与东亚、东南亚和南亚国家的关系

埃塞俄比亚重视发展同东亚、东南亚和南亚国家的关系。埃塞俄比亚认为，东亚、东南亚和南亚是第二次世界大战后发展最快的地区之一，特别是中国和印度这两个人口超过10亿的国家过去几十年来快速发展，将改变全球经济平衡。东亚、东南亚和南亚国家的发展为埃塞俄比亚发展提供了可借鉴的范例，日本和中国等国也有能力向埃塞俄比亚发展提供财政和技术援助，并为埃塞俄比亚提供产品出口市场。此外，埃塞俄比亚还可以以相对低廉的价格利用东亚、东南亚和南亚国家的人才资源。在这一政策指导下，20世纪90年代初以来埃塞俄比亚与东亚和南亚主要国家的关系发展迅速。特别是，埃塞俄比亚总理梅莱斯十分注重研究借鉴包括中国和亚洲“四小龙”在内的东亚国家和地区发展经验，在研究东亚国家发展经验的基础上提出本国的发展思路，即“民主发展型国家”模式。埃塞俄比亚政权更迭不久，塞尤姆外长就于1992年访问中国、朝鲜、韩国、日本、泰国和印度等亚洲6国。

埃塞俄比亚同韩国和朝鲜均保持较好关系。1992年，埃塞俄比亚人民代表院副议长费卡杜访问朝鲜。同年，埃塞俄比亚与朝鲜在亚的斯亚贝巴举行部长级混委会会议，朝鲜同意恢复向埃塞俄比亚派遣专家。12月，塞尤姆外长访问朝鲜时与朝鲜签订筑路等建设项目协议。1993年和1994年，朝鲜国家副主席和副外长分别访问埃塞俄比亚。朝鲜援建埃塞俄比亚的丹比水电站于1994年4月竣工发电。1997年，朝鲜副总理兼外长访问埃塞俄比亚，双方同意加强在建筑业和水利等领域的合作。2001年，朝鲜对外文化交流委员会代理主席访问埃塞俄比亚。2012年12月，埃塞俄比亚与朝鲜签署避免双重征税协定。

朝鲜战争期间，埃塞俄比亚曾派遣3520名士兵以“联合国军”名义赴韩国参战。埃塞俄比亚与韩国于1963年建交。1992年，埃外长塞尤姆

访韩，双方签订《关于加强双边科技、文化合作的协定》。近年来，两国各领域的交流频繁，合作日益深入。1995 年，埃塞俄比亚副总理访问韩国。1998 年 10 月，埃塞俄比亚总理梅莱斯顺访韩国。2010 年 11 月，埃总理梅莱斯以“非洲发展新伙伴计划”主席身份出席 G20 首尔峰会，并出席汉江论坛。2011 年 4 月，韩国外交通商部长金星焕访埃，双方承诺加强经济合作和在气候变化、地区和平安全方面的协调，并就农业合作、矿能开发、避免双重征税、投资以及技术转让等签署系列协议。同年 7 月，韩国总统李明博对埃进行国事访问，这是韩国总统首次访埃。两国签署无偿援助和贷款、科技合作、经济合作等文件。2014 年 2 月，埃塞俄比亚政府与韩国政府签署科学、技术和创新活动的合作备忘录。韩国企业赴埃投资皮革加工、轻工业、花卉业等领域。2013 年 6 月，埃塞俄比亚－韩国经济论坛在首尔召开，埃外长特沃德罗斯率 160 人的庞大代表团与会。韩国国际合作署于 1995 年在埃设立办公室，在教育、卫生、基础设施建设等多领域向埃提供援助，并派志愿者赴埃从事社区发展、信息技术、卫生、教育等服务。

埃塞俄比亚和日本于 1930 年建交，系第一个与日本建交的非洲国家。第二次世界大战期间，两国关系一度中断。1955 年两国复交并于 1958 年在对方首都设立使馆。埃塞俄比亚重视发展对日关系，旨在获得援助和投资，开拓日本的商品市场。日本则视埃塞俄比亚为非洲有影响的地区大国，希望通过发展与埃塞俄比亚的关系争取非洲支持其成为安理会常任理事国和实现政治大国等目标。埃革阵上台后，重视发展对日关系，视其为重要的发展伙伴。1992 年，埃外长塞尤姆访日。1996 年，梅莱斯总理正式访日，两国签署协议，日本允诺继续向埃提供经援并增加对埃商品进口。1998 年 10 月，梅莱斯总理赴日出席第二届非洲发展东京国际会议。2002 年，日本首相小泉纯一郎和外相川口顺子先后访埃。2003 年 2 月，埃外长塞尤姆再次访日。同年 9 月，梅莱斯总理赴日出席第三届非洲发展东京国际会议。2006 年，日本首相小泉纯一郎再度访埃。2008 年，日前首相森喜朗访埃。2008 年，梅莱斯总理赴日出席第四届非洲发展东京国际会议和 G8 峰会。2013 年 5 月，埃总理海尔马里亚姆赴日出席第五届非洲发展东京国际会议。2014 年 1 月，日本首相安倍晋三率 50 余位日本商界领袖访埃，两国发表联合公报，日重申对埃《增长与转型规划》的支持，双方表示愿加强经贸和人文交流，共同维护地区和国际安全并在安理会改革等问题上保持合作。两国经贸联系密切。日是埃第三大捐助国。

埃塞俄比亚与印度于 1948 年建交，两国长期保持友好关系。海尔·塞拉西一世皇帝于 1956 年和 1968 年两次访印，门格斯图总统于 1983 年和 1985 年两次访印。1991 年埃革阵上台后，埃更加重视发展对印关系。梅莱斯总理先后于 1997 年、2008 年和 2009 年三次访印或赴印出席国际会议。2011 年 5 月，第二届印度 - 非洲论坛峰会在亚的斯亚贝巴举行。印度总理辛格与会并访埃。两国经贸联系密切。两国贸易额由 2000/2001 年度的 7040 万美元增至 2010 年的约 6 亿美元。印度已成为埃第三大进口国。印主要向埃出口钢材、塑料、药品、纺纱锭、纸、化学品、运输设备等，进口皮革、油籽、香料等。印是埃第二大投资来源国，截至 2013 年初，在埃印资企业逾 500 家，实际投资额约 10 亿美元，主要集中在皮革加工、农业和农产品加工业、矿业、沼气、钢材等领域。印方向埃方提供包括技术支持、交换留学生、软贷款在内的各项发展援助。在联合国援助下，埃印曾签署关于埃向印派出 3000 名留学生的协议，印向埃有关大学派出数十位教师，双方在能力建设方面合作稳步发展。两国于 1983 年签署文化合作协议。2012 年 11 月，埃文化与旅游中心在印落成。

第五节　与中国的关系

埃塞俄比亚历届政府均重视发展与中国的关系，坚持“一个中国”的立场，不与中国台湾发生任何官方关系。两国政府的交往和接触始于 20 世纪 60 年代。海尔·塞拉西一世皇帝虽然执行向西方倾斜的外交政策，但亦希望与中国等东方国家发展关系。1964 年 1 月，中国国务院总理周恩来应海尔·塞拉西一世皇帝的邀请访问了当时属于埃塞俄比亚的厄立特里亚首府阿斯马拉，受到海尔·塞拉西一世皇帝的热情接待。海尔·塞拉西一世皇帝表达了对中国的友好之意，但表示与中国建交尚需要时间。1970年11月24日，埃塞俄比亚与中国正式建立外交关系。中国于1971年1月在亚的斯亚贝巴设立大使馆，并于5月向埃塞俄比亚派驻首任大使。埃塞俄比亚亦于1971年在北京设立大使馆，同年8月任命首任驻华大使。海尔·塞拉西一世皇帝和门格斯图总统先后访华。

1991年上台的埃革阵政府同样重视发展同中国的关系。它在其外交政策文件中认为，埃塞俄比亚与中国保持着非常良好的关系。中国运用它有限的财政资源为埃塞俄比亚的发展提供强有力的支持，无条件地与埃塞俄比亚分享发展经验，并向埃塞俄比亚提供技术支持。在政治与外交方面，中国也是埃塞俄比亚的好朋友。文件认为，埃塞俄比亚应特别重视发展同中国的关系，以充分利用中国的发展经验，争取中国的财政、技术援助和投资。

埃中两国高层往来频繁。中国国家主席江泽民（1996年）、国务院总理温家宝（2003年）、国务院总理李克强（2014年）、全国人大常委会委员长吴邦国（2008年）、全国政协主席贾庆林（2012年）以及国务院副总理回良玉（2012年）、汪洋（2013年）、刘延东（2013年）等中国领导人先后访埃。梅莱斯总理先后于1995年、2004年、2006年和2011年四次访华。海尔马里亚姆2012年就任总理后，于2013年和2015年访华。此外，穆拉图总统（2014年）、阿迪苏副总理（2004年）、德梅克副总理（2013年）、人民院议长阿卜杜拉（2014年）、联邦院议长卡萨（2015年）等埃方领导人也先后访华。两国签署了为数众多、领域十分广泛的合作协定或协议。

埃塞俄比亚与中国的经贸联系日益密切，进入21世纪以来呈加速发展趋势。中国是埃塞俄比亚第一大贸易伙伴、第一大投资来源国和第一大工程承包方。在双边贸易方面，据中国商务部和海关统计，自1956年两国开始发生直接贸易往来至1998年，两国直接贸易额累计为4.1亿美元。1973年两国贸易额一度达到1395万美元，此后多年一直徘徊在较低水平上。1991年以后双边贸易往来增加，贸易额大幅上升。2001年两国贸易额达到8000万美元。2002年，两国贸易额突破1亿美元。2013年，双边贸易额增至21.9亿美元，其中从中国进口18.7亿美元，向中国出口3.2亿美元。从中国进口主要有轻工产品、高新技术产品、机器设备、纺织品和医药化工产品等，向中国出口芝麻、乳香、没药（一种植物药材）、皮革、棉花和咖啡等。在投资方面，截至2011年9月底，中国对埃塞俄比亚投资存量为3.86亿美元。援助和融资方面，截至2011年底，中国政府累计向埃塞俄比亚提供19.6亿人民币的发展援助，中国公司在埃承建的基础设施项目金额接近100亿美元。

在政党交流方面，在20世纪80年代后期，埃塞俄比亚执政的工人党与中国共产党建立了关系，双方保持了一定的往来。中共中央政治局委员、四川省委书记杨汝岱曾于1988年应工人党邀请率中共代表团访埃。1991年上台执政的埃塞俄比亚人民革命民主阵线于1994年与中国共产党建立关系。此后两党交往频繁，多次派代表团互访。埃革阵中央书记处书记提沃尔德（1994年）、中央执委塞耶·阿布拉哈（1997年）、中央执委卡苏·伊拉拉（2002年）、中央书记处负责人穆克塔尔（2009年）、中央书记处负责人雷德旺（2011年）等领导人先后率团访华。中共中央委员、中共中央对外联络部部长戴秉国（2000年），中共中央委员、中共中央对外联络部部长王家瑞（2004年），中共中央政治局委员、中央书记处书记、中央宣传部部长刘云山（2011年），中共中央政治局委员、北京市委书记郭金龙（2014年）等中方领导人先后率中共代表团访埃。埃革阵还多次派团赴华进行研修考察。2015年2月，两党共同在亚的斯亚贝巴举办中国－非洲政党理论研讨会。

1991年以来，埃、中军事合作方面发展顺利。1994年埃塞俄比亚军队总参谋长泽德甘率军事代表团访华，商讨两军合作事宜。同年10月，中国军事专家组访埃，双方签署合作备忘录。1996年11月，兰州军区司令员刘精松上将率中国军事代表团访埃。2002年，埃国防部长阿巴杜拉率团访华。2003年南京军区政委雷鸣球中将访埃。2005年、2008年和2010年，南京军区司令员朱文泉上将、总后勤部副部长李买富中将和兰州军区政委李长才上将访埃。2010年，埃军总参谋长萨莫拉上将访华。

1995～1996年，中国军事工程技术人员承担了埃塞俄比亚坦克大修厂第一期工程。从1995年起，中国军队开始为埃塞俄比亚军队培训突击队教官、坦克维修人员、军事指挥人员以及扫雷技术人员等。两国军工贸易发展较快。

在医疗卫生合作方面，自1974年以来，中国政府共向埃塞俄比亚派出17批医疗队。2011年11月，由中国政府援建的提露内斯－北京医院投入使用。

在教育和文化领域，埃塞俄比亚也与中国有着较好的合作关系。1956年中国首次派文化艺术代表团访问埃塞俄比亚。1960年，上海文化艺术代表团访问埃塞俄比亚。1961年8月至9月，埃塞俄比亚文化代表团访问中国，双方发表联合公报，表示愿意通过共同努力促进两国在文化、艺术、科学、教育、体育和医学等方面的合作。1964年10月、1971年1月、1976年9月和1980年9月，中国先后派杂技团和歌舞团访问埃塞俄比亚。1984年中国文化部副部长吕志先率中国政府文化代表团访问埃塞俄比亚。1988年3月，中国艺术教育考察团访问埃塞俄比亚，埃塞俄比亚文体部长格尔马访华。1988年6月，埃塞俄比亚文体部长特斯法耶访华，两国签订文化合作协定。1993年4月，文化部副部长刘德有访问埃塞俄比亚；9月埃塞俄比亚文体部长卢乌勒访华。1995年8月至9月，中国杂技团赴埃塞俄比亚演出。1997年，两国政府文化部副部长互访。1998年，埃塞俄比亚新闻文化部长访华。1999年，中国成都木偶艺术团赴埃塞俄比亚演出，埃塞俄比亚国家歌舞团访华。同年，中国在亚的斯亚贝巴举办水彩画展。2002年，中国政府文化部副部长孟晓驷率中国政府文化代表团访问埃塞俄比亚。埃塞俄比亚新闻代表团、体育代表团也先后访华。10月，江西艺术团赴埃塞俄比亚演出。中国政府每年向埃塞俄比亚提供数十名留学生名额。

埃塞俄比亚妇女、工会、青年等组织于20世纪80年代后期与中国的全国妇联、中华全国总工会、共青团中央等相应组织建立联系并进行互访。1989年11月，中国青年代表团访问埃塞俄比亚；1990年7月，埃塞俄比亚青年代表团访华。埃塞俄比亚分别于1990年8月和

1999 年 12 月派工会代表团访华，中国亦分别于 1991 年 1 月和 1998 年 1 月派工会代表团访埃塞俄比亚。埃塞俄比亚先后于 1990 年 10 月和 1998 年 6 月派妇女代表团访华。2005 年，中方开始派青年志愿者赴埃开展志愿服务。埃塞俄比亚是中国青年志愿者前往服务的第一个非洲国家。

第六节　与美国的关系

埃塞俄比亚与美国于 1903 年正式建立外交关系（一说 1906 年）。20 世纪 40 年代，埃塞俄比亚从意大利殖民占领下解放出来后，各方面均受到英国的控制。为抵消英国的影响，海尔·塞拉西一世皇帝开始聘请美国人出任埃塞俄比亚外交、财政、教育、通信和国家银行等部门的顾问。1944 年，美国政府派经济代表团访问埃塞俄比亚，并向埃塞俄比亚提供一笔贷款。20 世纪 50 ~ 60 年代，埃塞俄比亚执行偏西方的政策，但亦注意在东西方之间搞平衡。50 年代初，埃塞俄比亚派军队到朝鲜参加以美国为首的“联合国军”。1960 年又派军队参与美国主导的联合国在刚果的维和行动。海尔·塞拉西一世皇帝在 50 年代曾访问美国，美国副总统尼克松于 1957 年访问埃塞俄比亚。1951 年，埃塞俄比亚与美国签订友好与经济关系协定。1953 年，两国又签订共同防卫援助协定和美国使用阿斯马拉的卡格纽通信基地协定。前一个协定规定美国向埃塞俄比亚提供军事装备，为埃塞俄比亚培训军事人员；后一个协定则规定埃塞俄比亚允许美国在阿斯马拉郊外的卡格纽设立一个大型通信基地。20 世纪 70 年代中期以前，埃塞俄比亚是接受美国援助最多的黑非洲国家。截至 1978 年，美国共向埃塞俄比亚提供了 2. 82 亿美元的军事援助和 3. 66 亿美元的经济援助。经济援助的领域涉及农业、教育、交通运输、卫生等。美国还向埃塞俄比亚派遣了和平队。

1974 年埃塞俄比亚发生革命后，埃美关系迅速恶化。1977 年，埃塞俄比亚政府要求美国关闭卡格纽通信基地，大幅度减少美国驻埃塞俄比亚外交官的人数。美国停止了对埃塞俄比亚除人道主义援助外的所有援助。1980年，美国应埃塞俄比亚的要求召回其驻埃塞俄比亚大使，两国关系降为代办级。1985年，美国通过《国际安全与发展法》，禁止美国政府向埃塞俄比亚提供除人道主义和紧急援助以外的所有经济援助。1988年，埃塞俄比亚逐渐解冻被国有化的美国资产，两国关系开始改善。1990年美国向埃塞俄比亚提供的各类援助共计1800万美元。在埃塞俄比亚反政府武装与门格斯图政权武装斗争的最后关头，美国居间调解，并最后支持埃塞俄比亚人民革命民主阵线武装进入亚的斯亚贝巴。

1991年埃塞俄比亚政权的更迭为埃美两国改善关系提供了机遇。埃塞俄比亚认为，美国作为唯一超级大国，在全世界拥有重要影响，对世界经济和政治规则的制定发挥着决定性作用。美国还是世界最大的市场，任何国家的工业化要想取得成功，都离不开美国的市场。因此，赢得美国的支持与善意对埃塞俄比亚国家发展与国家安全起着关键作用。同时，埃塞俄比亚还要争取定居美国的埃塞俄比亚侨民为埃塞俄比亚的国家发展服务。在这一政策的指导下，20世纪90年代初以来埃塞俄比亚与美国的关系有了较大发展。美国也调整了对埃塞俄比亚的政策，废止了禁止向埃塞俄比亚提供经济援助的法律。1992年6月，两国关系由代办级升格为大使级。20世纪90年代，两国往来频繁。美国参议院代表团、贸易代表团、美军中央司令部、前总统卡特、美国驻联合国大使、美国总统国家安全顾问、美国国际开发署主任、两任国务卿等先后访问埃塞俄比亚。埃塞俄比亚领导人梅莱斯先后于1994年和2000年访美。两国于1993年签订《技术与经济合作协定》。埃塞俄比亚再次成为接受美国援助最多的黑非洲国家之一。据埃塞俄比亚政府公布的数字，1991~1996年，美国向埃塞俄比亚提供各类援助达5亿美元。1997财政年度，美国共向埃塞俄比亚提供7720万美元援助，其中3990万美元为粮食援助。2002年和2003年，埃塞俄比亚发生大规模旱灾，美国向埃塞俄比亚提供了大量粮食援助。两国军事合作亦得到恢复。美国向埃塞俄比亚军队提供关于战争法和尊重人权等方面的培训。两国军队还在埃塞俄比亚举行多次以排雷和紧急救护为主要内容的联合军事演习。美国有意把埃塞俄比亚作为防止宗教极端主义扩散的前沿阵线之一，向埃塞俄比亚提供武器及军事装备。1996年，美国还向埃塞俄比亚提供了两架旧 C－130 型运输机。美国还恢复向埃塞俄比亚派遣和平队员。1999 年，约有 100 名和平队员在埃塞俄比亚工作。

1998 年埃塞俄比亚与厄立特里亚爆发边界冲突后，美国积极居间调停，提出有利于埃塞俄比亚的建议，遭到厄立特里亚的反对。1999 年 2月以后，美国逐渐偏向厄立特里亚，带头在联合国提出谴责埃塞俄比亚的决议草案。2000 年 5 月，联合国安理会在美、英的主导下通过决议，对埃塞俄比亚和厄立特里亚实行武器禁运。埃塞俄比亚批评决议袒护侵略者，组织公民到美国驻埃塞俄比亚使馆抗议。2001 年美国“9·11”恐怖袭击事件发生后，美国把埃塞俄比亚作为其在世界范围内反对恐怖主义的重要伙伴之一，与埃塞俄比亚的军事关系加强。美军与埃塞俄比亚军队共同在埃塞俄比亚－索马里边界巡逻，以监控恐怖分子的活动。2002 年 12月，美国邀请埃塞俄比亚总理和肯尼亚总统访美，与美国总统布什共同商讨非洲之角地区反恐问题。2003 年美国对伊拉克战争期间，埃塞俄比亚公开支持美国，向美军开放其领空，成为美国少数公开的“盟友”之一。由于埃塞俄比亚这一立场，美国增加了对埃塞俄比亚的经济和军事援助。近年来埃美两国围绕民主、人权问题发生争执，关系有所降温。2005 年，美国指责埃革阵政府在大选后关押反对派领导人、限制言论自由、逮捕记者，威胁停止对埃经援。美方对埃于 2009 年 1 月通过“慈善与社会团体法”、2010 年 5 月第四次全国大选及埃政府干扰美国之音阿姆哈拉语广播等问题不断进行指责，并以停止对埃援助相威胁。2009 年 11 月，埃美两国在华盛顿建立双边对话机制，下设经济商务、和平与安全、民主三个小组。2011 年，埃推动联合国安理会扩大对厄立特里亚的制裁，获得美方的支持。

美是埃最大的援助国之一，多年来向埃提供大量援助。1952～2011年，美对埃的发展和人道主义援助超过 98 亿美元。埃是第一批接受美和平队的国家之一。1962 年，美和平队成立第二年即赴埃服务。截至 2010年，赴埃工作的美和平队队员达到 3500 人次。

第七节　与欧洲主要国家的关系

埃塞俄比亚与英国、法国、意大利等西欧国家的关系可追溯到19世纪后半期孟尼利克二世统治时期。那时英、法、意等老牌殖民国家纷纷派探险家、传教士、外交官前往埃塞俄比亚，企图将埃塞俄比亚变为其殖民地或保护国，或者要求埃塞俄比亚支持它们在东北非地区的殖民要求。1896年埃塞俄比亚在阿杜瓦大胜意大利殖民侵略军，迫使西欧国家承认埃塞俄比亚的主权与独立。1897年，英国政府与埃塞俄比亚签署《通商与友好条约》，并划定了埃塞俄比亚与英属索马里的边界。为抗衡英国、意大利的影响，孟尼利克二世皇帝积极与法国和沙皇俄国接近，将修筑亚的斯亚贝巴至吉布提铁路的权利交给法国。20世纪30年代前，埃塞俄比亚与西欧国家的关系没有很大的发展，但埃塞俄比亚政府继续从西欧国家聘请专家充当政府各部门的顾问，尤其是聘请瑞典等中小国家的顾问。二战后，英国一度独占了向埃塞俄比亚政府各部派驻顾问的权利，从而控制了埃塞俄比亚的内政外交。为抗衡英国的影响，埃塞俄比亚从20世纪40年代后期起注意与美国、瑞典、法国、意大利等西方国家发展关系。20世纪五六十年代，随着东西方冷战的开始、殖民地民族独立运动的兴起和非洲国家纷纷摆脱殖民统治而独立，埃塞俄比亚的外交取得一定的主动权。海尔·塞拉西一世皇帝执行总体上向西方倾斜的外交政策，但又在东西方之间巧于周旋。

1974年革命后，埃塞俄比亚与苏联结盟，但西欧国家仍为埃塞俄比亚最主要的经济援助的来源。20世纪80年代初埃塞俄比亚接受的外援90%以上来自西方国家，其中绝大部分来自西欧国家。

1991年上台的埃革阵政府重视发展同欧洲国家的关系。埃塞俄比亚认为，欧盟作为一个整体，经济发达，技术先进，且是国际经济规则的主要制定者，与它们发展友好合作关系，争取它们的外援、投资和利用它们的市场，是埃塞俄比亚实现国家发展的重要外部支撑。埃塞俄比亚同时认为，欧盟及其成员国是非洲之角地区和平与安全的重要外部保障。埃塞俄比亚的政策是通过政府、商界、非政府和民间等多重渠道发展同欧盟及其成员国的关系。在这一政策指导下，20 世纪 90 年代初以来埃塞俄比亚与英国、法国等其他西方国家的关系得到明显加强。埃塞俄比亚外长塞尤姆曾于 1993 年访问英国、法国、德国、意大利、比利时、荷兰等西欧 6 国。1996 年和 1997 年，梅莱斯总理先后访问法国和意大利。意大利同意归还二战期间被意大利法西斯政府掠走的阿克苏姆方尖碑。欧洲各国对埃塞俄比亚民主化进程和市场经济改革总体上较为满意，希望把埃塞俄比亚树立为样板，因而对埃塞俄比亚提供较多的援助。1991 ~ 1998 年，西方各国（包括美国）向埃塞俄比亚提供的各类援助共达 41 亿美元，援助的领域涉及政权建设、经济结构调改、经济发展、文教卫生以及救灾等方面。

埃塞俄比亚与英国关系历史悠久。第二次世界大战期间，英国军队对解放埃塞俄比亚做出历史性贡献。1973 年，两国签署经济合作协定。此后，英开始向埃提供发展援助。1975 年埃军政权成立后，与英国关系疏远。1991 年埃革阵执政后，两国关系逐步得到改善。1998 ~ 2000 年埃厄冲突期间，英国跟随美在联合国安理会向埃施压，引起埃方不满。2003 年 2 月，梅莱斯访英，与英首相布莱尔会谈，英承诺继续在公务员改革、教育和民主化、能力建设等方面向埃提供帮助。2005 年 5 月埃大选后，英国指责选举不符合民主标准，两国关系趋于冷淡。2008 年 6 月，英国外交国务大臣吉姆·豪威尔访埃。2011 年 6 月，埃副总理兼外长海尔马里亚姆赴英出席埃投资、贸易、旅游论坛。同年 7 月，英国外交大臣黑格访埃。埃是英国在非第一大援助对象，在全球仅次于印度。2009/2010 年度，英国向埃提供的双边援助达 2.14 亿英镑。英国国际发展署在埃设有办事处。

埃塞俄比亚与德国关系总体良好。1975 年以前，埃塞俄比亚与德意志联邦共和国（西德）保持较密切关系，西德于 1962 年在埃开设歌德学院。1975 年埃塞俄比亚军政权上台后，西德敌视埃塞俄比亚并在欧加登战争期间向索马里提供军援，两国关系恶化，埃于 1978 年驱逐西德驻埃大使。同时，埃军政权与德意志民主共和国（东德）发展密切关系，双方高层领导人经常互访，两国签署了一系列友好合作协议，东德帮助埃建设纺织厂、水泥厂、榨油厂、皮革厂等项目。两德统一后，埃革阵政府重视发展对德关系，希望吸引德投资和援助，德亦有意扩大在非洲之角的影响，双边关系因此得到发展。1996年，德国总统赫尔佐克访埃。2000年，埃以德在联合国安理会和其他国际场合散布反埃言论为由要求德召回驻埃大使。2002年，梅莱斯总理访德，与德签署系列合作协议。2004年，德国总理施罗德访问埃，这是历史上首位访埃的德国总理。2011年1月，德经济发展与合作部长访埃。德向埃提供多方面援助。1990～2004年，德国共向埃提供了11亿欧元的双边援助，主要集中在工程能力建设、城市治理和可持续土地管理等领域。德还在环保、可再生能源等领域与埃开展合作，德民间、学术、人道主义救援等机构在埃活动活跃，两国在教育特别是技术职业教育领域的合作卓有成效。

埃塞俄比亚与法国的交往可追溯到17世纪，两国于1843年签署第一个友好条约，并于1897年建立外交关系。始建于1894年的吉布提－亚的斯亚贝巴铁路是埃法合作的象征。海尔·塞拉西一世皇帝时期，埃法关系总体保持友好。1959年11月，埃法签订协议，法同意将埃吉铁路一半股权转让给埃方。1966年和1970年，法总统戴高乐和蓬皮杜先后访埃。1975～1991年军政权时期，埃指责法插手厄立特里亚问题，两国关系恶化。埃革阵执政后，两国关系得到加强。塞尤姆外长多次访法，梅莱斯总理于1996年、2002年、2005年和2010年数次访法，并出席法非峰会。法数任外交部长曾经访埃。2011年1月，法国总统萨科齐出席非盟首脑会议开幕式并正式访埃，这是40年来首位访埃的法国总统。法国对埃援助主要用于加强埃能力建设和关键领域的技术设施建设，如水利、城市发展和管理。

埃塞俄比亚与意大利于1950年12月恢复外交关系。1970年，海尔·塞拉西一世皇帝访意。意向埃提供大量财政经济援助。在埃塞俄比亚与索马里的战争中，意大利支持埃塞俄比亚。1991年上台的埃革阵政府重视发展与意大利的关系。梅莱斯总理分别于1993年和1997年访意。埃塞俄比亚要求意大利归还二战期间被墨索里尼军队掠走的阿克苏姆方尖碑，意大利原则同意但归还工作进展缓慢，导致两国关系转冷。2002年，梅莱斯总理赴罗马出席世界粮食会议期间，呼吁国际社会向意施压，使之尽快归还方尖碑。2008 年，意政府将掠走的方尖碑归还埃塞俄比亚并在原址重新树立。意大利为埃塞俄比亚主要外国捐助者之一，多年来向埃提供了较多发展援助。

第八节 与俄罗斯和东欧国家的关系

埃塞俄比亚与俄罗斯的关系最早可追溯到 19 世纪末。当时俄国一些探险家、科学家和旅行家前往埃塞俄比亚进行探险和考察活动。1887 年，埃塞俄比亚与沙俄政府建立接触。1889 年，沙俄在亚的斯亚贝巴设立联络处。今天俄罗斯驻埃塞俄比亚使馆的占地面积为各国驻埃使馆之最，据说用于建馆的土地就是孟尼利克二世皇帝给沙皇的赠礼。1919 年，苏俄政府驻埃塞俄比亚代办离开埃塞俄比亚，两国关系中断。1944 年，埃塞俄比亚与苏联建立外交关系。20 世纪五六十年代，苏联曾邀请海尔·塞拉西一世皇帝访苏。

1974 年埃塞俄比亚革命后，埃塞俄比亚迅速与苏联及东欧国家建立了密切的关系。苏联和东欧国家曾是门格斯图政权在国际上的主要支持者和经济、军事援助的主要提供者。据估计，1977 ~ 1990 年，苏联共向埃塞俄比亚提供了价值 130 亿美元的军事援助。1978 年埃塞俄比亚与索马里之间围绕欧加登问题而爆发战争后，苏联还向埃塞俄比亚派遣了 1000 多名军事顾问（20 世纪 80 年代中期增至 1800 多名）。同一时期，保加利亚、捷克斯洛伐克、匈牙利、东德和波兰等国也向埃塞俄比亚派遣了共 2000 多名军事顾问。

20 世纪 80 年代中期戈尔巴乔夫担任苏联最高领导人后，埃塞俄比亚与苏联及东欧国家的关系开始出现变化。苏联要求埃塞俄比亚进行政治和经济改革，同时减少了对埃塞俄比亚的军事援助。东欧剧变、苏联解体和门格斯图政权垮台后，埃塞俄比亚与俄罗斯和东欧国家的关系明显降温，双方高层政治往来不多，经济交往减少。但埃塞俄比亚仍认为，虽然俄罗斯本身仍处在转型过程中，但应尽力保持和加强与俄罗斯的友好关系。发展对俄关系有助于埃塞俄比亚争取外援，扩大出口市场。

埃塞俄比亚军政权积欠苏联的债务由俄罗斯继承。埃革阵政府认为这些债务大部分为军事债务，要求与俄重新谈判，并从1991年起暂停偿还本息。此后，埃塞俄比亚与俄罗斯多次就债务问题进行谈判。俄罗斯希望加强与埃塞俄比亚的关系，特别是军贸关系。埃塞俄比亚与厄立特里亚的战争爆发后，埃塞俄比亚恢复从俄罗斯的军事采购。据伦敦国际战略研究所2000年的一项报告，俄罗斯已成为埃塞俄比亚最大的军火供应国，已向埃塞俄比亚出售2亿多美元的武器装备。2001年，埃塞俄比亚总理梅莱斯访问俄罗斯，与俄总统普京签署《俄罗斯与埃塞俄比亚友好伙伴关系原则协定》，两国决定在有色金属开采、水力、军工等方面加强合作。俄正式免除埃欠俄80%的债务约48亿美元，消除了影响两国关系的最大障碍。2002年，俄总理卡西亚诺夫访问埃，两国政府就修复原苏联经援项目、开发天然气及基础设施建设等领域开展互利合作达成一致。2005年，俄进一步免除埃前政权欠俄的11亿美元债务。2011年，埃副总理兼外长海尔马里亚姆访俄。两国于1999年成立政府间经济、科技、贸易合作委员会。2011年两国签署旨在加强植物保护、铀矿评估合作的两项谅解备忘录。

在门格斯图时期，由于同属社会主义阵营，埃塞俄比亚与大多数东欧国家关系密切，高层互访较多。1992年1月，埃塞俄比亚政府宣布承认独立的所有原苏联加盟共和国，表示愿意同它们建立外交关系。1994年5月，埃塞俄比亚与白俄罗斯建立外交关系。埃塞俄比亚与厄立特里亚战争爆发后，恢复从保加利亚、乌克兰等国的军事采购。2000年8月联合国埃厄特派团成立后，乌克兰派出20名军事观察员参加联合国在埃厄边境地区的维和行动。2001年1月，乌克兰外交国务秘书访埃塞俄比亚。2011年，埃塞俄比亚从乌克兰购买价值1亿美元的坦克。

大事纪年

公元前 7000 年前	讲奥莫特语和库希特语的居民定居于今天的埃塞俄比亚
公元前 1000 年前后	居住在阿拉伯半岛西南部操闪米特语的居民开始渡过红海，定居于今天厄立特里亚沿海及内地高原边缘地区
公元前后	阿克苏姆王国兴起
公元 1 ~ 7 世纪	阿克苏姆王国繁盛时期
公元 4 世纪	基督教传入埃塞俄比亚，被定为阿克苏姆王国国教
公元 7 世纪中期	伊斯兰教传入埃塞俄比亚
公元 12 世纪	阿克苏姆王国灭亡
公元 1137 年	扎格威王朝在埃塞俄比亚北部高原诞生
12 世纪初	埃塞俄比亚穆斯林苏丹国——伊法特（Ifat）兴起
公元 1270 年	所罗门王朝建立
1493 年	葡萄牙向埃塞俄比亚派出第一位代表
1509 年	埃塞俄比亚皇帝派代表出使葡萄牙
1632 年	法西拉达斯皇帝后下令驱逐葡萄牙耶稣会教士
1769 ~ 1855 年	“王子纷争时代”
1854 年	提沃德罗斯二世皇帝加冕

1867～1868 年	英国军队侵略埃塞俄比亚
1875 年	埃及军队侵略埃塞俄比亚
1889 年	孟尼利克二世称帝，定都亚的斯亚贝巴
1894 年	意大利占领厄立特里亚，将厄立特里亚变为殖民地
1896 年	埃塞俄比亚军队在阿杜瓦大败意大利军队，意大利承认埃塞俄比亚独立
1908 年	埃塞俄比亚与英国、法国等国签署协定，划定埃塞俄比亚与邻国的边界
1916 年	塔法里·马康南被立为摄政王
1917 年 2 月	佐迪图加冕为女皇
1928 年	埃塞俄比亚与意大利签订《友好条约》
1930 年	塔法里·马康南正式加冕为皇帝，帝号为海尔·塞拉西一世
1931 年	埃塞俄比亚颁布首部宪法
1931 年	埃塞俄比亚第一家银行——埃塞俄比亚银行成立，发行埃塞俄比亚货币比尔
1934 年	埃塞俄比亚开办历史上第一所军事学校——霍勒塔军事学校
1935 年	意大利法西斯政权对埃塞俄比亚发动侵略
1936 年 5 月	意大利军队占领亚的斯亚贝巴
1940 年	海尔·塞拉西一世皇帝赴苏丹喀土穆领导光复埃塞俄比亚的战争
1941 年 5 月	海尔·塞拉西一世皇帝回到亚的斯亚贝巴，意大利军队投降
1950 年	根据联合国大会通过的决议，厄立特里亚与埃塞俄比亚结成联邦
1955 年	埃塞俄比亚颁布新宪法
1958 年	厄立特里亚解放运动在埃及开罗成立

1960 年	厄立特里亚解放阵线成立
1962 年	埃塞俄比亚与厄立特里亚联邦关系结束，厄立特里亚成为埃塞俄比亚一个省
1970 年	厄立特里亚人民解放阵线成立
1972～1974 年	埃塞俄比亚持续发生严重旱灾，20 多万人非正常死亡
1974 年	人类学家在阿瓦什河谷阿法尔三角洲发现一具生活在距今 320 万年的类人猿骨骼化石——露西。这是到那时为止所发现的最古老类人猿化石，露西因此被称为“人类的祖母”
1974 年	埃塞俄比亚军队政变，随后发生革命，废除帝制
1975 年	埃塞俄比亚军政府开始在全国范围内进行社会主义改造运动
1975 年	提格雷人民解放阵线成立
1975 年 8 月	海尔·塞拉西一世皇帝被秘密处死
1977 年	门格斯图出任临时军事行政委员会主席和国家元首
1977～1978 年	埃塞俄比亚与索马里发生欧加登战争
1984 年	埃塞俄比亚工人党成立
1984～1985 年	埃塞俄比亚连续两年发生大面积旱灾，数十万人非正常死亡
1987 年	埃塞俄比亚通过新宪法，埃塞俄比亚人民民主共和国成立
1989 年	埃塞俄比亚人民革命民主阵线（埃革阵）成立
1990 年	门格斯图政权宣布放弃社会主义，邀请反对派参加政府，实行自由市场经济

1990 年 2 月	厄立特里亚人民解放阵线武装占领马萨瓦，解放厄立特里亚全境
1991 年 1 月	埃革阵召开第一次全国代表大会，公布新的政治纲领
1991 年 5 月	埃革阵武装进入亚的斯亚贝巴，门格斯图政权倒台
1991 年 7 月	各政治派别在亚的斯亚贝巴召开全国会议，讨论埃塞俄比亚未来的政治安排和建立过渡政府问题，通过埃革阵起草的《过渡宪章》
1992 年 6 月	举行首次多党地方选举，选举自治区和小区政府
1994 年 7 月	举行制宪会议选举，选举产生由 547 人组成的制宪会议
1994 年 12 月	《埃塞俄比亚联邦民主共和国宪法》颁布
1995 年 1 月	埃革阵召开第二次全国代表大会
1995 年	政府提出“以农业发展为先导的工业化战略”
1995 年 5 月	举行首次全国大选，埃塞俄比亚联邦民主共和国成立
1998 ~ 2000 年	埃塞俄比亚与厄立特里亚发生边界战争
2000 年	举行第二次全国大选
2001 年 9 月	埃革阵召开第四次全国代表大会
2002 年	出台《工业发展战略》
2005 年	举行第三次全国大选，首都亚的斯亚贝巴发生大规模骚乱
2010 年 5 月	埃塞俄比亚举行第四次全国大选
2010 年	开始实施第一个《增长与转型规划》
2012 年 8 月	梅莱斯总理病逝

2012 年 9 月	海尔马里亚姆·德萨莱尼接任总理职务
2013 年 3 月	埃革阵召开第九次全国代表大会，海尔马里亚姆和德梅克当选为党主席和副主席
2015 年 5 月	举行第五次全国大选
2015 年 8 月	埃革阵召开第十次全国代表大会
2015 年 10 月	海尔马里亚姆再次当选总理，德梅克当选副总理

参考文献

Richard Pankhurst: *Ethiopians, A History*. Blackwell Publishers, January, 2001.

Bahru Bahru Zewde: *History of Modern Ethiopia*, 1885 – 1991. Ohio University Press, March, 2002.

Anthony Mocker: Haile Selassie's War. Interlink Publishing Group, October, 2002.

Chris Prouty and Eugene Rosefeld: *Historical Dictionary of Ethiopia*. The Scarecrow Press, INC. 1981.

Addis Alem Balema: *Economic Development and Democracy in Ethiopia*, Phd thesis, April, 2003.

Kjetil Tronvoll: Ethiopia, *A New Start*? Monority Right Group International Report, April, 2000.

Dessalegn Rahmato, Meheret Ayenew, Asnake Kefale and Birgit Habermann edited, Reflections on Development in Ethiopia: New Trends, Sustainability and Challenges. Addis Ababa, 2014.

Emebet Mulugeta edited, Urban Poverty in Ethiopia: The Economic and Social Adaptations of Women. Addis Ababa University Press, 2008.

Ethiopia Privatization Agency: Privatization, http://www.telecom.net.et/ – epa.

EIU: *Country Profile* 2002, *Ethiopia*. United Kingdom.

UNCTAD: *An Investment Guide to Ethiopia*, United Nations, New York and Geneva, 2000.

Tony Addison and Alemayehu Geda: *Ethiopia's New Financial Sector and its Regulation.* Discussion Paper No. 2001/55. United Nations University, August, 2001.

Ministry of Information: *The Federal Democratic Republic of Ethiopia: Foreign Affairs and National Security Policy and Strategy.* November, 2002, Addis Ababa.

The State Department of USA: *Background Note: Ethiopia - Profile*, http://www.state.gov/r/pa/ei/bgn/2859.htm.

Ethiopia: Oil and Gas Industry, http://www.mbendi.co.za/indy/oilg/af/et/p0005.htm.

Ethiopia: Mining - Overview, http://www.mbendi.co.za/indy/ming/af/et/p0005.htm.

Ethiopia: Computers & Communication, http://www.mbendi.co.za/indy/cotl/af/et/p0005.htm.

Ethiopia: Communication, http://www.geographyiq.com/countries/et/Ethiopia.

The United State Trade Representative: *Trade Report*, http://www.ustr.gov/reports/nte/2002/ethiopia.pdf.

The Ethiopia Investment Authority: *Background to the Manufacturing Sector*, http://www.ethioinvestment.org/climate/overview.htm.

The Ethiopia Investment Authority: *An Overview of Ethiopia's Investment Climate*, http://www.ethioinvestment.org/climate/overview.htm.

Ethiopia Trade: *New Policy Directions*, http://www.sunsite.icm.edu.pl/untpdc/incubator/africahp/eth/et.htl.

Department of Commerce: *Ethiopia, Country Commercial Guide*, http://jolis.worldbankimflib.org/Pathfinders/Countries/ET/ettrade.htm.

萨义德·A. 阿德朱莫比：《埃塞俄比亚史》，董小川译，商务印书馆，2009。

钟伟云：《埃塞俄比亚》，载陈宗德、姚桂梅主编《非洲各国农业概况（1）》，中国财政经济出版社，2000。

理查德·格林菲尔德：《埃塞俄比亚新政治史》（中译本），商务印书馆，1974。

《非洲教育概况》，中国旅游出版社，1997。

索引

A

B

D

E

F

G

H

J

K

L

M

N

O

Q

R

S

T

W

X

Y

Z

新版《列国志》总书目

亚洲

阿富汗
阿拉伯联合酋长国
阿曼
阿塞拜疆
巴基斯坦
巴勒斯坦
巴林
不丹
朝鲜
东帝汶
菲律宾
格鲁吉亚
哈萨克斯坦
韩国
吉尔吉斯斯坦
柬埔寨
卡塔尔
科威特
老挝
黎巴嫩
马尔代夫
马来西亚
蒙古国
孟加拉国
缅甸
尼泊尔
日本
塞浦路斯
沙特阿拉伯
斯里兰卡
塔吉克斯坦
泰国
土耳其
土库曼斯坦
文莱
乌兹别克斯坦
新加坡
叙利亚
亚美尼亚
也门
伊拉克
伊朗
以色列
印度
印度尼西亚
约旦

越南

非洲

阿尔及利亚
埃及
埃塞俄比亚
安哥拉
贝宁
博茨瓦纳
布基纳法索
布隆迪
赤道几内亚
多哥
厄立特里亚
佛得角
冈比亚
刚果共和国
刚果民主共和国
吉布提
几内亚
几内亚比绍
加纳
加蓬
津巴布韦
喀麦隆
科摩罗
科特迪瓦
肯尼亚
莱索托
利比里亚
利比亚
卢旺达
马达加斯加
马拉维
马里
毛里求斯
毛里塔尼亚
摩洛哥
莫桑比克
纳米比亚
南非
南苏丹
尼日尔
尼日利亚
塞拉利昂
塞内加尔
塞舌尔
圣多美和普林西比
斯威士兰
苏丹
索马里
坦桑尼亚
突尼斯
乌干达
西撒哈拉
赞比亚
乍得
中非

欧洲

阿尔巴尼亚
爱尔兰

爱沙尼亚
安道尔
奥地利
白俄罗斯
保加利亚
比利时
冰岛
波黑
波兰
丹麦
德国
俄罗斯
法国
梵蒂冈
芬兰
荷兰
黑山
捷克
克罗地亚
拉脱维亚
立陶宛
列支敦士登
卢森堡
罗马尼亚
马耳他
马其顿
摩尔多瓦
摩纳哥
挪威
葡萄牙
瑞典
瑞士
塞尔维亚
圣马力诺
斯洛伐克
斯洛文尼亚
乌克兰
西班牙
希腊
匈牙利
意大利
英国

美洲

阿根廷
安提瓜和巴布达
巴巴多斯
巴哈马
巴拉圭
巴拿马
巴西
玻利维亚
伯利兹
多米尼加
多米尼克
厄瓜多尔
哥伦比亚
哥斯达黎加
格林纳达
古巴
圭亚那
海地
洪都拉斯
加拿大
美国
秘鲁

墨西哥
尼加拉瓜
萨尔瓦多
圣基茨和尼维斯
圣卢西亚
圣文森特和格林纳丁斯
苏里南
特立尼达和多巴哥
危地马拉
委内瑞拉
乌拉圭
牙买加
智利

大洋洲

澳大利亚
巴布亚新几内亚
斐济
基里巴斯
库克群岛
马绍尔群岛
密克罗尼西亚
瑙鲁
纽埃
帕劳
萨摩亚
所罗门群岛
汤加
图瓦卢
瓦努阿图
新西兰

图书在版编目（CIP）数据

埃塞俄比亚 / 钟伟云编著. --北京：社会科学文献出版社，2016.11（2020.4 重印）
（列国志：新版）
ISBN 978-7-5097-9155-4

Ⅰ.①埃… Ⅱ.①钟… Ⅲ.①埃塞俄比亚-概况
Ⅳ.①K942.1

中国版本图书馆 CIP 数据核字（2016）第 102324 号

·列国志（新版）·
埃塞俄比亚（Ethiopia）

编　著 / 钟伟云

出 版 人 / 谢寿光
项目统筹 / 高明秀
责任编辑 / 仇　扬　安　静

出　版 / 社会科学文献出版社·当代世界出版分社（010）59367004
地址：北京市北三环中路甲 29 号院华龙大厦　邮编：100029
网址：www.ssap.com.cn
发　行 / 市场营销中心（010）59367081　59367083
印　装 / 北京盛通印刷股份有限公司

规　格 / 开 本：787mm×1092mm　1/16
印 张：18.5　插 页：1　字 数：273 千字
版　次 / 2016 年 11 月第 1 版　2020 年 4 月第 2 次印刷
书　号 / ISBN 978-7-5097-9155-4
定　价 / 69.00 元

本书如有印装质量问题，请与读者服务中心（010-59367028）联系